时代教育·国外高校优秀教材精选

管理沟通：职场专业技能与商务技巧

（原书第5版）

Business & Professional Communication: Plans, Processes, and Performance (5th Edition)

[美] 詹姆斯·狄圣沙（James R. Disanza）
南希·理雅格（Nancy J. Legge） 著

刘平青 陈 洋 编译

机 械 工 业 出 版 社

不同于传统商务与职业沟通，本书尽量避免出现与基础公共课程相重复的部分，且不涉及商务管理和社会心理学中的理论推敲，取而代之的是任何商务和职业生涯领域都需要的基本沟通技巧。本书将给读者介绍其他商务与职业沟通书籍所忽略的内容，包括人际政治、技术演讲、风险沟通和危机沟通，旨在更好地满足读者在商业和职业课程上的需要。

本书适合作为高校开设相关课程的教材，当然，也非常适合职场人士阅读，从而提高自身的沟通能力，走向成功。

图书在版编目（CIP）数据

管理沟通：职场专业技能与商务技巧/（美）詹姆斯·狄圣沙（James R. Disanza），（美）南希·理雅格（Nancy J. Legge）著；刘平青，陈洋编译. —北京：机械工业出版社，2017.2

书名原文：Business & Professional Communication: Plans, Processes, and Performance

ISBN 978-7-111-55825-5

Ⅰ. ①管…　Ⅱ. ①詹…　②南…　③刘…　④陈…　Ⅲ.①企业管理－人际关系学　Ⅳ. ①F272.9

中国版本图书馆 CIP 数据核字（2016）第 322361 号

机械工业出版社（北京市百万庄大街 22 号　邮政编码 100037）

策划编辑：易　敏　曹俊玲　责任编辑：易　敏　於　薇

责任校对：黄兴伟　樊钟英　封面设计：鞠　杨

责任印制：李　昂

三河市宏达印刷有限公司印刷

2017 年 5 月第 1 版第 1 次印刷

185mm×260mm · 15.5 印张 · 337 千字

标准书号：ISBN 978-7-111-55825-5

定价：52.00 元

凡购本书，如有缺页、倒页、脱页，由本社发行部调换

电话服务

服务咨询热线：010-88379833

读者购书热线：010-88379649

网络服务

机 工 官 网：www.cmpbook.com

机 工 官 博：weibo.com/cmp1952

教育服务网：www.cmpedu.com

金　书　网：www.golden-book.com

封面无防伪标均为盗版

译者序

当今时代，一个人或组织如果既不会做也不会说，就只能是三流；只会做不会说，最多是二流；做得好又会说，才是一流。因此，提升专业性沟通能力，是众多职场人士和在校学生的当务之急！

现在市场上相关的著作并不少，但我们负责任地推荐詹姆斯·狄圣沙与南希·理雅格合著的这本书。主要原因有三：

一是专业。专业的沟通在职场中扮演着重要的角色，它既可体现沟通者熟练规范的业务素质，又可展现沟通者体察他人情绪和思维的能力，有助于沟通双方进行情感交流，从而产生“共鸣”。本书分析了专业沟通的思维方式，并提供了大量实用性的行为指导，旨在帮助沟通者在语言与非语言沟通中建立专业的沟通形象。

二是技能。职场中良好的人脉关系以及顺畅的个人职业生涯往往与沟通技能息息相关。可以把卓越的沟通技能形象地比喻成个人职业发展的“助力器”。本书就读者在二元沟通关系中如何有效地进行倾听、思考和反馈，在群组沟通关系中如何高效地进行面试、主持会议和发表演讲，以及建立组织内良好的人际关系等提供了技能指导。

三是互动。沟通是双向互动的信息传递过程。本书的两位作者——优秀的沟通学专家詹姆斯·狄圣沙与南希·理雅格深知，只有让读者在阅读过程中主动参与进来，才能将书中的信息进行更好的传递。因此，本书在每一章章末提供了问题和练习以供读者检测学习效果，同时还提供了完整的参考文献以供深入研究。

我们自身的教学与科研任务十分繁重，能促使我们完成编译，也是基于上述三方面的动因。我们欣然接受这“痛并快乐”的编译工作，在保证原书作者的逻辑和主体的基础上，删除不适宜的案例和内容，再适当地加上适合中国情境的素材，以方便中国读者学习。为了更好地帮助中国读者把握在中国情境下沟通的技能，作为编译的副产品，我们还撰写了《管理沟通——复杂职场的巧技能》一书，将在随后出版。

本书的编译工作由笔者与陈洋两人共同完成。由于我们水平有限、文风有别，虽然校者和责任编辑几易其稿，但其中的纰漏甚至错误仍在所难免，恳请读者进一步批评指正！

刘平青

引 言

考虑到很多教科书都没有更新至第 5 版，因此我们很荣幸能有机会来撰写《Business & Professional Communication：Plans, Processes, and Performance》这本书的最新版本。

撰写本书的最初想法是想将之与传统的商务与职业沟通类书籍区分开来，并在书中尽量避免出现与基础公共课程的重复部分，且不涉及商务管理和社会心理学中的理论推敲。我们更集中地关注任何商务和职业生涯领域都需要的基本沟通技巧。本书与上一版一样，会给读者介绍其他商务与职业教材中所忽略的材料，包括人际政治、专业领域沟通等。

本版次的创新之处

与上一版相似，本版次为读者提供了帮助理解的图表，同时还引入了很多新内容，包括在不同专业环境中会用到的技能，例如危机沟通和风险沟通。新“专栏”将会告诉读者如何将特定技能应用于商业和职业环境中，因此，第 8 章将说明幻灯片制作中的可视化元素和表格图形的使用。第 12 章经过完全修订之后，将利用前沿研究成果来解释风险沟通、公众参与及最佳实践。第 13 章在内容上有了实质性的更新，将讨论危机中所包含的紧急情况反应、形象复原沟通。我们希望该版本能够满足老师和学生在商业和职业课程上的需要。

撰写本书绝不是个人的功劳，如果没有众多朋友的帮助，本书就无法完成。因为有布鲁斯·勒布（Bruce Loebs）、约翰·格里巴斯（John Gribas）、杰基·采雷平斯基（Jackie Czerepinski）、莎伦·索维尔（Sharon Sowell）、莫尼卡·罗宾逊（Monica Robinson）、汤姆·埃克特（Tom Eckert）和凯琳·布罗德黑德（Kaylynn Broadhead）这些爱达荷州立大学的同事们热情的教学建议，新版本的内容得到了极大的丰富。

我们无比感激编辑珍·札勒斯基（Jeanne Zalesky）、编辑助理麦根·斯温尼（Megan Sweeney）和斯蒂芬妮·蔡森（Stephanie Chaisson），以及所有出版社工作人员对本书在编辑上的帮助和支持。对于为新版本或旧版本提供过宝贵建议和反馈的人士，我们也表示衷心的感谢，他们分别是亚利桑那州立大学的雷纳德·埃德蒙兹（Leonard Edmonds）、北爱荷华大学的玛丽莲·肖（Marilyn Shaw）、西肯塔基大学的布鲁斯·克劳利（Bruce Crawley）和南康涅狄格州立大学的安妮特·梅德洛克（Annette Madlock）。

詹姆斯·狄圣沙（James R. Disanza）
南希·理雅格（Nancy J. Legge）

目录

第一章

沟通在商务和职业中的作用

近年来，商务和职业领域发生了巨大变化，其中很多变化根源于美国房地产泡沫的破碎，它引起了全球经济危机，并且带来了自大萧条以来最严重的一次经济衰退。这不仅导致美国数以万计的员工失业，还造成包括通用汽车在内的多家美国老牌企业的破产。在经济危机最严重时，美国的失业率曾达到 10.1%。相应地，政府对公司和组织的干预力度在发达国家已经开始扩大，并且北美和欧洲的企业更是受到来自中国和印度这些新兴市场的竞争压力。尽管有上述变化，但许多人仍然认可一件事情：组织和个人的成功很大程度上依赖于同他人沟通的能力。

沟通和组织成功之间有很明晰的关系。自 2003 年以来，全球知名咨询公司华信惠悦为找出沟通和商业业绩的关系，调查了 750 多家公司的 1200 多万名员工。调查发现，有较强沟通能力的公司能在 5 年内（2002—2006 年）多回馈给股东 47%的总收入，而且比低沟通能力的公司的员工投入度高出 4 倍。此外，沟通能力强的公司比沟通能力差的公司员工流失率要低。

严重的经济衰退使得公司只能用更少的员工来做更多的事，员工投入度因而变得极为重要。一个乐于投入的员工会为顾客和客户付出更多的努力，对外极力赞扬公司，并且乐于留在公司。

当员工害怕失去工作或者看到裁员时，投入度可能会受到很大影响。在这种情况下，缺少沟通会导致新问题的产生，因为“缺少信息，员工会以通常不存在的谣言来填补空白，但这是有害的”。因此，专业咨询师提倡领导者可以通过保持“开放和活跃”的沟通来减轻上述问题的影响。

就算有负面消息，公司也能吸引到优秀员工。调查人员发现，“一家负面消息多于正面消息的公司，在员工满意度和经济能力上可能表现更好”。正如调查人员所解释的，当负面消息直接被曝出时，问题就能够在对公司产生威胁之前得以解决或减轻。此外，负面消息的曝出也能够使好消息更加可信。

有效沟通是一种满足大规模组织变革和员工安全竞争需求的方式。一项关于美国排名前 10 的公司的调查显示，“如果公司能有效处理员工对重组问题的担心，就能够把员工的担心转换为对变革的支持。另一方面，如果沟通不充分，员工将会对组织变革更加抵触”。为了确保在竞争环境中的创新性，员工必须能够交换信息。当不同部门的员工通过随意交谈、分析问题、协同工作来创造新的解决方案时，就会推动革新。

有效沟通对个人事业的成功也是必要的。全美高校和雇主协会 2009 年所做的一项调查显示了雇主在新员工身上期望找到的前五种品质或技能，包括：

1. 沟通能力（语言和写作）
2. 良好的职业操守
3. 团队协作能力（同其他人良好合作）
4. 创新能力
5. 分析能力

尽管有几项技能与个性有关（如职业操守和创新能力），但更多还是与沟通有关，包括语言和写作沟通能力以及团队协作和分析能力。多元国际化（Multiple Zones International）的人力副总裁安妮特说：“我确实看到过他们由于未能写出一个提案或者很难站在管理小组面前做一次演讲而失去晋升机会。”

尽管很多公司强调沟通，但员工还是经常缺乏此项能力。一项关于 470 位人力主管的调查表明，沟通能力是员工最缺少的能力。人力资源部经理始终将沟通能力作为员工发展的最重要的附加能力之一。

对美国劳动者最大的威胁之一是大量工作外包给了那些比北美劳动力更低廉的国家。该趋势在 20 世纪 90 年代初便同制造业一起出现，然后从呼叫中心的员工到软件工程师、医学专家、律师和财政分析员，该趋势迅速在工资技能链上延伸。互联网的发展使得各种复杂的工作（从财务审计到软件开发）都可以在国外进行处理。在国外，很容易生产出成品然后运回美国，这比在北美生产相同的产品能够节省 60%的劳动力。据不完全统计，在过去的几年中，美国由于外包服务而损失了数百万个制造业工作岗位和四五十万个信息专业类工作。那些容易程式化（分成不相关的几部分）的工作，甚至是工程、会计和财务分析方面的工作可能会在未来几年里移到国外进行。例如，2000 年时一家保险公司雇用了一位居住在新泽西的程序员作为独立承包商，并给他一笔可观的收入。但是，这位程序员很快发现自己是在为塔塔咨询公司的代表们做培训，而塔塔公司最终将他的工作外包到了印度。他的下一份在纽约的工作不仅收入只有之前的一半，而且由于该公司在 2003 年也将工作外包给了一家外国公司，他因此而失业。

那些没有脱离美国本土的工作包括管理、营销、教育、培训、创业型和需要指导及与人互动的咨询工作。这些工作需要在团队中进行直接的、面对面的交流，均需要强大的沟通技巧。

在上海、新德里或者都柏林，不存在能接手马克·瑞恩工作的低薪工人，也没有软件能做他做的事。那是因为48岁的瑞恩是管理者，管理着位于加州圣达菲泉的办公室里为威瑞森通信公司的50万顾客服务的100名专业人员。在踏上管理岗位之前，瑞恩作为一名电话架线工获得了由威瑞森公司派发的组织管理研究生学位，并且学习了如何解决冲突等沟通问题。这项技能是在公司中得到晋升的有效利器。

强大的沟通技能对于能否在外包服务中获得一份好的工作有着非常重要的作用。随着我们在新世纪越走越远，沟通技能将会成为实现个人职业期望的关键。

那么沟通到底是什么以及如何起作用呢？本章将从两个方面定义沟通。首先，我们将定义和解释沟通的概念；然后，我们再阐述信息如何在沟通者之间流通，这把我们引向大多数商务和职业沟通的两个首要目标——共鸣和模棱两可；最后，通过战略沟通来结束本章。

第一节　什么是沟通

对于商务人士而言，沟通这个专业术语非常重要。然而，许多管理者却都不清楚应如何准确定义该术语。到底什么是沟通？我们认为，**沟通**是信息在个体间的交换，目的是创造或影响他人对事件的诠释。为了充分了解该定义，首先需要了解“**用意**”的定义；然后，我们会解释沟通者如何交换信息。

一、沟通的用意

“**用意**”是人们对特殊经历的诠释。例如，参加工作面试是一种有些人喜爱而有些人煎熬的经历。不同之处在于每个人对行为的理解和赋予的含义有所不同。我们不是通过事件本身赋予其含义，而是当人们进行沟通时赋予事件含义。例如，大多数人讨厌与组织相联系的政治游戏和阴谋，然而在第四章，我们认为组织政治所需要的战略性思维是能够令人愉悦的。如果同意上述观点，那么大家对于组织政治的诠释就可能会改变。因此，任何情景的含义不仅会因人而异，还会随时间而变。

共鸣存在于两个人对某一经历或事件的诠释意见一致时。共鸣可能会独立地发展产生，例如当两个人了解到他们都讨厌工作面试时。更常见的是，我们试图通过沟通与其他人产生共鸣。当商务人士谈论有效沟通时，他们常常是指在两者间可以引起共鸣的沟通。例如营销人员试图说服潜在消费者认同他们对于产品价值的评估。另一方面，**模棱两可**是共鸣的反义词。歧义存在于一个信息发送者的意图和信息接收者的诠释不一致时。虽然商务人员试图强调共鸣的重要性，但歧义仍旧广泛存在于各式各样的专业沟通情景中，包括组织政治和组织危机。

沟通通过使用标志和符号来产生共鸣，或对共鸣造成影响。**标志**是无意识的情感自然表述，并且往往是非语言暗示的而不是语言暗示。面部表情、眼神交流、姿势、手势，以及声音的变化都是非语言标志的例子。标志一般都不是有意识使用的，因此是自然而然的，因此比较真实。当我们生气时，不需要考虑是否要提高音量、愁眉不展或握紧拳头，我们会自然地展现出以上这些生气的样子。因此，虽然标志能够否定一条信息，使得受众产生歧义和困惑，但是它通常也会阐明和强化信息的语言部分。

另一方面，**符号**是有意识的表达方式，代表着或者意味着其他的东西。符号是自愿的，因为无论是否用符号表达自己或如何用符号表达自己，选择的结果相比用标志都是更加有意识地进行的。字母是符号，因为它们代表着某些特定的声音。词语是符号，因为它们代表物体、想法或思想表述。符号的存在是必要的。举个例子，一张树的图片无法直接传达给你，相反，我们的文化认为“树”这个词代表着根、树干、树枝、树叶或针叶这些物体。如果我们用“树”这个词在你脑中形成一个与树相符的图片，那么这个符号就引起了共鸣。然而，如果我认为“树”是乔舒亚树（一种常见于美国西南部沙漠中的树种），但凭这个词你想到的是一种枫树，那么这个符号就仅仅是产生了部分共鸣。然而，共鸣永远不止选择一个正确的符号去表述一个想法那么简单。高效沟通者也要考虑符号的逻辑和心理作用。

为了产生共鸣，沟通者必须要考虑符号和其所代表事物的逻辑关系。这包括选择正确的词语来表述所涉及的物体、事件或思想。虽然字典等工具有助于进行选择，但是大多数词语都有多个定义，这一事实仍使其变得复杂。作为对首席执行官励志演讲的回复，如果我说“老板的修辞非常精彩”，那根据我对词语“修辞”的理解，这可能有两种意思：一种意思是，修辞是一种艺术的或科学的有效运用词语的方式，那么此时我的评价是一种称赞。另一方面，如果我说修辞是意味着一种矫揉造作的口才炫耀，以及不必要的语言或文学风格的表达，那么我的评价就是讽刺性的侮辱。多种多样的定义增加了语言的优美度和感染力，但是却降低了准确度。

除了对每个符号绝对数量的定义，这些抽象的符号（与本意相去甚远）还使得共鸣的可能性变得很低。这些抽象化概念可以存在一种阶梯关系（见图 1.1）。图 1.1 的底部是一个事件：一名员工迟到三次。横线上的表述是符号化的，代表着真实的事例。当攀登抽象化概念的阶梯时，我们通过描述三个事例来表述该员工的日常工作表现以增加表述力度。但是增加表述力度的同时也增加了表述的歧义。所有的语言都是作用在一个群体上的，一方面可能是高度精确但描述范围窄，另一方面是范围广但却产生了歧义。

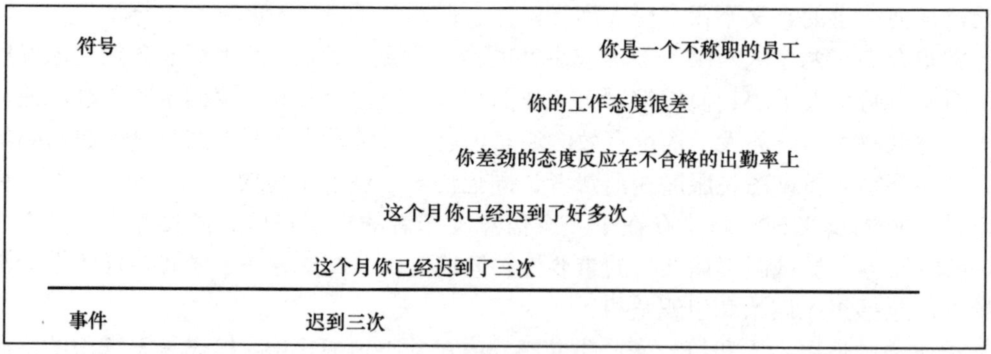

图 1.1　抽象的层级

除了语言的逻辑特性，还需要考虑其起到的心理作用。心理作用是个人赋予符号的个性化联想。举个例子，虽然在字典中词语“辐射”仅仅只是集中定义为钚之类的不稳定物质中放射出来的波浪或粒子，但是心理上的意思却是“辐射”带来的事故、癌症、死亡等。这些富有特质的意义提醒我们，歧义就潜伏在符号的使用上。如果共鸣是一个重要的目标，那么沟通者必须要慎重选择和准确定义词语，以考虑到词语起到的心理作用。

标志和符号对于人们赋予事件意义有重要影响。（要知道，事件本身并没有固定含义。）人们用符号和标志给事件反复贴上标签，从而因为不同人的解读而改变事件的含义。

虽然汽车经销商仍然在卖旧车，但是他们却不再用以往的命名方式。“旧”这个标签缺乏汽车购买者所需的有关等级和优越的含义，即使他们没钱买一辆新车。因此，“曾经拥有”和“几乎是新的”这两个短语跳入了我们的语言中，以消除与“旧车”相关的负面诠释。

历史上，人们改变标签，希望说服其他人对某些事情产生不同想法的事例不胜枚举。举个例子，2009 年的夏天，当美国共和党人在国会中与各式各样的医疗保健法案斗争时，他们努力给改革贴上“公费医疗”或“政府接管医保”的标签，以让人们对于改革提案产生负面看法。对于他们来说，改革的支持者主要是参加市政厅会议的人以及公开反对奥巴马总统计划的抗议者。这些抗议者的观点并非代表真正的基层需求，而是来自于保守的博客主人以及脱口秀主持人的想法。

游说建立在使用标志和符号的能力的基础上，以反复为不同的事件贴上标签。这些游说对于实现各种各样的目标至关重要，包括营销介绍和危机沟通。通过使用标志和符号，人们试图影响和改变组织中其他人的用意。下面探讨标志和符号如何与信息相结合。

二、信息的交换

图 1.2 描绘了人与人之间信息交换的模型。

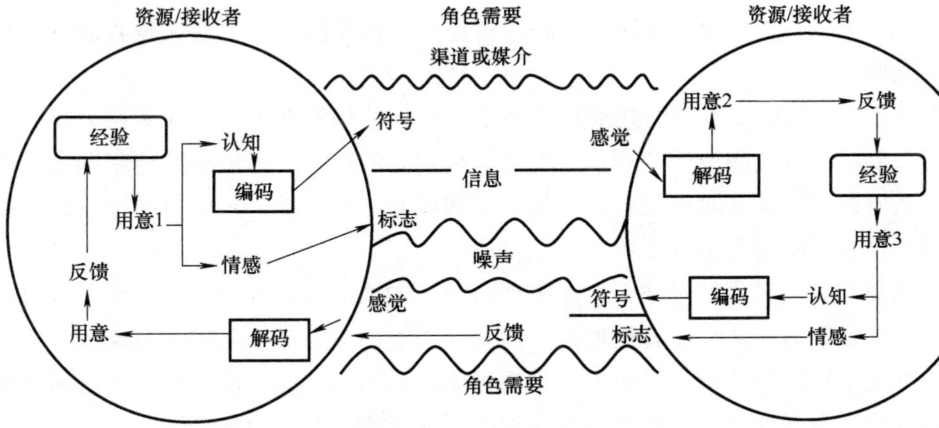

图 1.2 信息交换模型

两个大圆分别代表**信源**和**信宿**，即发送和接收信息的人。因为交流是一个循环的过程，所以在上述模型中信息交换可以从任何一个圆开始，但为了方便，假设从左侧源—宿开始。这个圆的左上是“经历”，它是过去我们所经历的一切。顺着箭头，经历的下面是用意。如前所述，用意是我们对经历的诠释或态度。用意的下标 1 强调它们对个体是唯一的，不能完全传递给别人。

为简单起见，用意被分成了两个类别：**认知**和**情感**。**情感用意**是一些像悲伤、惊讶、好奇之类的感觉。虽然情感也能掺杂进语言里，例如说“我感觉这个计划非常好”，但它通常是以标志形式直接表达出来。另一方面，**认知**是思想，在被发送之前它们要被编码成符号。**编码**是一个选择符号来代表或表现认知的过程。当试着分享用意的时候，我们选择那些在接收方能表现出相似用意的符号。上述论述已经涵盖了符合和标志选择过程中所涉及的复杂性。

信息由经过渠道传播的标志和符号组成。通常用于口头交流的渠道包括声音、视觉和触觉。在渠道的任何地方，**噪声**对交流都是干扰，它们往往会导致歧义。**物理噪声**是交流过程中的具体干扰形式，譬如讲话人语速太快、隔壁施工的噪声或者小孩的哭声等；**心理噪声**是聆听时的内部干扰，例如对讲话者的偏见或者不喜欢这个话题。

在信息通过渠道完成它的传递以后，它遇见了另一个源—宿感受器。信息被**解码**，也就是说，接收者选择用意去关联这些标志或符号。强调自己的用意没有被发送是很重要的；然后，接收者会选择自己的用意去关联这些标志或符号。这就是在用意标有下标 2 的原因。这样，信息就成了接收者的经历，也许他之后还会对其进行进一步的诠释。

当一个信息被完全解读之后就意味着其成了一个新信息的一部分，包括了认知和情感组件。认知组件被编码成符号，情感组件被作为标志从通道发送出去。它们被第一个源—宿感受器通过传感、解码所接收，然后被解读并创造出新的含义。

返回的信息简称反馈。**反馈**包含了第一个消息被怎样接收的信息。例如，在讲完一个建议的时候，一个人的摇头或皱眉就说明了信息是怎样被接收的。反馈能帮助我们估计沟通产生共鸣的程度，倾听者的脸上露出古怪的表情便标志着说话人没有成功地与倾听者产生共鸣。

在图 1.2 中，从信源发出的波浪线表明了其他人的理解能力。沟通者要设身处地为别人着想，要对信息反应进行预测，而不是等待别人的反馈。角色扮演能帮助讲话人预测困难，从而在实际讲话时可以想好对策、克服困难。同样地，角色扮演也有助于减少异议，提高产生共鸣的可能性。

通过对信息交换过程的描述，上述模型给出了沟通的组成和过程。编码和解码是复杂的，取决于它们怎样被沟通者处理，它们有助于提高双方产生共鸣或歧义的能力。一方面，噪声能干扰信息传输，增加了歧义的可能性；另一方面，反馈和角色扮演又促进了共鸣的过程。本书剩余部分将参考该模型的组成元素。下面的专栏讨论了沟通模型中部分元素。

专栏 1.1

采访：

里克·菲利普斯（政府与公共关系主管，J.R.辛普劳公司，博伊西，爱达荷州）

（辛普劳是一家大型私营农业公司，主营食物、畜牧产品以及肥料的生产。）

在您看来，年轻员工在寻找他们的第一份工作时，沟通技能有多重要？

沟通技能在很大程度上决定了生活质量。例如，与配偶之间的沟通决定了婚姻质量，工作中展现的沟通技能决定了事业质量。沟通能力对个人来说寓意深远，因为在当今社会，无论是经理、采掘工程师还是焊工，每个人都在团体中工作，如果不能有效和令人信服地与他人沟通，将很难成功。

当您在处理辛普劳公司的内外部事务时，都遇到过哪些常见的沟通问题？

当处理外部事务时，我们最大的问题之一就是如何来理解公众的观点。一家像辛普劳这样的大型公司往往会从这样两个群体中听取意见：喜爱我们的群体和厌恶我们的群体。尽管我们推测一般的公众都处于这两个极端之间，但是要精确计算出这个位置却十分困难。有的人对公司非常厌恶，很难将他们的顾虑与普通群众的顾虑区分开来。在一个制造化肥的工厂，我们建立了一个市民社区咨询小组来帮助更好地处理广大普通群众的意见，这能帮助我们了解普遍看法，尤其是那些沉默的中间地带的公众的看法。

我猜您很难得知公众对于某个议题的看法。

是的，在辛普劳的首次经历就使我意识到了这个问题。我被要求会见镇子里一个担忧工厂污染的环境保护团体。我只讲了一点点，重点是要试着听他们说并且理解他们的观点。我发现他们并不只有一个观点，各种问题和担忧在团体中分布不均。一位女士认为，如果没有化学工厂，他们社区的环境会更好。而另一群人却不同意，他们想要工作岗位和工厂的经济利益，但是却要求我们降低污染。与此同时，一部分人主要关心的是空气污染，而另外一部分却乐于谈论水污染。尽管这个群体声称是为了镇子里许多热心环保的公民而发言，但却不能将他们所担忧的问题简单地分类。我需要通过沟通来理解各式各样的问题。这不是一个所有人都反对辛普劳的团体。通过这次会谈，我调整了自己面对不同成员的工作方法；同时也学到了一件事，那就是有一些人真的是异常难以合作。

当您与内部听众进行交流时，会遇到哪些沟通问题？

现在我们相持不下的问题之一就是关于网络沟通渠道的新沟通技术。有许多技术都能用来发送信息，但是发送信息与沟通不同。新专业呈现出效率与效益两难的困境。管理者也许会发送出大量的邮件，认为每个人都会按他们所想的方式来阅读，但这种方式并没有奏效。人们有时会用完全不同的方式阅读，而且阅读方式有时也要建立在所使用的渠道上。有一个办公室事件能说明这个道理。像大多数公司一样，我们必须经常评估每一次行动和每一个职位以保证其能够为公司的产品和服务增加价值。我们的一位执行官礼貌地向每位职工的家里发送了一封信，解释最新一轮的公司分析和计划，也就是说明公司不会大量裁员或者削减规模。这下好了，打开这个信的每个配偶都猜想他们的丈夫或妻子很快就会失业。他们阅读的方式完全与管理者的意图相反，另一部分原因是发送信息的渠道不正确。我始终认为面对面的沟通十分重要。很多时候，没有什么方式能取代面对面的交流。上面的例子就说明不同的信息需要用不同的渠道传播。

第二节 沟通的目标

本章的模型为商务和职业沟通提出了两个总体目标。这些目标是接下来章节的基础，并在整本书中都将会有复述。

一、共鸣是大部分商务和职业沟通的目标

我们已经知道，当发送者的意思与接收者的诠释相符的时候，共鸣就产生了。例如，当顾问讨论换岗员工害怕企业变化带来的重组问题或者讨论企业价值的重要性时，他们会鼓励经理去创造共鸣。提供产品或者服务同样也需要共鸣。通知其他人要召开关于安全或者环境会议的过程需要以准确的信息共享能力为基础。简言之，共鸣对各种组织功能和目标都至关重要。

然而，共鸣不是一个二选一的命题，它存在一个连续性。在连续性的低端是**合同式共鸣**。在这种形式中，双方都愿放弃一些东西，而从对方那里获得一些有价值的东西。例如，营销人员也许不会为了超出营销限额而做出额外的努力，但为了得到月底的奖金，他会这样做。同样地，组织不想将钱花费在奖金上，但是为了提高营销量，它还是这样做了。合同式共鸣不需要员工同意组织的营销目标或者选择营销的产品，需要的是每个部门都要放弃一些东西来获得不能单独实现的其他一些东西。

例如，众所周知，尽管安全章程很重要，但在生产运营上强制执行却非常困难。员工们发现这些章程中规则过多，并且促使他们远离与生产率无关的一切东西。但是，不论员工是否认为规则很重要，奖励注重安全的员工并惩罚不注重安全的员工的确能促使他们遵守规则。这种共鸣的最简单形式是许多职业互动的基础。在第三章和第四章讲群体和人际沟通时，我们会对该问题进行更加充分的讨论。

另一种共鸣的方式在发送者和接收者之间表现出了相对较强的一致，我们称其为**共识式共鸣**。当各方达成共识的时候，他们商定好了基本的目标和价值。如果员工因为相信安全预防措施对员工和组织都有保护作用而遵守的话，那么他就会提出与工厂管理措施一致的观点。共识式共鸣是大部分有说服力沟通的基础，它涵盖了本书第十章和第十一章中关于有说服力建议和营销沟通的内容。尽管可以很确定地说共鸣是商务和职业沟通的一个重要目标，但有的时候，歧义也有价值。

二、模棱两可是某些商务和职业沟通的目标

像我们在模型中预测的那样，歧义在沟通过程中始终存在。当发送者的意图和接收者的解释几乎没有重叠的时候，歧义就产生了。因此，有效沟通。几乎不可能总是清晰的。

歧义在领导发展团体或者组织任务说明的时候是有用的。模棱两可的任务说明既给个人提供了一个方向，又留有个人理解的空间。福特的“质量就是第一工作”的口号清楚地设定了公司的方向，但是却让员工们自由发挥来完成这样的目标。我们将在第三章中分组讨论领导利用歧义作为激励的技巧。

在组织危机沟通中，模棱两可也扮演着重要的角色。例如，公开道歉可能造成高额赔付，甚至导致公司破产，因此，模棱两可的道歉方式是很有必要的。在第十三章的危机沟通中会涉及歧义道歉的方法和伦理意蕴。尽管没有共鸣重要，但歧义在特定环境中也有着重要的作用。

第三节　有效沟通要以听众为中心

听众在所有成功的沟通中都至关重要。在职业中，人们通过沟通来达成目标。如果这些目标能通过个人实现，人们就不会麻烦地通过沟通来与他人共同实现。因此，我们要通过沟通来从听众那里获得所需的反馈。观众对这个话题知道些什么？他们对话题持有积极的还是消极的态度？他们是怎样形成这种态度的？知道这些问题的答案能帮助一名沟通者调整话题内容，从而提高得到预期反馈的概率。

上述交流模型指出了适应听众的两种方法。通过对反馈加以注意，交流者能够更好地适应听众。听众是否需要我们慢一点说？沟通者在一个复杂的解释过程中是否失去了理性？通过对反馈加以注意，沟通者能回答这些问题，并做出适当的调整。

角色扮演是另一个评估听众的方法。当沟通者扮演听众的角色时，要想象听众会怎样反馈信息。举个例子，某人掌管着一家小型的绿化公司，他想要获得一家新商场的合同。在向商场的管理团队勾勒出营销方案之后，他会试图想象一下对方对其建议的担忧或者异议：对方关注质量吗？成本要考虑吗？他们想知道责任保险吗？他们介意自己是个小公司吗？这些问题的答案能够帮助他调整策略以满足顾客的需求，打消顾客的担忧。有效的角色扮演允许沟通者首先通过听众反馈来实现精准的信息交互，借此提高从听众那里得到所期待的反馈的概率。另一个将在本书第六章阐述的有关角色扮演的术语是“听众分析”。

第四节　有效沟通要进行战略谋划

正如我们所说，人们沟通是为了实现自身单独无法实现的个人的、群体的和组织的目标。沟通过程中实现自身和他人目标要求具有战略性思考的能力。**战略性沟通**是一个有意识的过程，沟通者细化想要实现的目标，了解听众看待目标的态度，然后选择可以使听众接近目标的沟通策略。上述过程如图 1.3 所示。

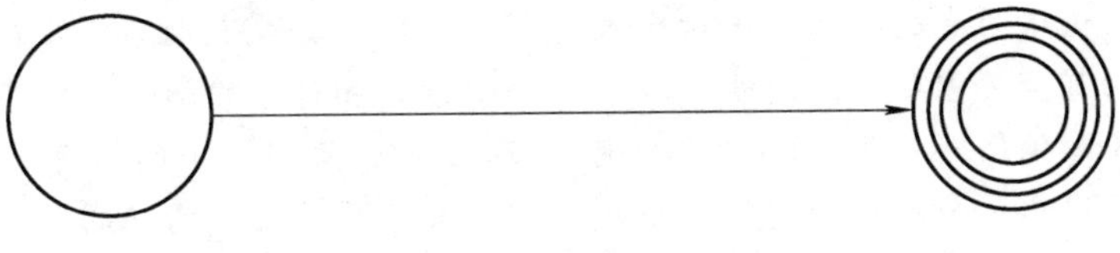

图 1.3　战略性沟通过程模型

战略是一个指代想要实现的目标的术语。在传达任何重要信息之前，我们应该考虑当前形势下眼前的和长远的目标。眼前的目标是可以在特定情形下立即从听众那里实现的目标。例如，一个化学生产企业的公关策划人莱妮，必须进行公关活动来实现减少公众对于工厂安全的担忧这一短期目标。

长远目标则需要数年和积攒许多信息才能完成。莱妮的长远目标是将工厂打造成重要的经济组织并具有社区事业捐献者的积极形象。莱妮将其大部分活动集中在改变工厂的安全形象上，但同时也侧重工厂对当地经济的重要性和慈善贡献。虽然这些评价也许无法改变许多观点，但至少它们是实现长远计划的第一步。一个人的短期和长远目标与个人的策略密切相关，这种战略可用图 1.3 中的类似于目标圆的图形来描述。

战略性沟通过程的第二步涉及了解员工看待目标的态度。正如之前所述，沟通者可利用角色扮演和反馈这两种方法来了解员工的态度。举个例子，像大部分风险沟通者一样，莱妮了解到自己必须在传达信息前了解听众。例如，她认为工厂的安全会让公众担心，但事实并非如此；或者，她认为公众不关心工厂安全，而实际上恰恰相反，那么莱妮说服性的沟通就会适得其反。为了更多地了解成员，莱妮打算对 100 个组织领导者进行简单的电话调查，以了解他们对化学工厂安全所知多少以及相应的理解。这项调查的结果将使莱妮掌握公众对工厂安全的理解和信心，并有利于她对信息传递方式、结构和内容做出决定。

第三步涉及特殊的**沟通战略**，制定这种战略的目的在于推动听众实现自己所期望的目标。莱妮发现员工们对工厂安全的信任度不高并且很担心会发生化学泄漏，她决定开展一个有说服力的活动来打消他们的疑虑，告诉他们不仅风险很小，而且工厂会对潜在的泄漏风险做准备，并且工厂的安全记录已经得到改善。莱妮决定为民众组织一场工厂参观，因为她知道让大家更加熟悉危险的情形可以逐渐减少他们的恐惧（见第 12 章）。她决定同时举办几场公共会议，并且在接受当地报社环境专栏作者的采访时解释了工厂的安全情况。一旦选择了这些渠道，莱妮就需要采取特定的、有益的并且有说服力的宣传来解释工厂的生产程序并打消公众对安全的疑虑。她也需要准备对来自员工的有敌意的问题做出回应。同时，因为采访是与在环境保护方面有学识的专家进行交流，所以和与外行公众的沟通是完全不一样的。

战略性沟通是一个聚焦于目标的复杂过程，很大程度上寄希望于公众。幸运的是，战略性的沟通能力可以通过实践来提高。如果全身心地投入到本书的学习之中，相信大家会在思考和战略沟通方面取得很大进步。

小结

虽然商务与职业领域发生了巨大的变化，但大多数人仍认同有效沟通无论对个人还是组织的成功都至关重要。沟通是人与人之间为了创造或影响别人对事件的用意而进行的信息交换。用意是个人对特定经历形成的态度。事件本身没有特殊的含义，事件有了含义是因为用意被人赋予到了事件上面，并且用意会通过与别人的沟通而发生改变。当两个人认同他们对同一个事件的看法时，共鸣就会出现。当一个信息传达者的用意和接受者的看法不一致时则会出现歧义。

沟通模型描绘了想要影响彼此认识的源—宿（信息发送/接收者）之间的关系。看法会受标志和符号的影响。标志是无意识做出（通常是非语言的）的情感表达。符号是对代表其他事物的有意识的表达。标志和符号的形成通过渠道传播信息，信息会被噪声影响。当信息接收者选择从内部找到与标志或符号联系的用意时，信息会被接收者解码。接收的用意与传递人的本意常常有所不同。回馈的信息是指反馈。角色扮演是沟通者把自身放到其他人的位置上来期望他们对信息产生反应的能力。反馈和角色扮演可以改善共鸣。

共鸣是大部分商务和职业沟通的目标。但有时，模棱两可在职业环境中是有用的。有效沟通以听众为中心，这意味着一名沟通者必须最大程度地适应接收者的需求与喜好。有效沟通是战略性的，这意味着沟通必须针对不同的成员和目标进行策略调整。

问题与练习

1. 举一个沟通的例子：因为某个人没有考虑到词或短语的逻辑或心理含义而产生了误解。这种误解的结果是什么？可以做些什么来防止这种误解？

2. 在沟通的模型中，一个对反馈不加注意的人会出现什么情况？你能提供一个例子吗？后果是什么？

3. 是否曾有过这样一份任务：你对大部分的管理决定和行为都认同，如果是这样，你处理这项任务的方法与处理其他仅仅为了履行合同或听命于上级的任务有什么不同？

4. 描述经理用来鼓励员工共享信息所采取的措施。这些技能有效吗？为什么？

参考文献

1. Finney J. “Six secrets of top performers.” *Communication World,* May-June 2008, 23-27.
2. Berta, D.，“Sodexo exec: Engaged employees help boost productivity,Nation’s Restaurant News, December 22, 2008, 14.
3. Ward, L.，“Straight talk in tough times: Effective employee communication in a troubled economy,Public Relations Tactics, February 2009, 9.
4. Harris, G, F. L. Branham, and M. D. Hirschfeld, “Motivate people: And boost their engagement，” Sales & Service Excellence, July 2009, 16.
5. Young, M., and J. E. Post, “Managing to communicate, communicating to manage: How leading companies communicate with employees”, Organizational Dynamics 22, 1 (1993): 41.
6. 同上.
7. National Association of Colleges and Employers, “What are the top personal qualities employers look for in college graduates?” http://www.naceweb.Org/press/quick.htm#qualities.
8. Lancaster，H.，“Making the break from middle manager to a seat at the top/5 Wall Street Journal, July 7,1998, B1.
9. “News Briefs,” HR focus, June 2008, 9.
10. Tyson, L. D., “Outsourcing: Who’s safe any more?” BusinessWeek, February 23, 2004, 26.
11. 同上.
12. 同上.
13. Coy, P., “The future of work,” Business Week, March 22, 2004, 50-52.
14. 同上.
15. DiSanza, J. R., “Shared meaning as a sales inducement strategy: Bank teller responses to frames, reinforcements, and quotas,” Journal of Business Communication 30 (1993): 133-180.
16. Harris, L., and V. E. Cronen, “A rules-based model for the analysis and evaluation of organizational communication,” Communication Quarterly 27 (1919): 12-28.
17. Eisenberg, E. M., “Ambiguity as strategy in organizational communication,” Commun-

ication Monographs 51(1984): 227-242.

18. Hayakawa, S. I., Language in action (New York: Harcourt Brace, 1942).
19. Blumer, H., "Symbolic interaction," in Interdisciplinary approaches to human communication, ed. W. Budd and B. D. Ruben (Rochelle Park, CA: Hayden, 1979), 135-153.
20. DiSanza, "Shared meaning."
21. 同上.
22. Eisenberg, "Ambiguity as strategy."
23. Singham, M., "The health care debate-4: What the public thinks," Mano Singham's Web Journal, http://blog.case.edu/singham/2009/07/27/the_health_care_debate4_what_the_pubiic_thinks.
24. Republican Party of Sarasota, "Five simple arguments against government healthcare," http://www. facebook.com/note.php?note_id=135727715277.

第二章

组织关系中的倾听与反馈

倾听是组织中最重要的沟通方式之一。例如，一家大型工程公司为了完成某个军工项目，雇用了一支由 24 名工程师和一位著名顾问组成的团队。该团队遇到了一个会耽误工程进度的致命难题，按照与政府签订的合同，耽误进度会使公司遭受极大的处罚。工程领导打电话给顾问，并指派他解决问题。后来，工程领导了解到顾问一直在另一个问题上进行攻坚，而没有为遇到的难题寻求解决办法。虽然他们彼此理解，但是这次倾听的过失导致公司不但损失了时间，而且向政府缴纳了 15 万美元的罚金。由此看来，有效倾听对共鸣非常重要，也是提高组织生产力最直接和成本最低的方式之一。

有充分的证据表明，倾听过失是普遍存在的。明尼苏达州的大学教授拉夫·尼克尔（Ralph Nichols）研究发现，普通大学毕业生的倾听效率很低。尼克尔计算了短期倾听效率（回忆一个 10 分钟演讲中重要细节的能力）仅为 50%，长期倾听效率（几个月后回忆重要细节的能力）低至 25%。沟通咨询协会（Communication Consultants Associated）的领导人莱曼（Lyman）的调查结果显示，80%的人的倾听效率处于平均水平或平均水平以下。无效的倾听会导致计划的重新安排、物流路线的改变和员工士气的下降。倾听十分重要，而与现代商业环境的需求相比，我们的倾听技能很不够。

倾听对个人成功也很重要。一项针对日报社员工的研究表明，有效倾听他人对我们能力评价有重要作用，认识到这一点对在任何组织中得到晋升是很有帮助的。另一项研究调查关注一家大型保险公司中沟通技巧与员工晋升之间的关系。该调查发现，通过别人的眼睛观察世界的能力（倾听也包含在其中），与个人在组织中的晋升机会息息相关。哈尔·兰开斯特（Hal Lancaster）在《华尔街日报》（*Wall Street Journal*）中写道："为了得到工作中想要的东西，停止讲话并开始倾听与观察；观察别人如何交谈，他们是怎样加工信息的，他们需要什么，而不是强势地推销自己。"本章将讨论提高两种倾听形式的方法。

第一节 回忆倾听

回忆倾听涉及正确理解并记住另一个人所传递的信息的能力。回忆倾听包括 4 个过程。**接收信息**是指倾听和加工另一名沟通者的信息。**注意信息**涉及一个倾听者集中信息的能力，并使注意力朝向信息。如果大家曾参加过一次嘈杂的聚会，但仍听到自己的名字在整个过程中被提到，我们就会知道仅仅是倾听信息和注意信息是不同的。集中注意力的行为会使人有意识地留意信息并忽略嘈杂的背景环境。**赋意**是指给信息赋予解释。在大部分情形中（除了第一章所讨论的产生歧义的需要），理想的解释与信息传达者在思维中所想的用意很相似。最后，**记忆**是储存与回忆一个对话的主题以备后续决策使用。倾听能力不是天生的，可通过以下方法改善。

一、邀请对方参与交谈

"邀请"可以让人们知道我们在倾听他们的声音并且愿意花费时间。留意人们用非语言符号表明想要说一些东西并暗示我们应该倾听："你看起来很困惑——你想谈这个吗？"或者"你看起来有些担心，我们谈一下吧。"害羞的人也许需要特殊的鼓励来参与谈话，特别是当他们面对上司的时候，使用诸如"你在想什么"或"我该怎样帮助您"这样的问题可以使人们开始对话。

二、激励自己倾听

当人们缺乏倾听意愿时，倾听效率会很低，因为从一开始人们就认为内容是空洞而没有意义的，倾听时就会漫不经心。研究表明，当我们能够通过记住演讲内容而获得奖励时，相比于没有奖励许诺时的倾听意愿更高。

谈到激励这个问题，好的倾听者认为虽然有时候谈话很枯燥，对工作没有直接影响，但既然已经花费了时间，就要最大化地利用其价值。他们从谈话中获得激励，从谈话内容中提炼出有关讲话者的背景信息，这种信息会帮助他们理解之后的内容，以便深入讨论。倾听者还寻找可以转化为可盈利产品或节省组织经费的想法，当为了这个目标寻找相关信息时，动力就会增加，注意力就会集中在谈话信息上。

三、专注地倾听

沟通顾问戴安娜·布格（Diana Booger）讲述了一个可以判断倾听者对非语言信息接受能力的实验。参加者被要求发表演讲，并离开房间为自己的演讲做准备，观众给予演讲者几分钟的时间暖场，之后开始以不感兴趣的态度来倾听演讲。有些人身体向前倾并用手托着脑袋，有些人在玩自己的电子产品或上网，还有些人则向外张望……这些行为对这名演讲者的影响巨大。

不到一分钟，演讲者就开始惊慌失措，甚至是有点气愤，他们完全不知道观众是因为之前接到指示才这么做的。当观众开始不专注时，一些演讲者的语速变得越来越快，声音也越来越大；有些演讲者会停顿一下，再重新开始，继而又停止，完全打断了思路；还有一些演讲者会绕着房间不停地走动并把手势做得越来越夸张。他们并不知道发生了什么或者为什么会这样，但是他们知道没有观众在听。

这个实验生动地阐明了观众专注去听的非语言暗示对演讲者的巨大影响。当倾听者在某人演讲时翻找材料、查阅电子邮件，或是通过电子设备发信息，就会挫伤他人的沟通热情。好的听众会用非语言的暗示来让演讲者了解到他们在专注倾听，比如眼神接触，身体面向演讲者前倾，一个提神的姿势，以及面部表情等。这些小动作也可以帮助倾听者长期把注意力集中在演讲者所传授的信息上。

四、重内容而非表达方式

在我们生活的这个“视觉”时代里，充斥着电影、电视、计算机和手机屏幕上的影像，我们开始期望信息可以灵活地呈现出来，因此改变传统信息沟通模式就不足为奇了。假如在呈现方式上花太多时间，我们将不能专注信息本身，从而阻碍回忆倾听内容的能力。

高效的倾听者能够迅速判断出演讲传递方式（比如视频）的质量，同时也会将注意力投回到信息内容上。

五、延迟判断

影响有效倾听最大的阻碍之一就是：当演讲者的观点与倾听者相悖，或演讲者使用感性的语言时，倾听者就容易变得很感性。在这种情况下，倾听能力较弱的人会先入为主，并试着用一种方式去表现他们对这种观点和语言的不认同。此时，他们的注意力不再放在所传达的信息上，而是在想当演讲结束时怎么去羞辱演讲者或是让演讲者感到尴尬，这种行为会降低倾听者捕获正确信息的能力。

为了解决该问题，倾听者应推迟判断直到听完并恰当地理解了谈话内容。当倾听者试图与谈话者找到共鸣或者洞察到谈话者的观点时，推迟判断会变得更容易。试着忽略情绪化的、贬义的或者政治上的煽动性词语，例如“官僚政治”“废话连篇的人”或“骗子"，以便专注于更全局的观点、保持情绪克制，然后再回到"听"的任务上。

六、倾听时适当进行思考

尽管研究表明人类能够以每分钟超过 400 字的速度思考，但是大多数人在小组或者公共场合演讲时，每分钟能陈述大约 125 个字，因此，大脑是有空余时间的。根据北得州大学教授萨拉·伦德思丁（Sara W.Lundsteen）的看法，剩余的思考时间会发展为四种倾听模式，其中只有一种是代表好的倾听模式。图 2.1 解释了这些模式。

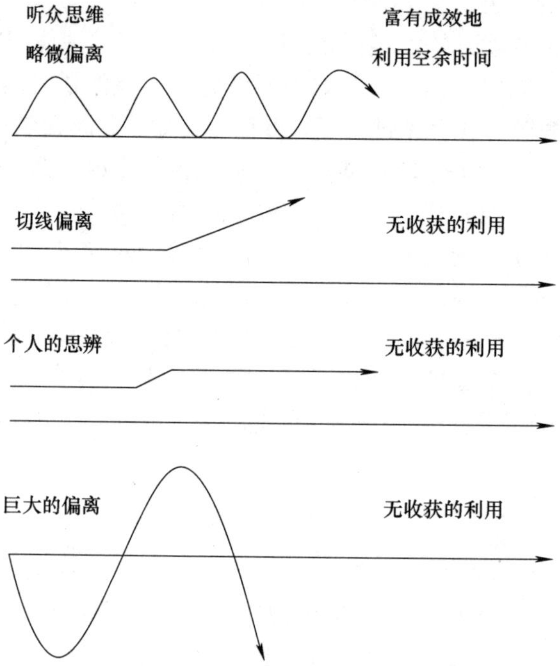

图 2.1　四种倾听模式

来源：引自 Lundsteen, S.W., "Metacognitive listening," in Perspectives on listening, ed.A.D.Wolven and C.G. Coakley (Norwood, NJ: Ablex, 1993), 106-123.

快速处理信息的能力经常使我们在思想上**略微偏离**对话的那条基线。当我们将此作为一种专注于信息的途径时，它会帮助倾听者理解和熟悉演讲者。然而在某些会话中，我们的思路过分地偏离对话的基线。例如，想象一位经理正在与小组的雇员讨论星期五的产品测试，而其中的一位员工已经把思路转到了自己将在星期五开始的假期上。图 2.1 中的第二个图解（**切线偏离**）表示的是用额外的思考时间来完全地关注偏离对话基线的事情的倾向。在第三种模式中，倾听者在与对话基线相关但无直接联系的话题上有**自己的思辨**。例如，当其他雇员听着星期五的产品测试问题时，他却在反复盘算着他认为产品检测不能成功的理由，或是专心于他计划说出的、能够阻止产品最终发布的理由。最后，**巨大的偏离**表现为让自己的心思完全地聚焦于与会话相关性微小的思考上。例如，参加会议的第三名员工为该产品付出了很多心血，他会思考如何改变才能使得该产品更加具有吸引力。

高效的倾听者只有小部分偏离会话基线，并且会将额外的时间用于思考会话信息，还会利用偏离时间去分析演讲者使用的组织和论证策略，包括演讲者的想法是如何构建的、什么样的证据支持他的论点、怎样使信息很好地黏合在一起（它们是否整体一致），并回顾和总结演讲者的观点。适当地利用空余时间可以改善倾听的效果。

七、倾听隐含意义

倾听者经常过于关注演讲者所用的言辞。然而，演讲者所表述的信息并不仅仅来源于言辞，还来源于非语言的暗示。非言语的暗示包括语调、面部表情和姿势等，它们构成了信息含义的一大部分。据统计分析，60%～90%的信息含义都是非语言的，非语言暗示可以补充说明信息和帮助倾听者抓住信息。

八、带着问题去倾听

我们可以通过问问题来更加深刻地理解信息的含义。开放性问题是帮助理解和记住谈话内容的最好方式。封闭式的、非是即否的问题限制了他人对疑问的回复，而开放性问题则允许信息传播者充分解释事实和对特定问题的感受。我们可以通过记者的记忆策略——“谁，什么内容，什么时间，在哪里，为什么（和怎么做）”——来提出开放性问题。例如，当与自己的雇员讨论顾客服务问题时，可以问以下几个开放性问题：“这个问题影响到了哪些顾客？”“这些顾客在哪里？”“什么时候注意到这个问题的？”“为什么该问题会出现？”“你们认为我们应该怎么解决这个问题？”

专栏 2.1

技能概述：电话沟通的技巧

固定电话是 1876 年申请的专利，它的“同胞兄弟”手机则是 1973 年的发明，二者是已发明的使用最频繁的商业沟通技术。如今，大量的沟通通过内部网络、电子邮件和短信平台实现，电话现在被认为是一种私人的沟通方式。

以下几点，同时适合于固话与手机，能够提升对话的生动性，有助于信息被对方接收。

1）使自己的声音比面对面说话时更具表现力、更加灵活。这是弥补缺少非语言暗示（眼神接触、面部表情和姿势）以及声音清晰度受限的需要。

2）引导对话。如果是我们发起的电话，可以告诉别人打电话的原因和需要完成的目标来迅速进入正题。把每次通话都当作小型会议，在打电话之前准备好一份非正式议程。

3）尽可能频繁地总结已完成的事情。偶尔暂停并总结已完成的事项，以保持会话清晰并切题。简短地总结可以将一次长对话转变为一系列小的决定与共识。

4）打电话时不要做其他事情。不要查看电子邮件，不要上网，不要与房间里的其他人对话，做这些事情会严重影响倾听对方的讲话，还会妨碍沟通。

5）遇到掉线问题时要回电话。业务电话非常重要，因而不能由于断线误解关键信息。

6）暗示对方你正在接听。“是”“我懂”或“嗯，嗯”等语言能够暗示对方我们正在倾听。

7）尤其是在人群中或户外使用手机时，应注意周围的噪声对通话的干扰。如果需要，请寻找更安静的地方进行通话。

8）假如需要留下一段语音留言，要尽可能短并切题。没有什么比长达4分钟、杂乱且似乎永不切题的语音信息更让倾听者感到恼怒的了。如果明确了本次电话沟通的目的（参照上述的第2点），那么用简短的语音信息总结就会变得相对容易些。要记得在留自己的回拨号码或电子邮箱地址时应放慢语速。

九、记笔记

很多管理者并不喜欢记笔记，也许是因为他们认为记笔记应该是秘书的工作或者认为这对于沟通和做决定的过程并不重要。但实际上，记笔记可以显示出对他人讲述内容的关注。此外，实验表明记笔记的过程可以提高我们对信息的关注程度。相较于那些不记的人，记笔记的人能够更好地回应信息。

尽管科技可以提高我们远距离沟通的能力，但想要更有效地运用这些工具，仍需要一定程度的调整和适应。在本章“技能概述”的部分，我们提供了一些可以通过电话来改善信息接收和处理的建议。

第二节　带着同理心去倾听

回忆倾听并不是组织中唯一需要的技能。一项对财富500强企业中的106位培训经理进行的调查显示，有效倾听还包含积极地带着同理心去倾听的技能，例如建立密切关系和提供回馈。依据商务沟通研究员的意见，工作场所中的倾听是和其他的沟通行为相关联的，除了回应之外，还包括产生共鸣。《情绪智力》的作者丹尼尔·戈尔曼（Dianiel Goleman）认为，职业生涯的成功很大程度上来源于有技巧地去倾听他人感受的能力。“想要激发和推动人们前往正确的方向，我们必须在情感上吸引他们。”

带着同理心去倾听的人一般有这样的品质，在倾听之前先在态度上接受，然后进行语言和非语言的回馈。因此，带着同理心去倾听还包含对于他人所表达的内容有一个**接受的态度**，尤其是在感情的积极回应上，并且做出**回馈**以使别人感觉到自己的演讲受到了重视。

一、形成接受的态度

不论何时，当我们与别人交流的时候，都不止是传递了**信息的内容**，还同时传递了个人**经历与情感**。这些关于经历与情感的信息往往通过非语言进行沟通传递，而沟通者自己通常都没有意识到。这样的信息可以传达出“我是一个活跃的人”“我是一个很严肃的人”“我是一个自律的人”、“我非常有效率”等。下次当我们和一个商务人员进行电话沟通的时候，可以留意他的回答方式：一些人用非常积极的方式回应电话，说明他们对自己的工作非常感兴趣，而且重视我们的电话。还有一些人用严肃的声音回应，这表明他们缺乏热情或者有一定的抵触性。当我们回应的时候，不应该只是对内容做出回应，同时也应该对别人说话时所表现出的经历或情感做出回应。

不幸的是，很多机构的员工认为商业是一个理性的行业，它是一个没有情感的东西。这种认识大错特错。情感是生活的一部分，同时它也反应在沟通交流中。

注意在下面的对话中经理对职员经历的回应。

拉里：　玛丽莎，我能和你聊一会儿吗？

玛丽莎：当然可以，请进。

拉里：　你以前总说，当我们遇到困难时，你的大门永远为我们敞开。那么，这是第一次我有问题想和你讨论。第一，在上次的升职中，由于大多数人支持新来的那人，所以我失败了，而今天，我收到通知，我必须离开公司最大的部门。我无法相信这个事实！在公司中谁是支持我的？我现在已经彻底疯了，我需要一个解释。

玛丽莎：拉里，为什么你还在介意升职的事情？你知道，在升职的时候，我是支持你的，但是我们有时候并不能得到想要的结果。

拉里：　我不想听这些大道理！我要一个解释。

玛丽莎：这对我们是不会有任何帮助的。我想我们没有必要再讨论升职的问题了，那已经是过去的事情了。不要对这件事太过情绪化，至于这次重新委派……

拉里：　（非常激动）我从来没有和你达成过这样的协议。我一直以来都为公司埋头苦干，但是得不到任何肯定。首先是升职，现在又必须离开公司最大的部门！我认为这次改派是因为你对我的工作没有信心，这意味着我再也没有任何升职的机会了。你看你对我所做的这一切！

玛丽莎：我不喜欢你的语气，你太急于断定。让我们理性地看待这次部门调换。如果你做不到，那么等你可以控制自己情绪的时候再来找我。

在上述引例中，玛丽莎拒绝承认或接受拉里所表达出的想要沟通的想法，因为她不想解决负面的情感问题。尽管拉里对于升职的事情表现出了明显的不满，但玛丽莎拒绝讨论升职的事情，因为她认为这件事已经过去了。当玛丽莎说理性地看待这次部门调换的时候，她其实是在拒绝同情拉里的挫折感。

形成善于接受的态度意味着要试着去探寻人们隐藏起来的本能反应。如果玛丽莎开始时可以理解拉里的情绪并询问以找出反应的根源，拉里可能会表现得更为积极。

玛丽莎：我认为我们上次关于升职问题的谈话结束后，你已经理解了，但显然并不是这样的。我感觉到你对升职的事情依然很失望，对吗？

拉里：　我也觉得升职的事情过去了。但是，改派的事情出现了，这又激发了我的原始想法。

玛丽莎：你在升职的事情上对我还很失望吗？你是不是认为在升职的事情上，我能够或者应该为你做得更多？

拉里：　不是这样的。但是我想要知道在上级中，是否有人在阻止我升职。同时，这个人是否又应该为这次改派负责？

玛丽莎：我不知道是否有上级以个人名义与你作对。但这次改派是我的主意。我可以说明一下我的理由吗？

在这段回应中，玛丽莎对拉里失望的情感反应表示理解，并提出问题以了解为什么这种感觉又卷土重来；她接下来询问是否自己就是拉里烦恼的根源，这样的做法使拉里了解到她这样反应的深层含义。由于玛丽莎积极处理而非不予理会，拉里对于这样的结果将会产生积极的情绪。

在一个特定的思维模式下形成接受的态度很困难。快速的推断和设想，简单的评价，固化他人的形象、思想或者行为，将人进行分类，这些都被认为是典型的与用同理心去倾听相悖的行为。形成接受的态度意味着要花费时间来充分了解他人的观点。

二、提供反馈

用心倾听也包括反馈，用于表明接受别人的意见。倾听者应该用反馈来肯定或者拒绝别人，而不是驳斥别人。

肯定 肯定包含两件事情：接受谈话的内容，并且接受发言者所表现出的经历与情感。当本书的第一作者詹姆斯打电话给一家租赁公司去抱怨自己为了归还地毯蒸汽清洁器而等了一个多小时的时候，租赁公司的顾客服务代理在电话中接受了他抱怨的内容：归还一个小器械花费一个小时确实是太久了，同时通过表示理解詹姆斯为何如此生气来肯定詹姆斯的经历和情感，说这是一个合理的反应。这样的反应具有肯定的意义，因为它同意了詹姆斯所说的内容和它背后所存在的气愤和挫折的情感。这样的回应肯定会使一个人的自我价值得到认同。

有很多不同的肯定形式可以用来说明你是个用心倾听者，见表 2.1。肯定信息提供了对其他人的**直接认知**，可以通过看着他或她、进行眼神交流、做一些非语言的暗示来表示肯定。**肯定内容**表示聆听者提供了言语上的赞同或者对演讲内容的称赞；**肯定经历和情感**表明认为他人的感觉是合情合理的。

表 2.1 肯定的定义和例子

直接认知	表示兴趣的非语言信号，包含对视、频繁的眼神交流、点头，以及其他留意倾听的暗示
肯定内容	言语上的同意或者对内容的称赞：“是的，我认为你的看法非常准确。希望你继续说下去。”
肯定经历和情感	认为别人的感觉是合情合理的：“我如果在你的位置也会这么认为”“你有权利按照你想的去做”

来源：摘自 Cissna, K.N.L., and E.Sieburg, “Patterns of interactional confirmation and disconfirmation.” in *Rigor and imagination: Essays from the legacy of Gregory Bateson*, ed. C.Wilder and J.H.Weakland (New York：Praeger, 1982)，253-282.

拒绝 尽管拒绝被人们贴上了否定的标签，但拒绝有时也是一种肯定的方式。拒绝时，我们同意另一个人的经历或者情感，只是不同意他所说的内容。例如，杰尼斯和萨提亚是一家医院的护士，杰尼斯对于一位医生对待她的方式非常在意。这位医生非常粗鲁，并且说出的话让杰尼斯感到灰心丧气。在与朋友萨提亚谈话的时候，杰尼斯说她打算向医院的管理者反映该问题；萨提亚认为她的反应很合理。

萨提亚：“是的，我同意。如果他这样对我，我也会有这样的感受。”

通过这样的回答，萨提亚肯定了杰尼斯的感受，并且让她觉得自己的反应是合理的。但是，萨提亚并不同意杰尼斯的做法。

萨提亚：“无论如何，没有与这个医生谈过就直接带着问题去找医院的管理者，这样的做法会让别人觉得你没有能力解决自己的问题。而且，如果你没有和护士长讨论过，那在管理者的眼中护士长的形象也会变差。”

这样的回答说明萨提亚认为直接去找医院的管理者来解决问题并不恰当。正如上面的例子，拒绝包含肯定了所表达情感的合理性，但是否定了沟通的内容，所否定的沟通的内容包括不同意对方贸然地决定或提出另外一套解决方案。

从表 2.2 中可以看到，拒绝包含三个处理信息的步骤：**直接认知**表示积极地倾听，**否定内容**给出了对信息不赞同的信号，**接受经历或情感**则说明了接受别人所表达的情绪。

表 2.2　拒绝信息的定义和例子

直接认知	表示有兴趣的非语言信号，包含对演讲者的直视、频繁的眼神交流、点头和其他注意倾听的暗示
否定内容	用语言来表示对内容的不赞同：“我想你对整件事情的处理是错误的”
接受经历或情感	利用语言或非语言的信号来表达对演讲者情感的理解或认可：“你应该感到骄傲”“你应该得到晋升”

组织中有许多事件要求我们谨慎地拒绝。组织培训者、质量检查员、生产线管理人员、人力资源办公人员和在面试中对员工进行绩效考核的人，他们经常需要教导、纠正和提供负面的意见给雇员。拒绝是用来对负面回馈进行沟通最有益的方法之一。就我们作为老师或者合作培训者的经验来说，最好的拒绝方式，也是最富有同理心的方式，包含了表 2.2 中所列出的所有因素。例如，本书的第一作者认识一位为银行出纳员进行培训的人员，她对于教授复杂的过程有一个诀窍，可以使学员们在感情上受到的伤害最小。如果一个实习生坚持对所有的支票和文件盖章，而不只是对一小部分需要盖章的支票和文件进行盖章，她可能会说：

“（直视他人，进行眼神交流）我理解你愿意通过为支票和文件盖章来证明自己所做的工作。但是你毕竟在这个方面是个新手，而你要负责的钱可能比你这辈子所见到的还要多，而且你也正在努力提升相关的业务技能（感情或者经历的接受）。但是，这两份文件是唯一需要出纳员来盖章的文件（反对内容）。任何多余的事情都会令其他相关部门的人感到困惑。”

另外，拒绝信息应该详细一些。比如想要说一个人“独裁”或一意孤行的话，下面这样说会让人觉得更加实用。

“我理解你急于做决定的心情，但是你还没有让一些团队成员发表看法。我觉得你好像让团队工作推进得太快了，以至于已经超过了我们原本的速度。”

肯定和拒绝是用心倾听的重要基础。同时，在所有的倾听情况下都应该避免不确定。

不确定 作为缺乏用心倾听的信号，通常包含对一个人的经历或者感情，以及对他人自我价值的否定。例如，一名焊接车间的工人走向经理并进行了如下对话：

工人：我对于这个新的程序还有一些问题。我可不可以在开始工作之前先进行一些附加的培训？

经理：这个新程序对于接下来几周开展的工作基本没有用途，我觉得你可以胜任。（走开了）我想我们需要对后续的应用做更深入的讨论。

对于一个人来说，不确定对于自我审视是毁灭性的，而且对于创造友好的关系不利。在上面的例子中，工人的需求被认为是他不能胜任自己的工作，并得到了谴责。很怀疑这名工人是否会再次对经理说出自己关心的事和担忧的问题。表 2.3 列出了一些不确定的信号以及例子。

表 2.3 不确定信息的定义和例子

逃避参与	语言或者非语言的疏远策略，包含避免眼睛交流、转身、走开和没有人情味的语言
离题或者无关行为	对于讲话人所说内容进行无关的或者关系不大的语言评论：“让我们来聊聊生产指标”或者“下一个行程是开会”
不为所动	怀疑他人的感情，“你不是那样觉得的”（公开否定）；“你并不是对此感到生气，你只是因为自己并不知情有点生气而已”（重新解释）；“你不能有这样的想法”（质疑感觉的权力）
剥夺资格	对于说话者的直接拒绝：“这不是一个明智的选择”

来源：摘自 Cissna, K.N.L., and E.Sieburg, “Patterns of interactional confirmation and disconfirmation,” in Rigor and imagination: *Essays from the legacy of Gregory Bateson*, ed. C.Wilder and J.H. Weakland (New York: Praeger, 1982), 253-282.

我们从表 2.3 中可以看出，否定包含了**逃避参与**，这种动作可以通过没有人情味的语言和有距离的非语言行为表现出来，比如避免眼神交流，在谈话的时候走开，不直接面对说话的人，或是在倾听的时候干其他的事情。上述行为使讲话人感觉自己所说的内容不重要。就像在焊接工厂的例子里，经理通过谈话时走开的行为来制造距离感。接下来，**离题或者无关行为**与说话者所说的内容并无明显的关系，这样的行为说明没有用心倾听。在之前的例子里，经理的回应与工人的要求是无关的。**不为所动**说明缺少关心，或者没有理解他人的感受。在焊接工厂里，通过说“这在接下来几周开展的工作里基本没有用途”，经理表示了他对于工人的请求不为所动，否定了工人在现有工作中所遇到的挫折。最后，当一个人对说话者或说话者的感受有所蔑视时，**剥夺资格**的行为就出现了。工厂经理陈述“我原本以为你能胜任此项工作”是明显在指责工人并不合格。

这些不确定的行为要素不管是单独出现还是联合出现，都表明了缺乏用心的倾听，显示了对说话者所说的内容和所表达的感情都持否定的态度。为了提高用心倾听的能力，我们应该善于接受演讲者的经历和感情，并且练习肯定与拒绝。还要在平时的生活中避免不确定的回应发生。

因为很多企业的员工几乎整天都在与人开会和谈话，他们在大部分时间中是在倾听。高效的员工也是有效的倾听者。若我们积极提高自己的倾听技能，一定能得到丰厚的回报。

小结

很多组织的发展都取决于员工熟练的倾听技巧。为了提高回忆倾听的能力，员工们应该邀请对方参与、激励自己倾听、专注地倾听、重内容而非形式、延迟判断、倾听时适当思考、倾听隐含意义、带着问题去倾听，并且还要记笔记。

无论何时，与人沟通的信息都包含内容、经历或情感信息。我们必须培养接受情感信息的能力，还要探索人们真实情感的根源。

用心倾听的人用肯定或者拒绝来回应他人，避免不确定。肯定的回答表示对内容的赞同，同时也表示接受别人的情感表达。肯定的信号包含直接认知、赞同内容以及称赞他人的感受。拒绝也是一种肯定，它是肯定了说话者的感受而对内容进行了否定。拒绝的行为包含直接认知、反对内容、不接受经历或情感。最后，不确定的信号为无视说话者的感受，不确定的行为包含逃避参与、离题或无关行为、不为所动和剥夺资格。

问题与练习

1. 在一个组织中，不恰当地回应倾听会带来什么样的伤害？你能想出一些学习工作中的经历，可以当作是不恰当的回应倾听吗？如果有的话，这件事产生了怎样的问题？哪种回应和倾听技巧能用来解决这个问题？

2. 你还能想出其他提高回应倾听的方法吗？以小组或班级为单位，列出其他的方法。

3. 以小组或班级为单位，想出其他代表“肯定”“拒绝”“不确定”行为的例子。是否存在与以上三者均不相符的例子？

4. 以小组或班级为单位，列举你或你的同事/同学在刚刚入职/入学的前几天犯下的5个错误。现在，想出一个方法，用拒绝的方式来与犯这样错误的人沟通。根据表2.2的指导来构建思路，学习使用拒绝的方式来引导和改正错误。

参考文献

1. Steil, L. K., L. L. Barker, and K. W. Watson, Effective listening (Reading, MA: Addison-Wesley, 1983).
2. Nichols, R. G., "Do we know how to listen? Practical helps in modern age," The Speech Teacher 10 (1961) 118-124.
3. "Secrets of being a better listener," *U.S. News &World Report* 26, May 1980,65-66.
4. Haas, J. W., and C. L. Arnold, "An examination of the role of listening in judgments of communication competence in co-workers, Journal *of Business Communication* 32 (1995): 123-139.
5. Sypher, B. D., and T. E. Zorn, "Communication-related abilities and upward mobility: A longitudinal investigation," *Human Communication Research* 12 (1986): 420-431.
6. Lancaster, H., "It's time to stop promoting yourself and start listening," *Wall Street Journal*, June10, 1997, B1.

7. Brownell, J., "Perceptions of effective listeners: A management study," *Journal of Business Communication* 27 (1990): 401-415.
8. Booher, D. *Communicate with confidence*! (New York: McGraw-Hill, 1994).
9. Golen, S., "A factor analysis of barriers to effective listening," *Journal of Business Communication* 27 (1990): 25-36.
10. Beatty, M. J., R. R. Behnke, and D. L. Froelich, "Effects of achievement incentive and presentation rate on listening comprehension," *Quarterly Journal of Speech* 66 (19) : 193-200.
11. Nichols, "Do we know how to listen?"
12. Booher, Communicate with confidence! 153.
13. Harris, R. M., *The listening leader* (Westport, CT: Praeger, 2006).
14. Harris, *The listening leader.*
15. Wolven, A. D., and C. G. Coakley, *Listening* (Dubuque, IA: Brown, 1992).
16. Lundsteen, S. W., "Metacognitive listening," in *Perspectives on listening,* ed. A. D. Wolven and C. G. Coakley (Norwood, NJ: Ablex, 1993), 106-123.
17. Harris, *The listening leader.*
18. Whalen, J. D., *I see what you mean: Persuasive business communication* (Beverly Hilts, CA: Sage, 1996).
19. Wolven and Coakley, *Listening.*
20. Lewis, M. H., and N. L. Reinsch Jr., "Listening in organizational environments," *Journal of Business Communication* 25 (1988): 59.
21. Lancaster, "It's time to stop promoting your-self."
22. Watzlawick, P., J. H. Beavin, and D. D. Jackson, *Pragmatics of human communication* (New York: Norton, 1967).
23. Bruneau, T., "Empathy and listening," in Wolven and Coakley, *Perspectives on listening,* 185-200.
24. Watzlawick, Beavin, and Jackson, *Pragmatics of human communication.*
25. Cissna, K. N. L.， and E. Sieburg, "Patterns of interactional confirmation and disconfirmation," in *Rigor and imagination: Essays from the legacy of Gregory Bateson,* ed. C. Wilder and J. H. Weakland (New York: Praeger, 1982), 253-282.
26. Watzlawick, Beavin, and Jackson, *Pragmatics of human communication.*
27. Cissna and Sieburg, "Patterns of interactional confirmation."
28. 同上.

第三章

组织群体与团队间的沟通

组织包括许多不同能力水平的个体，专业工作往往由组织和团队成员合作完成。在全球市场上，研发、市场和营销任何产品或服务都包含了许多人的协同合作。一个群体就是三个或三个以上个体的集合，这些个体将自己视为组织成员，成员之间拥有共同的信念，彼此互相沟通以达成个人和群体目标。由此看来，为了在游乐场兜风而排队等候的人不是一个群体，而几个决定一起学习的学生则是一个群体。群体有许多形式：高级管理群体、区域营销群体、会计群体和工程群体等。

然而，在过去的十年里，**群体**这个术语已经不再受青睐了，取而代之的是**自我管理型团队**。在这个全球竞争日益激烈、能源逐日缩减的时代，企图用更少资源做更多事情的团队出现了。例如，自我管理型团队淘汰了生产线上的监督管理工作，团队集生产、协调、制造和运输产品的权利于一身。同时，团队自行雇佣、解雇和培训员工，设定自己的工作目标，在较少监督甚至没有监督的情况下完成工作。由于团队拥有决策权，因此公司可以及时应对市场的变化，从而形成更加精简、灵活的团队。

团队在许多重要方面有别于组织群体。首先，团队比群体拥有更多的决策权。其次，正因为有决策权，团队才比群体更加独立，沟通也更加频繁。团队通常一天会有几次会面以协调工作，避免重复性工作和做出必要的决定。最后，团队为了实现既定目标，强调持续的培训和绩效评估。

尽管本章中的大多数概念同样适用于组织群体和团队，但我们还是将话题集中于团队建设。本章以讨论领导角色和团队成员职能开始，然后涉及最常见的团队活动和会议，最后，讨论冲突管理。

第一节 领导角色

团队成员承担着各种角色，**角色**就是对个人行为模式的期望。就像家庭成员可以分为父母、祖父母、孩子这些角色一样，根据团队成员重复的活动可将他们分为不同的成员角色。**领导**是用于描述特定行为的术语。领导角色对于团队绩效非常重要。

领导力是个复杂现象，有时会与管理相混淆。**管理者**通过解释工作要求、设定绩效标准和监控产量来指导团队成员并明确赏罚。组织授权领导设定目标和实施奖励的权力，雇员则因为渴望奖励并极力避免处罚而遵守要求。参考第一章，我们可以将管理理解为协议的履行，在这个过程中，每人都放弃一些不愿意舍弃的东西，以期望从他人那里得到有价值的东西。在快餐连锁店、杂货店和其他服务行业，监督者通常是管理者而非领导者。由于雇佣关系的暂时性、高流动性、涉及工作的非专业性等，简单的雇佣合同为群体成员提供了足够的动力。

然而，自我管理型团队需要更多的成员承诺。自我管理型团队所增加的权利和独立性要求成员在无直接监督情况下能够积极努力地工作。领导力提供了一种满足这些需要的方式。

领导者要让成员分清孰轻孰重，增强成员对重要问题的认识，使之明白如何理解并处理问题，然后鼓励他们为了团队目标不要过于看重个人利益。不同于那些由组织授予领导者权力的简单管理，自我管理型团队中领导者的权力来自于成员自身，成员自愿放弃他们的部分权力以方便领导确定目标和明确问题。成员跟随领导不是为了奖励，而是因为他们参与了领导的愿景。在第一章，我们把这种协同称作“共识性共鸣”，即人们对基本目标和价值表示认同。苹果公司的联合创始人乔布斯就是一位典型的领导者，他能够驱动成员革新、创造，并为公司做出自我牺牲。跟随者不是为了物质奖励，而是因为领导的愿景是如此引人注目。

尽管一些管理者表现得像个团队领导者，但管理者和领导者的角色却完全不一样。杰瑞是个管理者，但他不会花太多的时间去管理店面，更不了解制造细节。他只是试图雇佣好的雇员，并保证部门预算不会被削减。胡安是一位高级经营者，杰瑞在制造优先权上给了他很大的自由。胡安不是管理者，因而不具有对资源进行调配的权力，但雇员都听从他的领导，因为雇员喜欢他，相信他知道什么才是对部门最好的。

什么样的人可能成为团队的领导？研究表明，领导者在沟通上比非领导者更灵活。换句话说，领导者能够依据环境将自身行为与小组成员、不同人物、小组优先权等进行匹配。

一项关于几个决策小组的研究例证了领导的适应性行为。在一个会议上，领导召集大家对议程表中一项进行开放性、创造性的讨论。为此，他很少做程序性发言，如发起投票、限制讨论、做出或寻求关键性评价。相反，他鼓励大家积极而有创造性地讨论，并使用群体的一致意见来强调团队的创造性和非官僚式特征。在另一次会议上，这位领导需要对三个议程做出决定。相对于第一次会议，他此次的程序性发言会增加，来自群体具有创造性的意见会减少。领导者会调整自己的行为以满足团队两次会议的不同需要。

团队领导者是以听众为中心的，并根据整体目标评估团队成员的需求，做出一系列努力使团队取得进步。除了灵活性很重要外，我们还要介绍两类重要的领导者行为：组织团队工作和明确团队重心。

一、领导组织团队工作

团队活动往往杂乱无章，以循环讨论、封闭的想法和冲突解决方案为特征。领导者需要使用沟通技巧来整顿混乱的过程。约翰 • 卡兰根（John F.Cragan）和大卫 • 莱特（David W.Wright）教授将领导沟通分为三类：任务性领导沟通行为、程序性领导沟通行为和人际性领导沟通行为（见表 3.1）。**任务沟通**技能集中于实现团队的绩效目标。因此，**发表意见和解决方案**是一项重要职能。如果其他成员不太愿意表达想法，领导者可以通过说出自己的想法来打消成员的疑虑。如果成员们仍然不愿意献计献策，则改由领导通过向所有成员直接提问的方式来**获得意见**，如“金姆，对于这个问题你有什么看法？”或“加布里埃尔，我们还没有听到你的看法，你的意见呢？”

表 3.1 领导沟通行为

任务性 领导沟通行为	程序性 领导沟通行为	人际性 领导沟通行为
贡献意见 寻求意见 评价想法 寻找对意见的评价 鼓励创新	设定目标 制定议程 阐明 总结 表达共识	规范参与 营造氛围 解决冲突

来源：摘自 Cragan, J. F., and D. W. Wright, *Communication in small groups: Theory, process, skills* (Minneapolis-St. Paul, MN: West, 1995).

有效率的团队不仅要提出想法，还要剔除其中差的想法以便得出最强有力的解决方案。领导者必须以成员没有感觉到被攻击的方式来**评价意见**。这意味着在拒绝别人的**想法**时不能驳斥他们的经历或情绪反应（见第二章）。领导也必须通过直接提问的方式从其他成员处**获得对意见的评价**，如“你认为我们的第一种解决方案怎么样？”“有改善这个方案的方法吗，或者我们现在应该将它放在一边？”最后，在任务性沟通行为下，群体的领导必须**鼓励创新**，允许成员自由发挥，百家争鸣，而不是指责他们。

领导在**程序性沟通中**为团队的进程设定议程，**目标设定**确立了短期和长期的目标，领导有责任制定议程以使会议保持正题。领导必须要求成员**阐明**自己的大致意见，这可以通过提出具体问题的方式实现，如“你的意思是？”“你能举例说明这个想法如何在实践中实施吗？”“这如何能帮助我们减少开支？”当这些问题在没有施压的情况下被提出时，它们可以鼓励成员进行更加深入的思考。

优秀的领导通过**总结**进展来使团队维持正轨。坚持总结陈述有助于成员理解群体的动向。比如领导可以总结说：“因此，我所听到的问题不是一个而是两个。我们没有充分处理好与环保组织的关系，我们与媒体的关系也很差。”坚持总结成员的想法能够整理混乱的讨论。**表达共识**就是要找出成员的一致所在，比如“我相信大家同意将来在会议上不邀请媒体参加”。这句话要贯穿整个会议（而不只是在会议结束时提一下），从而提高最终达成一致的可能性。

最后，**人际沟通**技能为成员创造了积极的讨论氛围。首先，领导必须**规范参与**，不仅要控制强势成员，还要鼓励那些不活跃的成员积极参加。例如可以这样说：“拉里，我知道你很关心这个问题，但我们还是听听那些没有发表意见同事的看法吧！”这样的评论可以鼓励其他成员发表意见。**营造氛围**意味着创造一个没有压力的气氛，即使成员说出“疯狂的”想法也不会觉得不舒服。还应责备那些对他人进行人身攻击的成员，对于想法的评判采取对事不对人的态度将有利于创造的积极氛围。最后，团队工作会产生冲突。优秀的领导能**解决冲突**并推动团队前进。本章最后一部分讨论了很多冲突管理的技能。除了组织集体活动外，优秀的领导者还必须强化团队成员对重大事件的理解，并鼓励他们超越自身利益为团队目标奋斗。

二、领导者明确团队重心

根据卡尔·拉尔森（Carl E. Larson）教授和弗兰克·拉法斯托（Frank M. J. LaFasto）教授的观点，高效的团队会制订逐步调高的目标，这些目标能够激励实现远大的抱负。**魅力**一词用来形容那些能够集中成员注意力并投入共同目标的领导。魅力型领导是符号的有效使用者。正如第一章所说，事件本身并没有任何特殊用意，是我们用符号来赋予事件用意。魅力型领导擅长将自己对事件的理解、看法和目标设定，用员工们容易接受的方法进行沟通。

例如，20 世纪 80 年代初，戴尔·丹尼尔斯（Dale Daniels）接管了洛克希德·马丁公司在加利福尼亚羚羊谷的 L1011 巨型喷气式客机工厂，该工厂的飞机生产计划非常落后并且预算严重超支。先前管理者的恐吓策略使成员和团队之间矛盾重重。丹尼尔斯希望建立具有合作意识的工厂文化。他的第一个行动便是解雇了之前管理团队中的一位高管，因为这名高管不愿意放弃使用丹尼尔斯所谴责的恐吓策略。同时，丹尼尔斯反复地解释解雇不是“报复”，而是为了创造更加具有“合作精神”工厂的第一步。丹尼尔斯的解释增强了员工对其观点的理解。组织领导善于对自己的愿景或目标进行解释，可以使团队成员更好地理解并认同他们的观点。

标签是对事件分类或描述的好工具。好的标签能帮助雇员领会领导想要传达的愿景。

在美泰格公司的 CEO 伦纳德·哈德利（Leonard A. Hadley）接手公司时，美泰格还是一家声名狼藉、作风保守，并且刚刚开始在产品和专业上进行投资的公司。“数十年来，公司内部有一项政策——不做市场内第一家使用新技术的公司，‘宁愿出现在最好的时候也不愿出现得最早'”。为了改变这一状况，哈德利创办了“银河先锋”计划，生产的一系列产品均以太空中的行星命名。该标签增进了人们对前沿专业知识的认识，并且鼓舞成员比以往更加积极地投入到创新之中。

标签影响我们怎样思考事物。领导能够通过引人注目的词语或成语传达他们的构想，从而聚焦成员的注意力。如果领导经常重复某句话，或以实际行动践行标签精神（如戴尔·丹尼尔斯所做的），成员最终会接受领导的观点。

领导者也可以通过赞扬践行其观点的**中心人物**来强调他的意图。使用**竞争力**、**质量**或**客户服务**这样抽象模糊的词汇很难让员工感兴趣，而用一个以身作则的人来做例子就比较有说服力了。因此，中心人物成为代表领导意图的符号。中心人物树立起高标准，这种标准是领导想从团队中看到的。然而中心人物也不能太优秀，这样会使员工觉得这个标杆太遥不可及。因此，中心人物树立的标准必须是成员能力可及的。

仪式是工作取得里程碑成就时所必需的形式。仪式包括新员工的入职仪式或庆祝个人奖项的聚会。仪式通常集中于赞扬取得重要成就的“英雄”。例如，一个出版社官方认可的名为“十年俱乐部”的年会，也叫“镶嵌仪式”。在年会上，十年俱乐部的新员工们开始成为长期员工，每一个刻有新员工名字的铭牌都会被镶嵌在公司图书馆的壁炉架上，所有员工会在一起烧烤、喝酒并互赠礼物。这项活动鼓励员工成为公司的一部分，就像他们的名字成为公司建筑的一部分一样。

领导可以通过鼓励性的仪式来强调重要的团队价值，这些仪式可以强化价值。明智的领导会利用组织已有的事件来加强需要的价值观，而不是重新创造一种仪式。

认同感来自于当个人利益和共同目标有交集时。有团队认同感的员工也会对组织拥有责任感与目标一致性。认同团队的成员会更加投身于工作，致力于取得成功。领导者可以通过两种方式来鼓励团队成员的认同感：一种方法是**赞扬团队的成就**，这可以提升员工的自尊心，提醒团队在更大组织中的重要性；另一种方法是**拥护共同的价值观**，例如，在会议期间团队领导者强调“我们都认为客户服务是大家的首要任务”。这样做可以使员工明确所在团队拥有共同的利益和首要目标。

不断使用“**我们**”会在员工之间建立理所当然的共同战线。诸如“我们必须共同努力来解决这个问题”或者“我们打算明年提高质量”这样的陈述，微妙地表达了所有团队成员都应该致力于完成共同的使命。

最后，没有什么比**共同的敌人**更能让一个团队团结一致了。公司经常通过强调来自“外部”的威胁来加强员工之间的凝聚力和认同感。这种对热衷于摧毁团队的强大敌人的刻画可以增加团队凝聚力，加强员工对团队价值观的认同。应注意，敌人应该慎重选择。以公司中的某一部门为敌人可能会破坏团队与团队之间的关系，并有可能对重大项目上的合作造成障碍。一个破坏力稍小的方法是创造一种健康的竞争状态来督促员工努力工作。将外部竞争者刻画成敌人可以创造一种责任感。尽管领导力很重要，但如果没有坚定的团队成员作为跟随者，领导就不可能大有作为。鼓励认同感的方法包括：

赞扬团队的成就：提升员工的自尊心。

“我要祝贺整个团队在过去 6 周里的努力。你们比我带过的任何团队都工作得更努力，取得的成果也更多。你们的努力在接下来的工作中将发挥重要作用。”

拥护共同的价值观：团队员工有共同的价值观。

“我知道如果社区服务不是你们的首要目标，你们就不会来到这个机构。”

使用“我们”：暗示所有的员工都应该致力于共同的使命。

“无论有多少挫折，我们都要把这个项目进行下去，因为我们知道它对于公司的未来多么重要。”

共同的敌人：刻画外部竞争者和搞破坏的人。

“这不是一个公平的竞争，因为其他国家的竞争者有政府补贴和低收入政策。为了应对这些不公因素，我们必须在工作中尽可能地高效。”

第二节 组织群体和团队成员的能力

团队的表现在一定程度上取决于团队成员的个人能力。根据沟通学家拉法斯托（Frank M. J. LaFasto）和拉尔森（Carl E. Larson）的研究，员工需要两种工作能力和四种团队技能。这些能力如图 3.1 所示。

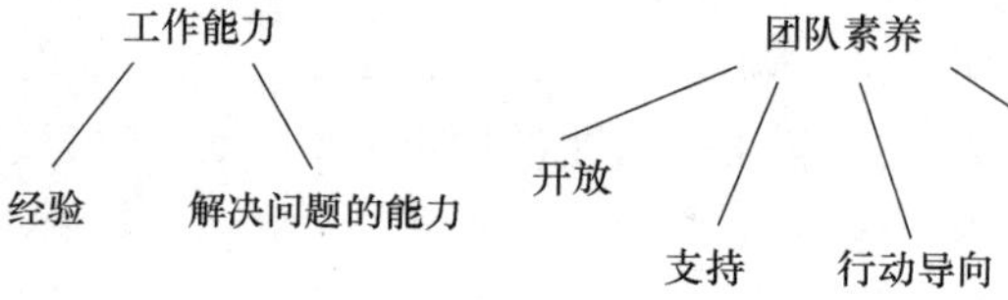

图 3.1 团队成员职能

如图 3.1 所示，工作能力包括对于手边工作的实际理解（经验）和从整体上解决问题的能力。尽管会随时增加新的、无经验的员工，但是新员工必须和有知识、有能力，且数量与熟悉工作的老员工数量保持平衡。另一个是员工解决问题的能力。问题的解决过程包括认清问题、提出意见、寻求他人观点、评估观点、激发创造力，然后解决问题。

除了上述基本能力外，还有四项团队素养对于高效工作至关重要：开放、支持、行动导向和个性。开放是指愿意公开需要讨论的观点，然后通过避免排外、人身攻击和释放敌意来解决问题。开放的员工耿直而不卑不亢。不幸的是，拉法斯托和拉尔森的研究表明，大部分团队都没有表现出开放的沟通交流。在许多团队中，员工互不信任，个人只追求自己的事情，很多员工会表现出敌意或者做出挑拨离间的行为。要想使团队获得成功，这些问题必须避免。第二个团队素养是支持，即帮助他人成功的愿望。团队成员要互相鼓励，帮助遇到困难的员工，共同努力帮助项目脱离困境，团结合作来解决问题等。第三个团队素养是行动导向。行动导向意味着一种愿意试验、冒险，并尝试通过新方法来解决问题的意愿。行动导向的反面是认为对于团队面临的问题，做什么都无济于事。第四个素养是积极的个性。团队成员面对工作和同事有的表现得积极，有的表现得消极，而大家都想与有活力的、乐观的、有吸引力的、自信风趣的员工合作。一些差劲的员工愤世嫉俗、排外、难于共事，而且牢骚不断，他们总是用消极的心态磨灭团队的积极性。据罗格斯大学人类学教授莱昂内尔·泰格（Lionel Tiger）所说，人类天生是乐观的，表现乐观的领导人，如比尔·克林顿（Bill Clinton）或罗纳德·里根（Ronald Reagan），在受批评的同时也拥有很高的支持率。加州大学洛杉矶分校安德森学院的商业预测项目主任拉里·金贝尔（Larry J. Kimbell）认为，美国人的乐观情绪使美国的国内生产总值增加了半个百分点——约每年 380 亿美元。乐观为处理问题者和具有创造性的思想家提供了重要的灵感。

笔者在为一家大型制造企业提供领导培训时觉察到了乐观的重要性。该组织的高级管理者包括三位女性和两位男性。三位女性之一的萨拉一向很悲观，时常抱怨工作和生活。尽管同事喜欢她，并且高度评价她的专业能力，但是上级领导却只分给她一些不需要进行团队合作和前瞻性思考的任务。结果，她的职业生涯停滞不前，而她的同级却得到了巨大的上升空间。这更加刺激了她的愤世嫉俗和不满情绪。

当团队成员既缺乏工作能力又没有团队素养的时候该怎么办？培训是弥补技能缺陷的方法之一。

研究表明，在优秀的团队中，员工们很容易接受教育和培训，而且也经常利用这些机会。相反，较差的团队虽也有机会接受培训，但却常因为工作效率低而无暇接受培训。对于培训，最好的方法是为每个团队做计划，安排确定每人每年的培训时间（例如每年 30 小时），并且允许团队自行决定所需要的培训方式。这种方法与自我管理型团队的目标和进程是一致的。专栏中的采访讨论了高效团队的必要素养。团队要在会议上花费大量时间，因为他们要做出很多决策。

专栏 3.1

采访：劳里·杰查彼尔德 Laurie Jecha-Beard（美国麦肯食品农业领域副总裁，奥克布鲁克，伊利诺伊州）

（总部位于加拿大新布伦瑞克省佛洛伦斯维尔市的麦肯食品公司是一家国际化的餐馆及超市冷冻马铃薯产品的供货商。）

当您为麦肯公司招聘团队领导人时，看重什么品质？

一个领导者的特点，包括正直、智慧、果断、信任、有眼光，主动性较强的沟通能力，还要有一定的魅力。

招募团队成员时呢？

在许多方面，团队成员的品质与团队领导人是一样的。对于一起工作的团队，我经常用“公交车”打比喻。有些成员在车上，有些不在车上。如果一个成员“不在车上”，即使他与公交车有共同的目的地和目标，他也无法支持团队。我们想要确保所有团队成员都在车上，我们也需要员工了解自己的责任并主动参与。

对麦肯公司的团队来说，创新有多重要？

创新是非常重要的。麦肯公司欢迎并且培养创新性的想法。通常，经验和强烈的求知欲会带来创造力。作为一个领导者，我注重那些在同事和上级面前通过纸条、电话、直接报告或者其他方式建言献策的人。

麦肯的团队如何应对冲突？

冲突往往源自于压力或对未知的恐惧。作为一个领导者，积极工作以避免压力或者未知因素是我的责任。对待冲突要主动而非被动，我更愿意防患于未然，而不是当事后诸葛亮。

第三节　在组织群体和团队会议上制定决策

《今日美国》杂志中的一篇文章称，会议已经成为美国员工的痛苦之源和生产力的桎梏。明尼苏达州圣保罗的麦卡莱斯特学院的沟通学教授罗杰·莫斯维克（Roger Mosvick）说，会议的数量大幅上升，而且许多会议内容平庸，令人头脑麻木。商务人士 25%~60%的工作时间都花费在了会议上，而且一半以上的会议是没用的。大部分会议的时间也有所增加，以至于一些公司要求与会者站着，以缩短会议时间。

一、准备和主持会议

议程是会议的指南，如果草率制定或者根本不准备议程，会议就可能会毫无意义。

制定议程首先从向与会人员征询议题开始。会议期间领导应该避免口头告知议程，因为只有小部分参会者可能会对口头告知的会议议程感兴趣，因此会议议程最好做成电子版。作家约翰·乔普曼（John E. Tropman）是一位权威的组织顾问，他认为任何会议都可根据其活动类型被确定为以下三类之一：提议，讨论，决定。**提议**是需要整个团队听取的信息（不是报告），**讨论**是员工共享信息或者从不同角度分析问题，**决定**要求团队成员针对一个议题进行投票或者达成共识。以下是一个议程样本：

议程

波特尼夫峡谷社区咨询委员会，2010 年 5 月 16 日，星期五

1. 来自 AGP 的杰夫泰勒将简明阐述为什么公司推迟在密歇根的溶解气计划（提议）。
2. 来自州环境质量局的特里萨将要讨论对有毒废物清理的新提议（讨论）。
3. 飞利浦公司希望团队针对开放房屋项目选取合适的开始日期（决定项目）。

可以看出上述议程是很详细的。但也有许多议程不够详细，与会者总是不知道开会要干什么。如以下的议程样本就不够详细，不能使与会者了解会议上将讨论什么。

议程

波特尼夫峡谷社区咨询委员会，2010 年 5 月 16 日，星期五

1. AGP 推迟
2. 清洁计划
3. 开放房屋

当安排议程项目时，乔普曼认为提议应该放在前期，有争议的决策项目应该放在会议的三分之二的时段。这样可使迟到者不会因为错过决策项目而受损，他们能及时到场参与重要的决策制定；而早退者也不会错过有争议的决策。争议会产生冲突，所以将容

易决策的留到会议的最后部分，为在休会之前表达支持和达成共识提供时间。创建并发送议程后，应该有一个简短的提醒。

准时开始会议，不用等迟到者。等待会让人感觉“迟到也无所谓”，这样他人以后也会迟到。会议期间不要处理其他事务。尽管员工可能会没有为将要讨论的新议程项目做准备，但是这不能阻止他们讨论。在一个社区咨询会议的结尾，一位委员会成员提出所属于某家公司的团队在法律文件上未经允许使用了委员会的名称，来表明委员会对公司的支持。接着，参会人员进行了 15 分钟的讨论。最后，调查表明，这个谣言是虚假的，但是却浪费了 15 分钟，这 15 分钟本可以更好地用在其他地方。

会议结束后，团队领导要做一份会议记录。如果记录很粗糙，别人就可能无法理解会议内容。举个例子：

会议记录

员工营销会议

1. 员工对南方地区营销业绩下降问题展开讨论。

   动议：下次要满足广告需求，讨论更换广告商。

   6 票赞成，2 票反对，投票通过。

这个记录太过简单，不能完全记录会议内容。相反地，记录会议的全部内容也不是一个好的选择。合理的会议记录应该是，会议中的每个议题在会议记录中都应该有相应的标题，记录者应该用一两段来总结讨论的内容。看看下面的例子：

会议纪要

波特尼夫峡谷社区咨询委员会， 2011 年 9 月 7 日

组织回顾了 PM-10 研究的早期计划。

一些人讨论他们对研究的担忧，包括其可能花费的时间、不得不涉及的受访者人数，以及研究所需要的帮助。首要问题当然是资金。王苏在报告中说她可以筹集到 15,000～18,000 美元来资助该项目。该机构为这项研究预留了一部分资金，唯一的条件是在资金发放前，该研究的具体开展方法要通过机构的批准。

决策：建立一个小组委员会，由比尔、金和鲍勃组成，联系大学和机构，着手研究准备和筹集资金。

会议记录比常规记录更好，因为这些总结包括相关细节和重要决定。

最后，领导者必须跟踪决策的实施情况。应在提议阶段，提醒员工关注前一个决策的实施情况。当决策被实施并且得到有效评估时，员工便可以发现会议的作用是巨大的。

二、决策制定议程

制定合理的决策和计划的团队能比那些没有决策制定议程的团队拥有更高效的结果，这一理论有据可循。大部分进行决策制定的人都认为哲学家约翰•杜威（John Dewey）具有开创性的影响，他提出了一套决策制定的操作流程，称为“反思程序”。反思程序

的基本步骤是：

1. 定义问题：简要陈述问题以及它的类型、本质与原因

1）危害是什么？问题的症状是什么？

2）危害有多严重？有没有解决方法？

3）换一个角度能否把问题看作是一次收益？

4）谁会受到危害的影响？

5）危害波及的范围有多大？

6）危害的根源是什么？

7）解决问题的阻碍是什么？

2. 制定标准：一套用于评估各种解决方案价值的标准

1）解决方案必须满足的重要标准是什么？

2）将标准按照重要性排序。

3. 列出解决方案：一个关于解决方案的列表

4. 选择解决方案：最能满足拟定标准的方案

1）排除明显不符合标准的解决方案。

2）哪些方案或者剩余的方案组合可以解决问题？

3）解决方案是否充分符合先前拟定的标准？

5. 实施解决方案：实施解决方案的必需步骤

1）明确必须做什么，以及谁将为方案实施负责。

2）我们如何知道方案的效果？

在整个过程中，定义问题是最容易被误解的一步。不幸的是，大部分团队都越过这个问题，直接去寻找解决方案，从而做出无效的决策。举个例子，假想你管理着一家大型游乐场。你想谈谈最近在河边野餐人员减少的现象，几个护林员认为是最近公园费用上涨的结果。一个行事草率的团队会把这个问题定义为“参与者的减少是由于费用上涨导致的”。但如果问一下“定义问题”标题下列出的问题，团队就能得出一个更透彻的理解。例如，通过询问游客减少带来损失的多少，团队就能判断问题是否真的很严重，或许游客减少可以帮助恢复园区环境。正因为如此，游客减少也有好处，问题是如何借此来改善环境。查明游客减少所影响的对象，如果国家根据用途来分配资金，这就意味着更少的钱被用来改善设施，那么游客减少现象对大型游乐场来说就非常不利。团队还必须了解其根源：游乐场门票价格的上涨真的是造成问题的原因吗？或者新的游泳设施才是游客人数下降的原因？重要的是要先认清问题再制定解决问题方案。例如，如果游乐园票价由美国各州的立法机关设定，那就不可能降低票价费用。

对于问题的定义在很大程度上影响了团队解决问题的方案。如图 3.2 所示，如果团队认为游客减少的原因是新游泳池的建设，则解决方案最好是刊登广告吸引游客周末来游乐园。如果团队将问题定义为沿河环境建设的影响，则解决办法就是研究环境恢复问题。最后，如果团队认为这个问题确实是和费用有关的，那么一种解决方案就是加入便

利设施，使得费用增长更有价值。由此可以看到，能够透彻地理解问题是创造性地解决问题的必要条件。

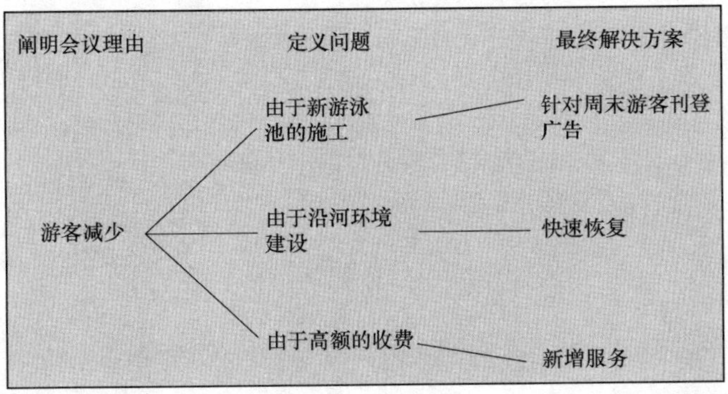

图 3.2　定义问题

下一步是制定标准来评估解决方案。标准必须具体详细，而不能模糊不清。当招聘新员工时，仅仅说“我们需要最好的员工”还远远不够。团队需要确定一个标准，用于衡量什么是“最好的”员工。最好的员工可能需要满足下列标准：拥有排名前十大学的学历，计算机编程课程 GPA 在 3.2 以上，以及一份有说服力的推荐信。

公园管理人员在考虑娱乐场地的情况后制定了以下标准（按重要性排序）：

1）解决方案不能改变收费标准，因为这些都是由立法机关设置的。

2）解决方案设置本年度用于改进该区域的预算费用不能超过 9 万美元。

3）这些钱最好被用于固定设施的改进，而不是用于非固定设施的改进。

4）解决方案不能造成娱乐场地的环境恶化。

标准制定之后，团队将会提出一系列可能的解决办法并剔除不可行的方案。头脑风暴、行为学分析、计算机决策支持系统等专业都对提出解决方案有很大帮助。

团队通过排除明显不可行和不符合标准的办法来选择最终方案。例如，调整费用结构的解决方案由于不符合第一个标准而被排除，其他花费超过 9 万美元的想法也被否决。剩下的那些解决办法至少是比较合适的，如果一个解决办法明显符合所有的标准，那么它就是比较好的选择。如果存在一些具有竞争性的解决方案，又各自满足部分标准，则可利用排序方法来帮助做出决策。公园管理员评估了两个具有竞争性的解决办法：一个是创建广告和教育项目来鼓励参与，另一个是改善游乐场地和公园设施使得游客觉得即使费用增加也很划算。虽然两种解决方法都符合前两条准则，但是广告策略不符合第三准则，即经费没有花在固定设施改善上，而是花在了非固定设施上，因此团队决定在公园加入新的游乐场地和公园设施。最后，团队需要花费时间来决定由谁实施该方案，并且需要评估解决方案的实施效果。虽然本书介绍的并不是唯一可行的程序，但它适用于多种情况。

随着科学技术的进步，团队通过视频和虚拟网络举行会议变得更加容易且成本低廉。下面介绍一些技术工具及其使用方法。

专栏 3.2

技能概述：虚拟会议

虚拟会议，尤其是电话会议，已经在商务和职业领域使用多年。近年来，美国的经济萧条提高了人们对于降低开销的需求，结合最新技术手段，使得三种虚拟会议的形式——**电话会议、视频会议、网络会议**——更加普遍。本概述针对不同类型的虚拟会议，介绍如何适应个人的沟通习惯来确保会议的有效性。

电话会议是历史最悠久的虚拟会议技术，它只要求在每个远程地点都有一个低噪声的免提电话。电话会议的主要缺点是仅有语音传输。视频会议是能够带来更好体验的虚拟会议，提供语音、图像和文件传输。许多国家和国际组织都拥有昂贵的专用视频会议室，配置有大屏幕显示器、摄像头和麦克风。

最后，最新的技术创新带来了网络会议，它使用了具有音频和视频传输能力的网络语音电话业务（VOIP）软件，例如 Skype、Microsoft live Messenger 和 Yahoo Messenger 等。参与者必须有一台计算机、一个麦克风和网络接入口，同时还需要一个网络摄像头和相应的显卡。这些软件大部分都支持文档在线共享。Skype 最初是一种能够在互联网上免费通话的工具，目前还支持全屏和画中画模式，类似于一个中档的视频会议系统，可提供高质量的网络会议。使用这些虚拟会议系统需要对一些传统面对面会议的习惯和沟通模式做出调整。

- 提前计划：会议前确保团队成员都准备好适当的硬件和软件。如果是第一次使用该技术，可先花点时间试用一下，这样就可以自如地使用。自如使用在网络会议中特别重要，因为该技术对很多人来说都是陌生的。
- 不要拖长虚拟会议时间：主讲人或团队领导在网络直播上能使参与者集中注意的最佳时间是 60～90 分钟。
- 避免在电话会议中做报告：传统电话会议不能将演讲的内容全部传达给听众，因为听众无法看到你的眼神、手势、动作或是辅助理解的视频。仅仅通过声音讲述很容易使与会者困倦。
- 同与会者进行互动：为了避免与会者失去兴趣，可通过尽可能频繁的提问和评论与他们互动。不同于传统的面对面会议（发言者可能更喜欢不间断的演讲，然后回答与会者提出的问题），与会者可以在整个虚拟会议中进行互动。
- 让与会者进行自我介绍：在所有种类的虚拟会议中，主讲人总是要在会议开始时介绍自己。在电话会议中，由于无法看到正在说话的人，因此每一段讲话开始前说明身份是最好的辨认发言人的方法。尤其是在有八个或八个以上与会者的电话会议中，单独靠声音来辨认发言人是十分困难的。
- 保持热情：在一个虚拟会议中，非语言线索很难被注意到，并且无法建立眼神交流，所以主讲人必须以饱含热情的声音来集中与会者的注意力。
- 精简图形：当使用 PowerPoint 或其他图形程序时，要保证图片清晰、简单且容易看懂。视频会议中的图片应在一个较小的显示器上显示而不是在传统的幻灯片大屏幕上显示。
- 确保没有人被排除在外：如果主导一次讨论，也要向那些从未发过言的人询问意见。人们之所以迟迟不发言，可能是因为对这一科技的陌生感所导致的，并不是没有意见。

三、探讨提升创造力的技巧

第 1 章我们简要地讨论了组织和个人在全球化环境中所面临的挑战。全球化包括商品、服务和劳务的自由流通，以及文化的跨国传播，引起了激烈的竞争，从而使大量顾客流向更加新颖或廉价的商品和服务。因为纳税人对缴纳更多的税费往往极不情愿，所以政府部门必须寻找降低开销的方法，哪怕是对现有的方案进行改进。随着革新速率的加快，每个组织都需要更多的创新思维。大部分组织认为，投入时间和金钱构建自主团队是有必要的，他们相信自主团队代表着更有活力和创造力的环境，而不是传统的、自上而下的官僚主义。本部分将描述创新思维的基础，并将提出几条提高团队创造力的团队讨论方法。

根据沟通研究员约翰逊（Johnson）和哈克曼（Hackman）的研究，创新思维反映了三个特质。第一，创新思维是新奇的并具有变革性的。创新的目标是创造新的产品、广告策略、制造过程或是从未出现过的服务。大部分创新思维都结合了现有元素和创新元素，而非只是凭空想象。例如，创造3M便利贴的公司在新产品中吸纳了两个早已存在的元素——微胶和纸张。第二，当一个想法和团队亟待解决的问题相关时，这个想法就是创造性的。因此，在有组织的团队中，创新思维是为了解决问题或是抓住机遇。第三，创新思维包括了横向和纵向思考。**横向思考**是将看起来风马牛不相及的理念与新想法相结合。例如，电吉他的发明者结合了夏威夷吉他和收音机、电话机的一部分。**纵向思考**是对提出的新想法进行开发并评估。例如，一家糖果公司使用横向思考来发明一种能被卷起的扁平糖果，并且利用纵向思考来评估、开发和生产，最后将产品推向市场。创新思维不仅仅等同于解决问题，还包括采取或实行现有方案去解决组织中的问题。

人们的创新想法和创造力总是被一些神秘的说法所妨碍。可以说，最荒谬的论断就是相信创造力被局限于每一代人中最聪明的、极少的天才中。我们总是相信像爱因斯坦、莫扎特、史蒂芬·霍金或是史蒂夫·乔布斯这样的人天生具有一些让他们拥有创造力的特殊基因，其余的人则停留在没有创造力的原点上。虽然突然出现的灵感和戏剧性的突破在创新的过程中确有发生，但是大部分研究者仍认为创造力只是在我们每天解决问题时做了一点点延伸。

根据很多心理学家所说，创新思维是充分的准备、丰富的知识、勤奋的工作、对分歧的容忍和勇于承担风险的结果。显然，充分的准备和丰富的知识能增加找到创造性解决方案的可能性。创造性的问题解决者有能力忍受混乱、模糊的问题，并且反对草率的解决方案。有创造力的人能够利用新的想法和卓越的知识，并采取最合适的方法评估风险，因而最有可能成功。因为他们拥有评估风险的经验和背景，所以他们从不鲁莽行事，只接受最有可能取得成功的方案。这些都值得大家学习。

大部分研究者同样相信，任何一个团队的创新潜力都能够在沟通讨论中得到提升。这些年出现了一系列的提升团队创造力的方法。例如标准议程，它鼓励对问题做出明确的定义，而其他的一些办法则鼓励更多的纵向思考。下面我们先从最广为人知的头脑风暴法开始，描述并且解释提高创造力的一些讨论方法。

头脑风暴法

在亚历克斯·奥斯本（Alex Osborn）著名的关于创造性思维的书中，他提出了一种头脑风暴方法。头脑风暴是一种常用的有效手段，有助于通过创造性的方案来解决团队的问题。由于头脑风暴强调创新和变革，所以在需要非传统的解决办法时，它是非常实用的。通常，头脑风暴包括以下四个步骤：

1）引导成员并进行热身。

2）头脑风暴，各抒己见。

3）理清思路，清除冗余。

4）评估方案，择优采纳。

第 1 步，在热身环节，团队成员可以进行各种奇思妙想，解决哪怕是没有意义的问题（例如"想出所有可以使用一个空可乐罐的方式"）。热身有助于成员进入一种可以随心所欲发挥创意的状态。

第 2 步，带领团队开始真实的头脑风暴会议，并记录与会人员的各种想法。头脑风暴会议的规则如下：首先，禁止所有评价或批判。领导者必须打消所有人批评和评价的念头，让与会人员将精力集中在产生想法上面。因为观念上的限制会挫伤这一创作过程，所以应鼓励与会人员给出未经过处理和不落俗套的思想。其次，鼓励各成员进行方案关联。

第 3 步，理清思路，清除冗余。

第 4 步，评估和排除显然不可行的解决方案。至此，小组讨论并确定解决问题的最佳方案。

名义群体法

有时，领导者会成立专门小组，其成员互不相识，也不会定期开会，但会被临时召集在一起解决问题。**名义群体法**中，参与专门小组的成员互不相识，因此大家有可能不愿意发言。

名义群体法大致包括以下四个步骤：

1）每个成员独立地写下对问题的看法。

2）每个成员将自己的想法提交给小组，并向大家说明自己的想法。

3）通过讨论弄清所有想法并进行评价。

4）每一个成员独立地把各种想法排出次序，最后的决策是综合排序最高的想法。

本书的作者通过使用名义群体法为美国林务局做出了贡献。该部门希望通过禁止越野车行驶来保护迁徙的麋鹿。第 1 步，在林务局官员对麋鹿栖息地做了介绍之后，20 名公民被分为五组，并要求独立地找到解决问题的方案。第 2 步，每个组的协助者在活动挂图上记录每位成员的想法，直到所有的解决方案都显示在图上为止。第 3 步中，在组内，组员们需要阐述并讨论每个想法。组员可以解释自己的想法，并允许提出赞同或反对意见，但这还不能成为一个开放的大讨论。最后，在第 4 步中，各组对解决方案进行排序。

在上述森林服务的案例中，每个组将自己对方案的排名交给主管，在其协商后做出最后决定。其他情况下，所有成员可以一起讨论每个组的想法，并制定出一个唯一的解决方案。通常情况下，名义群体法能够节省时间，并确保参与人员之间的平等。

感知思考法

感知思考法对于团队而言是一个用以改善产品或服务，并在市场上重新定位的极佳方法。这种方法是从五感的角度来看待产品和服务的：视觉、听觉、嗅觉、触觉和味觉

（如果有关的话）。例如，如果一个顾问小组被要求将一个旧的沃尔玛超市重新设计成一个超级购物中心，他们就可能会使用感知思考法。

视觉：商店内的过道狭窄。中心通道的展示屏只会增加通道的拥挤感。人们为了避免与其他消费者碰撞并顺利穿过商店，必须不断地停下并侧身。

听觉：可以听到背景音乐，但没有干扰顾客。在店里你永远不是独自一人，因为总能听到别人的谈话。顾客关于某一产品的考虑将会被其他人的谈话打断。

触觉：主要活动是控制购物车，停止、转弯并避开周围的人以腾出空间继续前往想去的货物区。有时会有人从后面撞上你。

嗅觉：这一商店的气味有种发霉的感觉，像一个大的、满是灰尘的仓库。

这些评论可能会为设计团队就如何提高商店的购物体验提供想法。

形态分析法

形态分析法鼓励成员横向思考，通过“强制”来汇集那些似乎完全无关的元素。这是一个开发新的产品或服务，或针对现存问题提出创造性解决方案的理想方式。形态分析法将问题分解成几个主要部分，并列出每个主要标题下的所有可能的主题或分支，然后通过随机组合这些元素产生新的想法，以解决问题或创造出新的产品或服务。表 3.2 是一个形态分析法例子的相关信息。

表 3.2　各种新食品多样组合

种类	属性	加热过程	包装形式
肉	成本	微波炉	小袋装
肉和蔬菜	方便度	电磁炉	罐装
鱼	口感	水煮	密封托盘
面包	材质	烧烤	盒装
意大利面	气味	烘焙	杯装
沙拉		不加热	纸袋

在该例子中，开发团队需要开发一个新的快餐产品——一人或两人份的晚餐。团队成员先将其分成几个主要部分，其中有可能被包括在新产品中的各类食品、新产品拥有的各种属性、烹饪产品的各种方法，以及产品各种包装等。然后团队将每个类别中的元素结合起来并与新产品组合。虽然有些组合并不会吸引消费者，如罐装的放在炉子上烤的鱼，而其他组合则可能会卖得更好。例如，结合种类、加热过程和包装形式，这个团队提出了一个想法，将意大利面和调味酱煮熟后放在一个防水袋内，将其打开便可得到了一份快捷方便的餐饭。其他的产品也可以将不同类别的不同元素进行组合。由此看来在生产单份通心粉、奶酪和水果餐时可能已经应用了形态分析法。

第四节　群体和团队中的冲突

冲突是人类关系中不可避免的一部分。冲突被定义为“相互依赖的人”之间的相互作用，“相互依赖的人”是指那些在实现目标的过程中拥有不相容的目标并受他人干涉的人。冲突双方是相互依存的，任何成员的行动都会影响整个团队。尽管管理者经常把冲突归因于不同的性格和错误的沟通方式，但如果没有真正的利益或意见上的分歧，绝大多数的冲突就不会存在。团队中的成员都是因为试图实现自己的目标才会与其他成员发生冲突。团队中想做出让步的那部分人会和不想做出让步的那些人产生冲突，反之亦然。尽管事实上大多数人倾向于避免冲突，但是冲突太少和冲突太多一样，对于团队来说都是不利的。

一、冲突太少

冲突对于团队绩效来说十分必要。适量的冲突能够使团队成员避免自满，从而迫使团队成员持续不断地客观分析和审视自己的决定，以保证团队的健康发展。相反，太少的冲突将导致一种叫作群体思维的现象。

群体思维现象发生在团队充满凝聚力且缺乏冲突时，成员停止进行批判，这往往会导致灾难性的后果。群体思维的假设是由于社会心理学家欧文·贾尼斯（Irving Janis）提出，他认为美国历史上一些政策的失误，如古巴“猪湾事件”（1961 年）、尼克松“水门事件”（1972 年）、在珍珠港发生的针对美国太平洋舰队的偷袭事件（1941 年）等，都是群体思维所导致的。时间更近一点的有航天飞机“挑战者”的爆炸事件（1983 年），入侵伊拉克的决定（2003 年），以及最近一段时间频繁爆出的许多质量问题（2009—2010 年），都与群体思维现象有关。

一些群体思维的症状包括**无懈可击的错觉**，即成员认为没有什么不好的事情会发生在他们身上，而且决策会很好地被执行并发挥最佳效用。这种错觉，尤其是在一些非常成功的团队中，可能会导致出现一些并没有经过严格评估的决策。第二个症状是思想保守，团队成员将任何**合理化**的建议或者批评都大打折扣，却往往将外界批评者固化为无足轻重的敌人，因此，批评的意见就被忽略了。团体内成员会通过对持不同意见的成员**直接施加压力**来保持统一，他们用一种自我封闭式的姿态来捍卫组织、抵制相反的意见。

若要避免群体思维，领导者应该让每个成员充当评估者，鼓励每个成员提出分析和批评的建议。当其他团队成员不能对现有想法进行评估时，领导者还必须亲自对其进行评估，以确保团队做出正确的决定。领导者还应该坚持使用在本章前面所述的反思程序。尽管有冲突对决策是十分重要的，但是这样也有可能造成过多的冲突。在这种情况下，冲突必须被控制或解决。

二、冲突太多

尽管冲突太少会导致群体思维，但是冲突太多就可能会影响团队合作，阻碍工作的完成。大家可能会感到惊讶，但人们的确倾向于牺牲一些方式而采取某种特定的方式来处理冲突。例如，来自亚洲传统家庭的金姆强调顺从权威，应个人私下解决问题而不是公开解决分歧。因此，他赞成以面对面的方式来解决问题而不是直接对抗。安东尼来自一个温馨而热闹的意大利家庭，这样的家庭在遇到分歧时会毫不犹豫地讲个明白。基于各自不同的背景，这两种人便有了不同的冲突处理风格。**冲突处理风格**是一个人对冲突处理的倾向，这样的风格会强调某种特定的策略，而忽略其他策略。人们会习惯性地依据自己的风格特点来处理冲突，而忽略当下的具体情境。

沿着专断性和合作性这两个不同的层面，可以划分出五种典型的冲突处理风格（见图 3.3）。

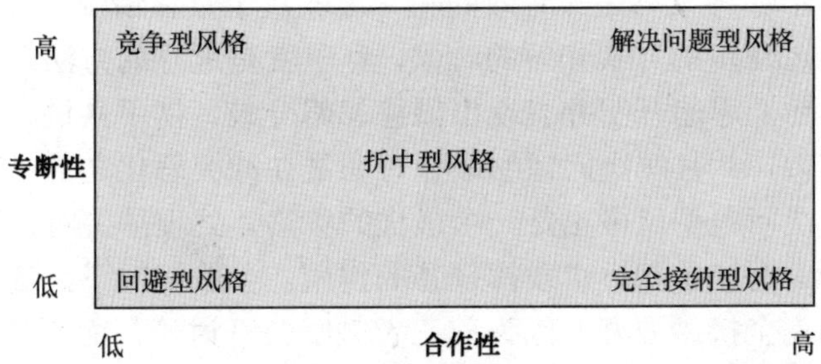

图 3.3　冲突类型

专断性的强弱表达了参与者试图在冲突中满足个人需求的程度，合作性则是指人们在冲突中试图满足对方需求的程度。矩阵内每一种处理冲突的风格都代表着专断和合作性的不同组合。

左上角标记的**竞争型风格**是高度专断和低度合作的组合。强迫、威胁和强硬是竞争型风格中的常用策略。虽然竞争型风格可能会产生负面影响，但是当所涉及的问题非常重要、时间非常紧迫，以及不信任其他任何团体或者无意与其他人保持长期合作关系的时候，这种处理风格很有用。

左下角是**回避型风格**，它的显著特征是既不专断也不合作。回避者冷漠且拒绝介入处理冲突的过程。如果认为维持和其他团队成员的关系比解决问题更重要，那么这种处理风格就很有用。右下角的**完全接纳型风格**的特点是由高度合作和低度专断组合的。随和的人会积极参与冲突，但是很快就会完全陷入满足他人的要求中。当他人更强大而我们将会失去竞争力时，采用完全接纳策略是非常有效的。当保持关系比解决问题更重要时，完全接纳型风格就是有用的。

图 3.3 中部是一种强调中等水平的专断和合作的风格——**折中型风格**，能使与会者愿意放弃自身的一些需求或者做出一些让步来满足对方的一些要求。权衡交易以及针锋相对的讨价还价是折中者常常采用的策略。当冲突的问题以及双方的关系都很重要的时候，折中是一种优于回避和完全接纳的战术。尽管如此，如果其他人还是拒绝让步，那么妥协让步的人则可能会有挫败感。即使对方也采用折中的策略，双方就会有这样一种感觉——都觉得自己付出了更多。这就是为什么有些人将折中型风格看作是一种“双失”的方式。

矩阵的右上角是**解决问题型风格**，具有高度专断和高度合作的特点。在解决问题时，团队成员努力工作以寻求解决方案，满足双方的重要利益。这种解决方案的一个例子是 1978 年埃及和以色列之间关于西奈半岛的谈判。西奈半岛之前是埃及的领土，以色列在六日战争（第三次中东战争）中赢得了它。埃及的主要目的是夺回祖先的领土且不被以色列分割，而以色列则想把西奈半岛作为一个军事缓冲区来为国家争取足够的时间来应对埃及的进攻。“随着时间的推移，人们在地图上标注的边界线把西奈分成了两部分：一部分位于埃及，而另一部分在以色列，这种方式的让步是埃及所完全不能接受的。”另一个不要求任何一方让步的解决方案应运而生，即整个西奈半岛都归埃及所有，但不允许任何埃及部队靠近伊拉克的边界。这一解决问题的方法迎合了双方的需求。

上述几种策略中哪种策略是最有效的呢？这取决于具体情况。当没有更好的解决办法以及冲突无法通过让步的方式和解的时候，竞争就是最好的方法。当各方必须在未来一起工作的时候，他们思想开明并表现出愿意忽略分歧，携手共进、平等相待时，解决问题型风格更加有效，并且解决问题的最佳时间是在冲突恶化之前。当竞争或者妥协都是备选方案时，解决问题型风格也是一个最优的策略。处理冲突时，解决问题的方法往往是最优先的选择，而竞争和折中发挥替补的作用。一般情况下，竞争、折中和解决问题的风格比回避和完全接纳要好，因为前三者鼓励公开讨论，而不是否认冲突的存在。为了帮助成员解决冲突，我们提出了一个四阶段的处理过程，强调解决问题和折中（见表 3.3）。

表 3.3　解决冲突的四阶段模型

引入	简单介绍解决冲突的流程安排
解释	冲突的各方都要讨论冲突的来源
澄清	对所有相关的立场和利益形成更好的理解
解决问题	提出解决方案，挑选解决方案，决定最终解决方案

表 3.3 中所示的方法可以用来解决团队之间或内部的冲突。在**引入阶段**，领导者或调解人应简要介绍解决冲突的议程。领导者应该保持中立，并在解决问题之前了解冲突的根源以及解决该冲突的重要性。在**解释阶段**，冲突各方讨论分歧的原因。领导者可以引导，比如问：“我们面临的问题是什么？”或者“造成团队中产生意见分歧的原因是什么？”每个成员都应该充分表达自己所关心的问题，以及个人的理解与意见。组织者应该使用第 2 章中提到的一些倾听技能，了解每个人所关注的东西，不要中断或让他人干扰发言的人，提醒所有与会者，让每个人都有机会表达自己的想法。

在解释过程中，组织者应当听取双方的意见和立场以及这些立场背后的利益。一个人的**立场**决定了他的需求。例如，某房东将房子出租用于办公时可能按照 100 美元/m^2 的价格收取房租，然而该市场的房屋报价一般为 80 美元/m^2。租金价格是房东的立场，房东的**利益**是促使他选择这样一个租赁价格的原因。虽然对于本地区来讲该价格可能有点高，但房东还是想要这个价格，也许这样他就可以升级网络线路以提高网速。升级网络就是促使价格上升的需求之一。当大家都仅从自身立场出发时，谈判双方就很容易陷入僵局。经过协调使双方的利益一致时，更容易成功地解决冲突。要学会倾听，理解人们站在所处立场的动机。

在**澄清阶段**，领导者或调解人要深刻理解每个人的立场和利益。可以提出引导词，诸如“如何”“是什么”“为什么”来讨论问题并鼓励人们澄清自己的利益。领导者能够通过在纸上用两栏列出双方的立场来追踪双方的问题所在。对于每一立场，在两栏底端列出他们所关心的利益。如表 3.4 所示，房东的立场是 100 美元/m^2。他需要借此来升级网络布线、重新布置电网，以达到新的消防和抗震标准。潜在租户是一家工程公司的负责人，其预期价格是 75 美元/m^2，他认为这是比较合理的价位。他的出发点是尽可能地保证公司能够低成本地进行服务。双方试图在这样的立场下进行谈判是比较困难的，最好的办法是在 75 美元和 100 美元之间进行折中。在解决问题的过程中，利益起着十分重要的作用。

表 3.4 立场和利益的表册样本

房东	潜在租户
100 美元/m^2 需要额外的资金升级网络线路 需要资金升级电力线路 需要资金以期达到新的消防抗震标准	不超过 75 美元/m^2 不能增加服务支出，不肯让步

在**解决问题阶段**，冲突双方利用前面畅所欲言得到的信息制订了一些可行的解决方案，并淘汰了那些显然不满足任何一方利益的解决方案。一旦可选的方案范围缩小，双方将从余下的解决方案中精选出最优解决方案，以期迎合双方利益。例如，假设工程团队建议房东降价为 80 美元/m^2，并免费设计和起草一个房屋改善方案作为回报，就可通过这样的方式克服僵局。最后房东说，如果租金是 81 美元，他们的建议就可以接受。而工程公司负责人对于轻微的增加租金也是能够接受的。如果不能制订出一个满足双方需求的解决方案，领导者或调解人就应该提出一定的建议迫使某一方做出让步。四阶段模型是一种解决内部和群体间冲突的有效方式。

小结

群体由三个或三个以上的个体构成，他们把自己视为一个个体的集合，拥有共同的命运，并随着时间的推移进行彼此之间的沟通以实现个体和群体的目标。一个自我管理型团队在协调、制造和提供产品或服务方面都有充足的自主权。

角色是关于个人行为模式的一种期望。管理层的角色是解释工作要求、设置评价标准，同时监控目标产出，以此来了解团队的活动。另一方面，领导者角色是要指出问题的重要性，提高员工对问题的认识，定义问题，并激励员工超越个人利益，从团队的利益出发，为团队着想。领导通过任务性、流程性以及人际性交往等领域进行沟通组织群体活动。领导者还负责团队的重点工作，所采用的方式包括树立英雄模范，举行一些特定的仪式，明确一定的标签以及相应的激励和评价机制。成员的能力包括工作知识（经验和解决问题的能力）和团队合作能力（包括开放、支持、行为导向和个性）。

在团队会议之前，领导者应该提前准备会议议程、讨论的内容和将要决策的项目。会议结束后，领导者应进行几分钟的总结，总结整个小组所讨论的内容，并且强调会议最终做出的决定。严谨的反思程序包括 5 个基本步骤：定义问题、制定标准、列出解决方案、选择解决方案、实施解决方案。通过几次有策略的讨论可以增强团队的凝聚力，进行讨论的方法包括头脑风暴法、名义群体法、感知思考法、形态分析法等。

冲突太少将造成群体思维，从而缺乏批

判性的思维和产生无效的决策。人们一般采取竞争、回避、完全接纳、折中和解决问题这五种风格中的一种来处理冲突。解决冲突的四阶段模型强调解决问题和折中，其中引入阶段阐述规则；解释阶段，各方都将阐明自身立场和利益；澄清阶段，调解人要试图理解各方立场背后的根本利益；最后是解决问题阶段。

问题与练习

1. 回想你过去在学习或工作中遇到的一些成功的团队成员。这些成员都表现出了哪些能力和团队精神？他们对组织或团队绩效有哪些影响？

2. 想想你曾经遇到过的上司。他的管理倾向是领袖型的还是管理型的？他的哪些行为可以支持你的判断？

3. 你的领导有使用过本章节所讨论过的领导的标志性行为吗？采用了哪些策略？这些策略产生了什么样的效果？为什么？

4. 为课程写一个足够详细的提纲，使得那些没能参加该课程的人能够了解你本节课都干了什么事。将提纲给那些没有参加的人看，他能够理解该课程的基本框架吗？如果不能，重新再写一份详细的提纲。

5. 回忆你最近比较有创造性的想法，它可能是你完成工作任务时想出来的一个观点，或是在工作中所提议的一些新东西。这个点子是你横向思维还是纵向思维的结果？或者说是二者的结合？

6. 列举一项在过去一个月内你与同学或同事发生的冲突，列出冲突双方的立场，列出促使你处于这一立场的利益原因。然后尝试站在对方的立场上列出其所持立场背后的利益。通过比较所列出的利益可以找到一个好的解决方法，以便同时满足双方的利益需求吗？如果不能，那么能切实解决冲突的折中方案是什么？

参考文献

1. Baird, J., *The dynamics of organizational communication* (New York: Harper & Row, 1977).
2. Eisenberg, E. M., and H. L. Goodall Jr., *Organizational communication: Balancing creativity and constraint* (New York: St. Martin's Press, 1993).
3. Barker, J. R., C. W. Melville, and M. E. Pacanowsky, "Self-directed teams at Xel: Changes in communication practices during a program of cultural transformation," *Journal of Applied Communication Reseach* 21(1993): 297-313.
4. Gribas, J., informal conversation, Pocatello, ID, July 9, 1998.
5. Wilson, G. L., and M. S. Hanna, Groups in context: *Leadership and participation in small groups* (New York: McGraw-Hill, 1993).
6. Bass, B. M., *Leadership and performance beyond expectations* (New York: Free Press, 1985).
7. Fisher, B. A., "Leadership: When does the diifer-ence make a difference?" in *Communication and group decision-making*, ed. R. Y. Hirokawa and M. S. Poole (Beverly Hills, CA: Sage, 1986), 197-215.
8. Wood, J. T., "Leading in purposive discussions: A study of adaptive behavior," *Communication* Monographs 44 (1977): 152-165.
9. Gouran, D. S., "Variables related to consensus in group discussions of questions of policy," *Speech Monographs* 36 (1969): 387-391.
10. Larson, C. E,, and F. M. J. LaFasto,

Teamwork: What must go right/what can go wrong (Beverly Hills, CA: Sage, 1989).

11. Snyder, R. C., "New frames for old: Changing the managerial culture of an aircraft factory," in *Inside organizations: Understanding the human dimension,* ed. M. O. Jones, M. D. Moore, and R. C. Snyder (Beveriy Hills, CA: Sage, 1988), 191-208.
12. Quintanilla, C., "Maytag' top officer, expected to do little, surprises his board," *Wall Street Journal,* June 23, 1998, A8.
13. DiSanza, J. R., "Shared meaning as a sales inducement strategy: Bank teller responses to frames, reinforcements, and *quotas,*" *Journal of Business Communication* 30 (1993): 133-160.
14. DiSanza, J. R., "The Wadsworth Publishing Company: An ethnographic analysis of cultural values" (master's thesis, San Francisco State University, 1985).
15. Cheney, G., "The rhetoric of identification and the study of organizational communication," *Quarterly Journal of Speech 69* (1983): 143-158.
16. DiSanza, J. R., and C. Bullis, "Everybody identifies with Smokey the Bear': Employee responses to newsletter identification inducements at the U.S. Forest Service," *Management Communication Quarterly* 12 (1999): 347-399.
17. DiSanza and Bullis, "Everybody identifies".
18. Cheney, "The rhetoric of identification."
19. 同上.
20. 同上.
21. LaFasto, F., and C. Larson, When teams work best (Thousand Oaks, CA. Sage, 2001).
22. Cragan, J. F., and D. W. Wright, *Communication in small groups: Theory, process, skills* (Minneapolis-St. Paul, MN: West, 1995).
23. Baley J., "Joy to the world: Despite everything, America still embraces a culture of optimism;" *Wall Street Journal*, December 22, 1998, Al.
24. Yeatts, D. E., and C. Hyten, *High-performing self managed work teams: A comparison of theory to practice* (Thousand Oaks, CA: Sage, 1998).
25. Armour, S., "Business, black hole: Spiraling number of meetings consume time and productivity, *USA Today,* December 8, 1997, Al, A2.
26. Armour, S., "Some companies aim to tame meeting," *USA Today*, May 7, 2006, http://www. ustaoday.com/money/companies/management/2006-07-05-meeting-usat_x.htm.
27. Tropman, J. E., Making meetings work: Achieving high quality group decisions (Beverly Hills, CA: Sage, 1996).
28. Gouran, D. S., "Rational approaches to decisionmaking and problem-solving discussion," *Quarterly Journal of Speech* 77 (1991): 343-384.
29. Johnson, C. E., and M. Z. Hackman, *Creative communication: Principles and applications* (New York: Free Press, 1995).
30. Johnson and Hackman, *Creative communication.*
31. Osborn, A. F., *Applied imagination: Principles and procedures of creative thinking* (New York: Scribner's, 1959).
32. Delbecq, A. L., A. H. Van De Ven, and D. H. Gustafson, *Group techniques for program planning: A guide to nominal group techniques and Delphi process* (Glenview,

IL: Scott, Foresman 1975).

33. DeVito, J. A., *Brainstorms* (New York: HarperCollins College, 1996).
34. Johnson and Hackman, *Creative communication.*
35. Hooker, J. L., and W. W. Wilmot, *Interpersona conflict* (New York: McGraw-Hill, 1998).
36. Janis, I. L., *Victims of groupthink* (Boston Houghton Mifflin, 1972).
37. Ruble, T.L., and K. W. Thomas, "Support for a two-dimensional model of conflict behavior," *Organizational Behavior and Human Performance* 16 (1976) 143-155.
38. Folger, J. P., M.S. Poole, and R. K. Stutman, *Working through conflict: Strategies for relationships, groups, and organizations* (New York: Longman, 1997).
39. Fisher, R., and W. Ury, *Getting to yes: Negotiating agreement without giving in* (New York: Penguin, 1983), 42.
40. Philips, E., and R. Cheston, "Conflict resolustion: What works?" *California Management Review* 21 (1979): 76-83.
41. Fisher and Ury, *Getting to yes*.

第四章

组织中动态的人际关系

组织中的人际关系非常独特。我们在工作中之所以与人交往，是为了实现自己的工作目标。大多数的工作关系发生在权力不对等的层级制度中。每当职权、责任和权力的层级发生变化时，都将带来组织权力失衡和组织政治行动。大多数人都将组织政治以及组织权力的争斗看作是工作中最不愉悦的体验。不幸的是，等级制度的本质决定了权力永远不会均匀分配（大部分的权力掌握在少数人的手中）。一旦权力出现失衡，那么政治行动就会尾随而来。在这一章中，读者将了解在组织生活中最普遍的特点：组织权力和组织政治。首先，我们将阐述组织中权力和政治的本质。然后，我们将讨论人际网络中的互动技巧，以帮助大家更好地适应组织中的人际交往。

第一节 组织中人际关系的权力与政治

人们常常因为人际关系的层级分化而感到不安。我们将层级定义为人与人之间相对的地位关系：上级、下级或同级。组织中的层级制度结构是由在这个关系中掌握资源的人，以及有权力或影响力去定义关系本质的人所决定的。

在自发的人际关系中，例如友谊和婚姻关系，层级制度的影响力和控制力比非自发组织中的人际关系更加流畅，并且能自由变换。然而在组织中不是这样。组织风气越官僚化、层级关系越重要，流畅性就越差。与自发的人际关系相比，组织中的个体必须学会应对充满权力和政治斗争的环境。

大多数人认为组织中权力和政治斗争会消耗人的潜能，应消除权力与政治斗争或使之最小化。然而，人非圣贤，私利、欲望、权势和政治都会继续存在，它们仍为组织生活的重要部分。下面我们将讨论以下三个重要的问题：组织权力的本质，组织政治的本质以及在专业背景下拓宽政治权力的方法。

一、组织权力的本质

权力通常被定义为统治和掌控他人的能力。古希腊智者和以游学为职业的希腊教师认为权力就是调配人员和资源去实现目标的能力。同样地，我们将权力定义为影响他人的能力。例如，如果能成功地影响服务人员并使之更高效地满足顾客需求，或成功影响营销人员，使之能卖出更多的汽车，就是已经影响了这些人，因而也算是使用了权力。

然而，如果下级不按照领导的要求行动，领导就没有了影响力，从而也没有了权力。在不受武力威胁的情况下，当领导者影响下级时，他们常常只能行使部分权力，这是因为下级仅选择了接受领导的部分影响。在关系中，权力的大小可以用一个简单的公式表达：

$$P_{ab} = D_{ba}$$

a 对 *b* 的权力大小等同于 *b* 对 *a* 的依赖程度大小。

a 对 *b* 的掌控程度（*P*）取决于 *b* 对 *a* 的依赖（*D*）程度。如果 *b* 渴望得到 *a* 的奖赏，那么 *a* 对 *b* 有影响力；相对地，如果 *b* 不在乎 *a* 的奖赏，那么 *a* 对 *b* 就没有影响力。例如，一家银行试图让出纳员给顾客提供更多的服务，并以承诺提供全职工作作为回报。而大多数的出纳员并不想要全职工作，所以银行的提议没有任何影响力，因而业绩就不会提升。

表 4.1 说明了人际关系中四种不同的权力来源。请确认组织中需要哪些权力并积累提升这些权力的资源以备后用。

表 4.1　人际关系中的四种权力来源

权力来源	定义/解释
资源控制	处于一个能控制晋升、薪酬和价值分配的职位
专业能力	拥有其他人特别重视的特殊技能或知识
沟通技能	善于倾听，有说服力，素位而行，并能以有效的方式领导团队
人际网络	社交网络，包括熟人、朋友和支持者

作为组织中的一名成员，大家有能力提升以上四种的权力。首先，可以通过晋升来提升资源控制的能力，在更高级别的位置上被授予更强的支配预算、有吸引力的任务和加薪的权力。其次，从专业能力的方面来讲，认清组织所重视的知识和技能十分重要。

如果基本财务的知识在组织中受重视，那么学习相关知识、拥有专业能力便会更有可能享有权力。

再次，沟通技能是本书的重点，学习本书则表明大家期望提高基本的沟通能力。改善说服、影响和领导他人的能力将提升自己在组织中的地位。最后，扩大人际网络范围能为强大联盟的形成奠定基础，并帮助大家解决问题。

事业在某种程度上意味着对组织的忠诚，以及明确并适应组织的需求，这是提升组织的生产力并获得个人权力的重要途径。权力对于有效掌控组织生活中第二普遍存在的要素——政治——是至关重要的。

二、组织政治的本质

在采访了来自三家大型化工企业的100多位行政人员后，商业作家罗伯特·杰卡尔（Robert Jackall）认为，现代官僚机构是一个“道德迷宫”，在这里，花言巧语、自我推销和纯粹的运气比努力和才智对成功的作用更大。更有甚者，大部分的雇员可能会受由梅斯（Mayes）和艾伦（Allen）提出的关于政治的消极定义的影响。

政治不是一种组织（员工任职的）官方批准的行为，员工会通过政治影响他人从而实现个人的利益。

这种观点认为，政治是为了个人利益而实施的阴谋诡计，而非是为了组织获利。

然而，政治的开创者——古希腊人，并不承认这种消极观点。对古希腊人来说，在任何组织中，不论是政府还是商业机构，都是多种利益的综合体。组织需要通过协商和谈判的方式来调和利益。政治是建立秩序的一种方式，我们支持这种观点并将**政治**定义为运用权力以协商和巩固组织中的利益竞争。

下面的专栏解释了道德原则如何指导政治活动。

专栏
4.1

道德原则如何指导政治活动

卡罗是一家小天线设计和制造公司的首席运营官，他正处于左右为难的境地。他收到两个关于新产品的竞争提议，但公司只能承担其中一个想法。第一个提议是来自珍妮，她认为公司现有的CB天线生产线急需更换机械设备以使用最新科技；如果该产品是公司收入的主要来源，并想要保持竞争力的话，她认为翻新是关键。另一个提议来自马克斯，他想发展一个全新的船用天线生产线，并且认为，只要有适当的投资，公司产品的竞争力就将提升一个档次并远胜竞争对手。

珍妮是卡罗的私交好友，二人基本上在同一时间来到公司并迅速建立起了友谊。为了推动翻新天线生产设备的计划，她花了比往常更多的时间和卡罗在一起，一起打高尔夫球、吃饭等。不论什么时候她都能切入话题，讨论翻新CB天线生产设备的好处。

另一方面，马克斯不善于与人交往。他认为建议的采纳与否仅仅是基于它们的技术含量。尽管事实上，他比卡罗或珍妮在公司的时间都长，但他从未和任何一位建立私交，并且他不赞成把与家人相处的时间分出一些来与工作上的朋友“闲逛”。他担心卡罗的决定是基于政治关系而不是建议本身的价值。整个形势都使他意识到他有多恨这个组织的政治关系。

珍妮的政治行为背后的道德内涵是什么？当她遇到正当的职业道德行为标准时，她该如何行动？在这个概述中，我们为组织政治中的职业道德操守略述三个标准。这些标准也许能帮助大家参与到政治性活动中，并且这些活动对个人和组织都是有益的，并且符合伦理道德的要求。

首先，雇员应平衡自己和组织的利益关系。根据圣何塞州立大学南希·费博尔（Nancie Fimbel）教授的观点，几乎所有的政治行为都会给组织和个人带来利益。使用政治权力来提出一个建议，完成一项工作，获取资源或者指引一个团队达成一项决议会使组织受益。然而，这些行为同样会使个人受益，因为建议或者工作会给人带来信任感和敬仰。如所指的那样，南希认为，符合道德标准的政治行为平衡组织和个人双方的利益，而不道德的政治行为会以组织和其成员的利益为代价而主要使个人受益。

例如，以视察生产设施的名义公费旅行并滑雪一天，雇佣朋友做顾问或者因为个人受益而中意一个建议，这些都是政治行为中个人利益凌驾于组织利益之上的例子。有鉴于此，这些行为都应被严加监察。

因为我们并不总是能意识到自身的动因，所以应该认真分析政治行为，以确保组织和其成员能从我们的行为中获取巨大的利益。如果这些利益是不明显的，那就有必要去重估我们的目标。换句话说，如果珍妮确实相信重组 CB 天线对组织的成功至关重要，那么基于此而进行的政治活动将使她感到愉快。

第二，雇员应该对变化保持警醒开明的态度。简单地说，一个建议在早期阶段可能对组织有益，但不代表这个建议永远都是正确的。在职场中，事物变化很快。一个有职业道德的雇员必须对因为自己的建议而导致公司价值减少的信息保持开明的态度。例如，珍妮可能意识到 CB 天线市场在未来的几年里可能会缩减，由此导致她的建议的价值就相应缩减，如果她忽视这个新的信息并持续去推动她的建议，她的行为较之以前就不那么合乎道德要求了。有职业操守的雇员会用反面意见和理由去检验自己的建议，并对撤回不能给公司带来利益或带来较少利益的建议表示理解。

第三，有道德的雇员的行事原则是尽量减少对他人的伤害。尽管他们尝试按照自己的想法来进行政治活动，但是他们必须将这些政治活动给组织带来的不利降到最低。这可以通过以下几个方式实现：

1）在组织内尝试与自己的对手保持积极且专业的关系，消除对士气不利的内部关系。另外，要认识到即使自己的建议超越他人甚至被采纳，也需要他人的帮助来让自己的想法变成现实。

2）不要让自己的成功完全基于政治行动。如果在想法上获胜，那么在上级和内部竞争者中也会提升对自己的信任感。（关于做出合乎逻辑的建议的更多信息请参考第十章）

3）私下探讨自己的建议时保持公正。要承认自己观点和论据的局限性，承认相关竞争建议的优点。关注自己想法的长处，而不是其他人想法的短处。当其他项目的支持者因不在场而不能为自己争取时，过多强调其弱点是不道德的。私下应完善自己的想法，而不要抹黑他人的想法。

4）把自己的成功和收益分享给其他组织成员。要将赢得的资源分配给新来者，并鼓励他们去证明自己；赞赏竞争者所提出的高质量的建议，因为这些建议促使自己更加关注和锐化自己的想法；公开感谢下级和其他团队成员，他们对于自己想法的产生贡献了很大力量；真心赞扬他人的贡献。

几乎所有的组织都有这样的特点——不确定性、资源的稀缺性，以及组织的政治行为是现实中无法更改的事实。记住这三个指引性建议将帮助大家用更加符合道德标准的方式来实施政治行为。

来源：Fimbel, N., “Communicating realistically: Taking account of polictics in internal business communications,” *Journal of Business Communication* 31(1994):7-26.

一般来讲，组织政治有两种形式，都与沟通有关。**公开的政治**行为包含一系列的沟通，包括威胁、承诺、协商、命令、结成同盟，以及一系列影响他人并实现自己和/或组织利益的策略。任何诸如使建议被接受，向他人兜售想法，或说服团队对自己的加入持肯定态度的尝试，都会让自己参与到各种公开的政治活动中。**隐性的政治**行为是一个过程，在这个过程中，雇员决定哪种观点应该被公开推举、呈现什么论据、打什么仗，以及如何打败对手。我们来看一个利用政治行为的切实例子吧。

詹姆斯·约翰逊是南部唯一的美籍非洲裔县长。他已经在位6年了，鉴于所在州县长的平均任期是26个月，他在任期上已经取得了显著的成就。他将此归功于他对组织的理解和适应能力，以及他为当地居民所做的诸多贡献。幸运的是，他还致力于将这些经验和技能传授给别人。两年前，他雇佣了一位精明能干的会计。在完成了对该县所有项目的审计之后，会计向他提出了一个重新分配预算（具有实质内容的部分）的建议。

该名会计发现，该县为心理不健康年轻人（以下简称AT）使用集中咨询治疗的效用在过去5年里持续降低，这导致运营的浪费和低效。并且，该县临床医师人数（精神病医师、心理医师和社会工作者）对患者人数的比例基本上是该州所需水平的3倍。会计还发现，退休居民康复中心（以下简称RCRC）已经严重超负荷并且人手明显不足。从她所获得的该州人口规划来预测，这个变化将持续至少十年。由此她制订了一个计划，将资源由第一个项目转换到第二个项目。她用幻灯片和录像做了一个包含12项建议的陈述，用以支持她的以下观点：①该县居民的所有需求将由于这种转换而得到充分满足；②该县将会节约一大笔钱，因为有执照的心理医师和律师作为AT的顾问将会被解雇，因而预付费用将得以节省；③基金能够更有效率地被使用，因为RCRC的成功率将会是AT的4倍之多。在将提议交到县理事会委员讨论之前，她希望约翰逊县长能坐下来听她预讲提案。

预讲之后，县长高度赞扬了她的提案，并提出了一些她之前没有注意到的细节问题：①理事会成员的其中一位有两个孩子在AT项目中，并在心理治疗上节省了数千美元，因为这个是可以实现的；②一位委员的配偶是AT的会诊医师；③另两位委员被选出来主要是因为他们承诺为该县的退休居民做更大的贡献（两位委员会因幻灯片中基金的对比而感到惭愧）；④根据过去的经验，委员们只会在单数年份投票支持节省预算的建议，因为此时他们中的大多数都面临改选。

这位年轻的会计很聪明，她明白约翰逊所给出的这些重要的暗示。她重新修改了幻灯片，做了三处重大改动。第一，不再讨论该县未能充分兑现其对退休居民的责任和义务，她认为RCRC使用率的增长表明在委员会目前的领导下，该项目是多么有效，并且能保证该项目继续扩张。第二，她认为AT项目使用率的大幅下降表明专业设置和疗法的成功，并且她提议分两步来实现工作人员专业化。作为非管理人员的个人辞职（这普遍发生在暴力少年项目中），他们的薪水将会被冻结，直到攒到足够大的金额能够去雇佣一位更有经验的心理顾问（这人很巧合的是一位委员的配偶）。因为第一项改动的完成将会提升AT雇员的专业技能，其余的顾问合约将被转换到RCRC，并且剩下的非管理人员也会被转换到那个机构中去。

最后，会计请约翰逊在下一次委员会议中呈递提案，她将会参加以便提供技术支持。此时，她能够适应现存的权力关系，仰仗支持她、欣赏她的领导（当修订自己的提案时，她发现两个存档的提案跟她之前的那个非常相似。很显然，她不是唯一一个发现基金配置错误的会计。但是其他人要么选择不说明，要么就是提案不够有效，没有被采纳）。

摘自：Strategic Organizational Communication, *Third Edition, by Charles Conrad, copyright 1993 by Holt, Rinehart and Winston.*

像大家所看到的那样，约翰逊先生通过与他的年轻同事合作而参与到了公开的政治行为中。这些沟通达到了对双方都有益的效果，尤其是对年轻的雇员，获取了十分宝贵的信息资源。除此之外，约翰逊先生的意见还表现了隐性的政治行为：他说服助手以更有效的方式吸引县委员会。

综上来看，没有足够的资源、专业知识、沟通技能和人际关系网是很难在组织政治行为中取得成功的。接下来，我们将说明如何提升专业知识、沟通技能和人际关系网络储备。

三、为政治行为建立权力根基

对有效的政治行为而言，权力是必需的。根据一位组织政治行为的专家安德鲁·杜宾（Andrew Dubrin）的说法，人们可以利用一系列策略来提升他们的组织权力（见图 4.1）。

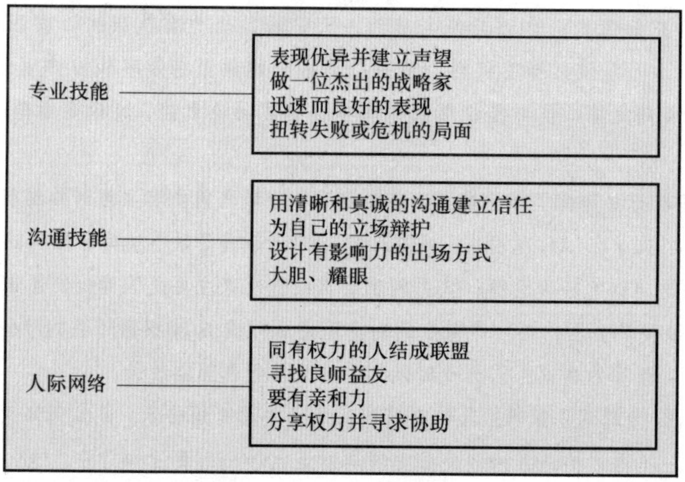

图 4.1　获取权力的策略

如图 4.1 所示，有四个策略专业技能的范畴。适应属于第一个，表现优异并建立声望，意味着我们要在工作中证明自己的专业技能并忠于老板。这些品质通常会给人们留下深刻印象并促使事业蒸蒸日上。注意，没有这项策略的支持，其他任何策略都没有意义。发展我们的各项技能以期成为一个能创造性地解决问题的高手或有谋略的思想者，将带来巨大的收益。例如，世界上最大的保险公司之一英杰华保险的首席执行官理查德·哈维（Richard Harvey），曾面临着如何从人们寿命过长这一点上去掘金的保险难题。

于是他首创了长寿保险——一种在第二次世界大战后的一代人中很受欢迎的公司担保养老金，后来便在婴儿潮一代中广泛流行。显而易见，开发并实施这样的新产品可以增加个人声望和影响力。另一种增强个人魅力的方法是在给出的任何项目或难题面前做出迅速且良好的表现。这些成功的经历将会让我们接到其他任务，进而获取更大的影响力。最后一个获得权力的专业技能是扭转失败或危机的局面。身陷危机之中最好的一面便是，对危机的每一次改善都会让自己迅速受到瞩目。

在沟通技能范畴中，我们已提到一个人的信用和魅力可以通过长期无误解以及真诚地与下属、同级和领导的沟通而建立。没有信任就没有机会去获得巨大的权力。大家也可以通过为自己的立场进行辩护来获取权力。本书第十章提供了大量关于如何基于逻辑、信任和感情去摆论据的信息。表现出握有权力不仅仅是表面风光，也是增大权力的有效方法。如果自己看起来有能力，有些人就会愿意跟随。一个有能力的表现可以来自服装、礼节和仪态。说得太多会打消其他人的积极性，真正优秀的人不会去议论每一件事、争取每一件事，或者发表自己的每一个观点，他们只说重要的话，做到简洁、有逻辑性和说服力。总而言之，德布瑞认为，大多数有能力的人都是有气势的、勇敢的和举止大方的。巴拉克•奥巴马、唐纳德•特朗普和卡莉•菲奥里纳就是展示出这些品质的领导榜样，他们当中的每个人都在以自己的方式展示着气势、勇敢和大方。我们并不确定这些品质能否够让一个人变得有能力或者一个有能力的人能否展现出这些品质。尽管变得更大胆可能是一种困难的转变，但也可通过显著而有趣的交流沟通来使这种转变更为简单。比如，举止大方与勇敢可以归因于这些人要么具备良好的语言运用能力，要么幽默风趣，要么能直言不讳、实事求是地面对所遇到的问题。当大家想在职业生涯中有所成长或在职位上有所提升时，培养出一种专业且显著的沟通方式就是必需的。

最后，在人际网络范畴中，可鼓励雇员与其他优秀员工合作。通过与同事在工作内外的交流而建立起的对个人建议、项目的支持，就可能增强自身的影响力。对于新加入组织的员工，最好的结盟方法是找到一个**导师**。这个导师是在组织中有一定的任期，并且是愿意成为建议者和朋友的给予者。同时，新员工也要愿意让导师通过知识的积累对自己进行指导。新员工从导师处学到的内容主要包括有价值的信息、相关经验和专业建议；导师还可以帮助新员工了解组织政治并得到面见高层的机会，从而获得重要的工作并得到晋升。

一项由克利夫兰州立大学研究者进行的面向400位志愿者的调查报告显示，导师能够向新员工提供重要的战略信息并提高其事业的成功率。与导师建立联系分以下几个步骤。第一步，新员工必须有在组织中寻找合适导师的可能性。研究显示，新老员工都选择与其身份、爱好和世界观相似的同伴。总体来说，大家得寻找到一个在态度和兴趣上与自己相似的人，在组织中有很好的人脉，并且愿意指导自己的导师。一旦找到了合适的几位导师，就要开始和他们建立联系，例如向他们倾诉目前的工作状况，或是询问工作建议和组织文化。如果一个人能积极地采纳导师的建议并出色地实施，就应该赞扬导师的建议并感谢他的帮助，并把这些良好的经历与他人分享。这样可增长自己与导师在组织中的声望，也使导师更加愿意传道授业解惑。主动分担导师的工作压力或承担导师手中一些不太吸引人的工作任务等，都将增进与导师之间的关系。

另一个在人际关系网中重要的是热心。热心并慷慨的员工会通过得到同事和上级团体（同级、下级）的支持来获得权力。最终，通过利益分享可以建立起良好的人际关系网络。eBay 公司的前执行官玛格丽特•惠特曼（Margaret Whitman）就是因为与他人共同决策并依靠团队来解决大多数问题而被《财富》《福布斯》选为科技界最具影响力的人物。与下属分享权力意味着自己的成功也是他们成功的写照。相反，一个经理人越多地限制其下属的能力和做决策的权力，他们的成就就越少，经理人从自己的成果中感受到的荣耀也越少。

第二节　建立人际网络

正如我们上面所提到的，在组织中建立人际网络对于个人成功和工作效率的提高是至关重要的。良好的人际互动网络需要建立在自我认知的基础上，了解自己所扮演的角色，从自身出发，有智慧地与周遭的人打交道。

一、微笑的魅力

无论是最亲密的家人、经常联系的老友、每天会遇见的工作伙伴，还是陌生人，在与其沟通时，都不要吝啬自己的微笑。因为微笑可以在最短的时间里以最直接的方式拉近距离，并将爱传递出去。

无论身居何位，都要适时微笑，这会让自己的同伴感受到愉快的合作感，并让自己的下属感受到来自领导的关怀，还会让自己的上司感受到来自下属的动力。不仅是在工作中，在生活中也亦如此。不论是父亲还是母亲，微笑会让家庭变得更加温馨。

威廉・史坦哈已经结婚 18 年了，在这漫长的岁月里，每天从早上起来到晚上睡觉，他很少对自己的太太微笑，甚至连说几句开心的话也没有过。同样，太太也很少对他微笑，也不和他说多余的话。史坦哈觉得，自己是整个百老汇最郁闷的人。

后来，史坦哈参加了一个继续教育培训班。结业的时候，老师给每个学员布置了一份作业，老师要求史坦哈以“微笑的经验”为题发表一段演讲。于是，他决定先亲自体验一个星期。

现在，史坦哈要去上班的时候，就对太太微笑着说：“再见，祝你今天过得快乐！”路上，他对地铁售票员小姐微笑着说：“谢谢！”到了上班地点，他对大楼的电梯管理员微笑着说：“早安，玛瑞拉小姐。”他还试着以微笑的面孔跟大楼门口的警卫打招呼。当他站在交易所时，他对那些以前从没见过自己微笑的人灿然微笑。

史坦哈很快就发现，每一个人也对他报以微笑。他以一种愉悦的态度和开朗真诚的笑容面对那些满腹牢骚的人。他一面听着别人的抱怨，一面微笑着，问题就很容易解决了。

史坦哈发现，微笑给自己带来了更多的收入，还给每天带来了更多的快乐。史坦哈跟另一位经纪人合用一间办公室，对方是个很讨人喜欢的年轻人。史坦哈告诉那个年轻人最近自己在微笑方面的体会和收获，那个年轻人听了点着头承认说：“当我最初跟您共用办公室的时候，我认为您是一个非常枯燥乏味的人。直到最近，我才改变看法——当您微笑的时候，您的脸上充满了幽默和活力。”

你的笑容就是你善意的信使，你的笑容能照亮所有看到它的人。对那些整天都只看到紧皱眉头、愁容满面的人来说，你的笑容就像穿过乌云的太阳。尤其对那些受到上司、客户、老师、父母或子女的指责、疏忽而压抑不快的人来说，一个笑容能帮助他们度过痛苦和挫败的难关，并让他们在绝望中看到希望。

毫无疑问，威廉·史坦哈的演讲受到了热烈的好评，他衷心地感谢老师，因为老师的指点使他的人生发生了改变。

二、关爱的报偿

在逐利的时代，不要被金钱蒙住了双眼。人来到这个世界，是为了爱与被爱。爱，才是我们面对这个世界最本真的东西。

很多年以前，一个富有的老人和他年轻的儿子生活在一起，两人都非常热爱收藏，他们拥有大量世界各国的珍贵的艺术品。一年冬天，他们的国家卷入了战争，年轻人毅然应征入伍。不幸的是，几个星期后他便战死沙场。

圣诞节的早晨，一阵敲门声唤醒了这位日夜思念儿子的老人。老人打开房门，看见一位手里提着大包裹的士兵正向他敬礼。士兵向老人介绍道："我是您儿子的战友。我给您带回了他的一幅画像。"从此以后，儿子的这幅肖像画成了老人最为珍贵的财产，他将画像挂在客厅的正中央，天天凝视。相比之下，他觉得家里收藏的所有珍品此时都黯然失色。

第二年春天，这位可怜的老人得了一场大病，不久就去世了。根据老人的遗愿，他收藏的所有艺术品将在这一年圣诞节那天拿出来拍卖。

这个时候终于到来了。收藏家们从世界各地聚集到拍卖现场，希望竞购到慕名已久的稀世珍品。出乎人们意料的是，拍卖会由一位非常普通的作品——老人儿子的肖像画开始。拍卖师介绍了这幅画的来历后，向众人征求一个拍卖底价，但是会场里一片沉寂。

"有谁愿意出价 100 美元买下这幅画吗？"拍卖师问道。没有人说话。"50 美元呢？"还是没人答应。

这时，人群中间传来一个不耐烦的声音："谁会对那幅粗劣的画像感兴趣呢？快把所有的珍品展示出来吧！"赞同声、附和声此起彼伏。

"不，我们必须首先拍卖这一幅，这是遗嘱的要求。"拍卖师坚决地说。"谁愿意买下这幅肖像？"过了很久，拍卖师再一次问道。

"10 美元你会卖吗？因为我身上只有这么多钱……"在后排的走道上，老人家里的一个清洁工十分难为情地问道。不少人扭过头看他，脸上露出不屑的神色。

"还有没有人愿意出更高的价钱？"拍卖师大声问道。没有人回应。拍卖师扫视了一眼拍卖厅，然后高声喊道："10 美元一次！10 美元二次！10 美元三次！好，成交！"拍槌重重地落了下来。

顿时，拍卖厅里的人群开始骚动起来："现在正式拍卖可以开始了吧？"

拍卖师无声地环顾了一下四周，郑重地宣布："拍卖到此结束！""为什么？为什么？我们千里迢迢赶来，难道是要看你拍卖一幅名不见经传的 10 美元的肖像吗？"

"不！不止这些。按照这位老人——也就是肖像中这位儿子的父亲的遗嘱，谁买下那幅肖像画，"拍卖师顿了一下，遗憾地看了看众人，"谁就可以同时得到他所收藏的全部珍品！"

没有什么东西可以像爱一样创造奇迹。为巴西捧回第一座世界杯奖杯的贝利就是最好的证明。

贝利曾经只是里约热内卢贫民窟里众多男孩中的一个。他热爱足球，但又买不起，于是就踢塑料盒、汽水瓶和从垃圾箱拣来的椰子壳。他在巷子口踢，在小菜场边的马路上踢，在能找到的任何一片空地上踢。有一天，一位足球教练发现这个男孩踢得很专注，就送给男孩一个足球。小男孩有了足球踢得更努力了，不久，他就能准确地把球踢进远处随意摆放的一只水桶里。圣诞节到了，为了感谢送他球的人，贝利来到足球教练别墅前的花园里，选了一个合适的地方挖了一个树坑。教练知道后，便让贝利到自己的训练场练球。三年后，这个17岁的小伙子在第六届世界杯上独进21球，为巴西第一次捧回大力神杯。

我们总能听到人们抱怨这个世界的冷漠、这个社会的物质，可又有谁扪心自问过自己给过别人多少爱、多少关怀？往往是我们先忽视了别人，别人才忽视我们。

三、赞美的力量

在人际交往中，赞美往往具有“化干戈为玉帛”的力量。受到赞美的人，往往更能体谅对方，并能从对方的角度考虑问题。中国有句俗语叫“打是亲，骂是爱”，我们也不否认“严师出高徒”“严父出孝子”，但凡事过犹不及。有多少家庭因为过度打骂造成亲人间的伤害事件，有多少孩子在不断被否定的环境下成长起来，成年后失去自我。我们都知道赞美的力量，但无论在家庭里还是职场中，我们却吝啬于给他人赞美，这使人与人之间的鸿沟越来越大。

从前，有个宰相请一个理发师理发。理发师给宰相修到一半时，也许是过分紧张，不小心把宰相的眉毛给刮掉了。他顿时惊恐万分，深知宰相必然会怪罪下来，那可吃不消呀！

理发师是个常在江湖上走的人，深知人之一般心理：盛赞之下无怒气。他情急智生，猛然醒悟！连忙停下剃刀，故意两眼直愣愣地看着宰相的肚皮，仿佛要把他的五脏六腑看个透。宰相见他这模样，感到莫名其妙。迷惑不解地问道：“你不修面，却光看我的肚皮，这是为什么呢？”理发师忙解释说：“人们常说，宰相肚里能撑船，我看大人的肚皮并不大，怎能撑船呢？”

宰相一听理发师这么说，哈哈大笑：“那是宰相的气量最大，对一些小事情，都能容忍，从不计较。”理发师听到这话，“扑通”一声跪在地上，声泪俱下地说：“小的该死，方才修面时不小心，将相爷的眉毛刮掉了！相爷气量大，请千万恕罪。”宰相一听不禁勃然大怒，眉毛给刮掉了叫我今后怎么见人呢？正要发作，但又冷静一想：自己刚讲过宰相气量最大，怎能为这点小事给他治罪呢？于是，宰相便豁达温和地说：“无妨，且去把笔拿来，把眉毛画上就是了。”

四、诚实的美丽

故事发生在1954年的岁末。那时，杰克只有12岁。他是一个勤劳懂事的孩子，上学之余还给附近的邻居送报纸，以此赚取他所需要的零用钱。在他送报的客户中，有一位慈祥善良的老夫人。杰克现在已经记不起她的姓名了，但对于老夫人曾经给他上的一堂有价值的人生课，他依然记忆犹新。

在一个风和日丽的午后，杰克和一个小朋友躲在那位老夫人家的后院里，朝她的房顶上扔石头。他们饶有兴味地注视着石头像子弹一样飞出去，又像流星一样从天而降，并发出很响的声音。他们觉得这样玩很开心、很有趣。杰克又拾起一块石头，也许因为那块石头太滑了，当他掷出去的时候，一不小心，石头偏了方向，一下子飞到了老夫人后廊的一面窗户上。当他们听到玻璃破碎的声音时，就像兔子一样从后院逃走了。

那天晚上，杰克一夜都没睡着，一想到老夫人家的玻璃就很害怕，他担心会被抓住。很多天过去了，一点动静都没有。他确信已经没事了，但内心的罪恶感却与日俱增。他每天给老夫人送报纸的时候，看到她仍然微笑着和自己打招呼，心里觉得很不自在。杰克决定把送报纸的钱攒下来，给老夫人修理窗户。

三个星期后，他已经攒下7美元，他计算过，这些钱应该够了。他写了一张便条，把钱和便条一起放在一个信封里。他在便条上向老夫人解释了事情的来龙去脉，并且说出了自己的歉意，希望能得到她的谅解。杰克一直等到天黑才小心翼翼地来到老夫人家，把信封投到她家门口的信箱里。他的灵魂有一种赎罪后的解脱感，觉得自己能够重新正视老夫人的眼睛了。

第二天，他又去给老夫人送报纸，这次杰克坦然地对她说了一声："您好，夫人！"她看起来很高兴，说了"谢谢"之后，就递给杰克一样东西。她说："这是我给你的礼物。"原来是一袋饼干。吃了很多块饼干之后，杰克突然发现袋子里有一个信封。他小心将信封打开，发现里面装了7美元和一张彩色信笺。信笺上大大地写着一行字："诚实的孩子，我为你感到骄傲。"

说错话、做错事并不可怕，可怕的是回避。诚实是职场沟通中的美丽风景。敢于认错才能让我们放下"错误的我"，在人际互动中抬头做人。人们愿意谅解一个做了错事的人，但决不愿意原谅一个掩饰错误的人。做了错事是遗憾的，如果做了错事还加以掩盖，挖空心思地躲避谴责，那么这就是更大的遗憾了。

随着年龄的增长，我们越来越重视自己的形象，尤其是自己在他人眼中的形象。我们怕自己犯错，即使犯错也不愿承认是自己的原因。尤其是在我们有了一定的社会地位或家庭地位时，"我说的算""凡事我来做主"让我们更加恐惧犯错和承认错误。我们在心里一直希望自己的错误能被遗忘，却在心里不断提醒自己"我错了"。我们忘记了"有错误改过来就好"。

五、放弃的智慧

商人狄利斯和他的儿子一起出海远航，他们随身带了满满一箱子珠宝。一天，狄利斯偶然听到水手们交头接耳。原来，他们发现了自己的珠宝，并且正在策划着谋害自己和儿子。狄利斯吓得要命，他在船舱内踱来踱去，试图想出一个摆脱险境的办法。儿子问他出了什么事情，狄利斯就把自己听到的全部告诉了他。"同他们拼了！"儿子说道。"不！"狄利斯回答说，"他们会制服我们的！""那就把珠宝交给他们？""也不行，他们会杀人灭口。"过了一会儿，狄利斯突然怒气冲冲地奔上甲板："你这个混蛋！"他冲着儿子叫喊道："你从来不听我的忠告！""你疯了，老头子！我怎么惹你啦？"儿子不解地回应，"你到底为什么暴跳如雷？"当父子俩开始互相谩骂的时候，水手们好奇地聚集到周围。老人愤怒地冲向船舱，拖出了他的珠宝箱。"忘恩负义的家伙！"狄利斯尖叫道，"我宁愿死于贫困，也不会让你继承我的财富！"说完这些话，他打开了珠宝箱，在大家猝不及防的时候，狄利斯一个健步跨向栏杆，将箱子里的宝物全都倒入了大海。父子俩瘫倒在甲板上，目不转睛地注视着那只空箱子，哭泣不止。众人一边惋惜，一边规劝他们和好，然后都纷纷散去。当父子俩先后回到船舱时，父亲对儿子说："我们只能这样做，孩子，再也没有其他办法救我们了！""是的，"儿子欣慰地答道，"您这个法子是最好的。"轮船驶进码头后，狄利斯同他的儿子匆匆忙忙地赶去见地方法官，他们控告水手们犯了企图谋杀罪。法官通过调查，逮捕了与此事有关的水手。结果狄利斯的全部损失都得到了赔偿。

有的时候，如果想要得到或者留住一些东西，就必须首先放弃一些东西。命运导致了必须放弃才可以得到或留住。如果不想"舍弃"这一些，会连其他一些一同失去。所以，为了生命，将珠宝倒进大海就是唯一的选择。老子说："五色令人目盲，五音令人耳聋，五味令人口爽，驰骋畋猎令人心发狂，难得之货令人行妨。"大千世界五光十色，面对诱惑，舍得放弃有时也不失为一种智慧。

创造了巨额财富的洛克菲勒家族常进行捐献。从洛克菲勒家族对待财富的态度中，不难发现舍得放弃是一种自守。把名利地位看得淡一些，特别是把身外之物看得淡一些，顺其自然，就不会将有限的生命挥霍在无限的名利场上，就不会为职务的升迁而劳神费力、刻意追求，就会表现出宽阔的胸怀和高尚的风格，用自己的才能和智慧为社会创造财富。追求与放弃都是正常的生活态度，有所追求，就应有所放弃。有价值的人生需要开拓进取、成就事业，但更要懂得正确和必要的放弃——这不是无奈，而是一种智慧。

六、距离产生美

人际交往中，能够不卑不亢，该远时远、该近时近，视为巧者。我们每个人要理解不同距离背后的含义与作用。这里所说的距离，包括空间距离和心理距离。对方和自己的关系如何，可以通过他与自己保持的距离来判断。彼此间的对话也和双方实际距离的远近有很大关系。距离处理不好，则为触犯人际禁忌，影响人际交往。

人的一生中，你会遇到很多不同的人，其中有一些就会变成你的好朋友或仇人，甚至是敌人……但重点是，你自己有想过是什么原因会演变成敌人、仇人或朋友吗？

1. 别以为跟朋友是那种"你的东西就是我的，我的东西就是你的"的关系。东西绝对要分清楚，不然到最后，东西坏了，要让对方赔，又觉得不好意思，所以自认倒霉，但心中却因此而自然形成一种排斥感。

2. 别以为跟朋友好到不论到哪，都有人开车或是请客。偶尔一两次，或许受得了，时间一久了，换成谁都受不了。所以出门玩之前，最好先讲好：油钱大家分摊；花费大家先交钱，回来再清点退还。这样不仅大家玩得快乐，也可以更增进朋友间的友谊。

3. 别以为跟朋友熟到连他们的厨房、卧室都可以自由出入。越是好的朋友，越是要彼此尊重。因为毕竟不是自己的家，凭什么能随便进出呢？这种行为只会让人觉得你不尊重对方。

4. 别以为跟朋友感情很好了，就一切都可以比较随便，就算到对方家里也不用在乎那些礼节。越是好的朋友，礼节越是不能少。前去拜访时最好带点礼物，哪怕是一点水果。所谓礼轻情意重，也就是这种道理。

5. 别以为跟朋友可以好到连上个厕所都形影不离。偶尔给对方和自己一点空间，彼此的视野会更开阔，让彼此成长得更快。

6. 别以为跟朋友可以互相模仿喜欢的东西。每个人的审美观都不同，模仿久了，只会让对方倒尽胃口。因为朋友他会欣赏你自己喜欢的东西，而不是模仿你，学你喜欢的东西。也因为你跟自己有所不同，他才会觉得新鲜。否则你喜欢的跟他喜欢的都一样，那就干脆自己跟自己当朋友就好啦，干嘛还找一个人来配合呢？所以，要学会去喜欢欣赏对方的喜好，而不是一味模仿。

7. 别以为一有难就可以离家出走逃到朋友家。或许他可以帮你一阵子，但是，他也要负责起你在他身旁的责任。时间久了，任何一个人都会想，我为什么要交个朋友来自找麻烦，也会在心中产生一种厌恶感。所以，越是好的朋友你更要学会去体会他的心情及他的难处的。自己的难处自己担，千万不要去长时间地麻烦别人。久病无孝子，其实也可以改成“久烦无知已”。

8. 别以为常常腻在一起，彼此感情就很好。好的朋友在一起固然会让你忘记烦恼，但是别忘了还是要常常充实自己，让自己给对方的感觉永远是那种“新鲜”的。否则就像叫你天天都吃一样的菜，你不会吃到想吐吗？充实自己是吸引朋友最大的主因。

9. 别以为你跟你的朋友，天天都可以聊很久很久，不见面就觉得难受。真正的朋友是会在你特别的节日或生日都会打通电话问候你的人，不会因为不常联络就忘记你的存在。朋友不会因为时间的距离而有所改变。

10. 别以为你的朋友是可以全权托付的人，希望他能帮你决定自己的事。如果你常给对方这种期许，那只会让对方有成就感一阵子，久了则会受不了。因为他在替你做决定时，他要承担那决定后的后果。那种压力，其实比自己替自己做决定来得更快！所以，好朋友是在你自己做完决定后，或在下决定时，从旁边给你建议的。而不是去决定你该怎么做的。

11. 别以为缺钱时朋友就应该义务给你。亲兄弟都要明算账，何况外人。欠人的就该快还，想想看对方是因为相信你才会借你的，难道你要自己破坏信用吗？在现实中，其实讲到钱就会伤感情，这是不可否认的。越是好的朋友，钱财是最大的禁忌。

根据美国人类学家埃特瓦特·霍尔（Edward Hall）的观察，人际沟通可通过八种距离来断定。

1）密切距离——接近型（0.15m）。这是为了爱抚、格斗、安慰、保护而保持的距离，是双方关系最接近时所间隔的距离。

2）密切距离——较近型（0.15～0.45m）。这是伸手能够触及对方的距离，是关系比较密切的同伴之间的距离。

3）个体距离——接近型（0.45～0.75m）。这是能够拥抱或抓住对方的距离。相隔这个距离，能对对方的表情一目了然。

4）个体距离——稍近型（0.75～1.20m）。这是双方同时伸手才能互相触及的距离，这是对人有所要求时应有的一种距离。

5）社会距离——接近型（1.20～2.10m）。这是超越身体能接触的界限，是工作时同事之间所处的一种距离。保持这种距离，使人具有一种严肃的气场。

6）社会距离——远离型（2.10～3.60m）。这是为便于工作而保持的距离，既可以不受他人影响，又不给别人添麻烦。在家时，家人间保持这种距离，可以互不干扰。

7）公众距离——接近型（3.6～7.5m）。如果保持 4m 左右的距离，说明说话人与听话人之间有许多问题或思想有待解决与交流。

8）公众距离——远离型（7.5m 以上）。这是讲演时采用的一种距离，彼此互不相扰。

如能将以上 8 种距离铭记在心，就能准确、顺利地判断出自己与对方的关系与密切程度。当然，我们也要注意在不同文化环境和不同实际情况中人际距离的适时调整。

小结

在层级化的组织中，政治是人们沟通的核心方面。我们把权力定义为影响和说服他人的能力。组织政策具有两个维度：公开的组织政治行为，包括一系列的沟通，例如承诺、协商、命令或结成同盟；隐性的组织政治行为，包括决定该采取哪些适当的方法以及如何产生最大的效用。在组织交往中，获得成功的方法就是综合使用不同的专业技能、沟通技能和人际策略。

在组织中建立人际网络对于个人成功和工作效率的提高是至关重要的。良好的人际互动网络需要在自我认知的基础上了解自己所扮演的角色；从自身出发，有智慧地与周遭的人打交道。微笑、关爱、赞美、诚实、适当放弃、保持适当的距离都是提升人际关系的技巧。

问题与练习

1. 在阅读本章之前，请描述你对于组织政治的看法。你的观点源于哪里？通过本章的学习，你关于组织政治的观点是否有所改变？为什么？

2. 良好的人际关系与自身认知是否有关联？个人应采取哪些技巧或方式来扩大自己的人际关系网络？

参考文献

1. Emerson, R. M., “Power-dependence relations,” *American Sociological Review* 27 (1962): 31-41.
2. DiSanza, J. R., “Shared meaning as a sales inducement strategy: Bank teller responses to frames, reinforcements, and quotas,” *Journal of Business Communication* 30(1993): 133-160.
3. Hocker, J. L., and W. W. Wilmot, *Interpersonal conflict* (New York: McGraw Hill. 2010).
4. Jackall, R.，“Moral mazes: Bureaucracy and managerial work,” *Harvard Business Review*. Septeraber- October 1983, 118-130.
5. Mayes, B. T., and R. W. Allen, “Toward a definition of organizational politics,” *Academy of Management Review* 2 (1977): 420.
6. Conrad, C., *Strategic organizational cormumcation* (Fort Worth, TX: Harcourt Brace, 1994).
7. Conrad, *Strategic organizatioml comnunication*.
8. DuBrin. A. J., *Political behavior in organizations* (Los Angeles: Sage. 2009).
9. DuBrin, *Political behavior*.
10. 同上.
11. Bahniuk, M. H., S. E. K. Hill, and H. J. Darus, “The relationship of power-gaining

communication strategies to career success," *Western Journal of Communication* 60 (1996): 358-378.

12. DuBrin, Political behavior.
13. Westphal. J. D., and I. Stem. "The other pathway to the boardroom: Interpersonal influence behavior as a substitute for elite credentials and majority status in obtaining board appointments," *Administrative Science Quarterly* 51 (2006):169-204.
14. Kalbfleisch, P. J., and A. B. Davies, "Minorities and mentoring: Managing the multicultural institution," *Communication Education* 40 (1991): 266-271.
15. Prime. J., "Women 'take care,' men 'take charge:' Stereotyping of U.S. business leaders exposed," http://www.catalystwomen.org/headlines/ stereotype.html.
16. Ibarra. H., "Personal networks of women and minorities in management: A conceptual framework," *Academy of Management Review* 18 (1993). 56-87.
17. Bahniuk, Hill, and Darus, "The relationship."
18. Ibarra, "Personal networks."
19. Dansereau, F, Jr., G. Graen, and W. J, Haga, "A vertical dyad linkage approach to leadership within formal organizations;" *Organizxitional Behavior and Human Performance* 13 (1975): 46-78.
20. Graen, G. B., and T. A. Scandura, "Toward a psychology of dyadic organizing, in *Research in organizational behavior* 9, ed. L. L. Cummings and B. M. Staw (Greenwich, CT: JAJ, 1987), 175-208.
21. Bahniuk, Hill, and Dams, "The relationship," 374.
22. 同上, 374.
23. Albrecht, T. L., and B. W. Bach, *Communication in complex organizations* (Fort Worth, TX: Harcourt Brace, 1997).
24. Bingham, S. G., "Communication strategies for managing sexual harassment in organizations: Understanding message options and their effects," *Journal of Applied Communication Research* 1991: 88-115.
25. Sheffey, S., and R. S. Tmdale, "Perceptions of sexual harassment in the workplace" *Journal of Applied Social Psychology* 22 (1992): 1502-1520.
26. U.S. Equal Employment Opportunity Commission, "Sexual harassment," http:// www.mjc.gov/ types/sexual_harassment.html.
27. "'Our stories': Communication professionals' narratives of sexual harassment," *Journal of Applied Communication Research* 20 (1992): 378.
28. Loy, P. H., and L. P. Stewart, "The extent and effects of the sexual harassment of working women," *Sociological Focus* 17 (1984): 3M3.
29. Swoboda, F., and K, D. Grimsley, "A joke in the 60s, but not today," *Washington Post,* national weekly ed., January 27, 1997, 9.
30. Sexual Harassment Support, "Sexual harassers: Their patterns, personalities, and types of harassment," http://www.sexualharassmentsupport.org/ TypesOfHarassers.html.
31. Bingham, "Communication strategies."
32. 同上.
33. Folger, J. P., M. S. Poole, and R. K. Stutman, *Working through conflict* (New York: Longman, 1997).
34. Bingham, "Communication strategies,"100.
35. 同上.

第五章

职 业 沟 通

曼娜紧张焦虑地摆弄了一会儿公文包的带子，她不停地想着在即将到来的面试中到底会发生什么。办公室的门开了，一位女士走了出来并且开始介绍自己。曼娜觉得这位女士很友善，也不做作。整个上午她可能已经主持了几场此类的面试。曼娜跟随她进入办公室，在桌边坐了下来，接过端过来的热咖啡，但这只会让她更紧张。这位女士坐了下来，说道："那么，简单介绍一下你自己吧。"于是，曼娜在化学制品企业的面试开始了。

面试有很多种，包括就业面试——就像上文描述的——代表着现代组织中最常见的一种人际沟通形式。

面试的秘诀在于角色扮演。本书第一章中提到，角色扮演是指一种能力，这种能力要求应聘者站在面试官的角度考虑问题，从而了解面试官的需求和关注点。一旦了解了这些需求和关注点，应聘者就能够以更好的状态融入情境并顺利地回答问题。本章内容包含两种面试情景：就业面试和工作绩效考核面试。

第一节　入 职 沟 通

不论是首次入职还是在同一组织中获得新的职位，大多数人都经历过某种形式的就业面试。尽管工作环境不断变化，但是就业面试仍然是企业及政府机构招募、雇用和任命雇员的主要方式。本书的这部分内容正是解释就业面试的三个阶段：面试前、面试中和面试后。

一、面试前

应聘者首先应确保得到一个面试的机会，这包括做职位调查、制作简历和写推荐信。应聘者能否严肃认真地做好面试前的准备是成功的关键点之一。

（一）调研

大学生即将毕业时经常会问的一个问题是："我去哪能找到工作？"一些很容易看到招聘信息的地方将是他们最初寻找工作信息的地方，包括当地报纸上分门别类的招聘广告。但是，有一个对大学生来说更有价值的资源——就业指导中心。学校的就业指导中心是一个极好的寻找专业对口工作的地方。此外，还可以上网搜寻各种不同的职位资源（见表 5.1）。

表 5.1　组织调研信息汇总样表

预期职位：	
联系人：	
联系人职位：	
公司：	
地址：	
电话：	
信息来源：	
公司规模/历史：	
所在地：	
服务产品：	
成长模式：	
子部门：	
营销/资产/收益：	
新产品/新项目：	
声誉：	
赔偿金/福利/政策：	
我对公司的疑问：	

（二）简历

简历是介绍自己的技能、学历和工作经验的书面材料，通常是 1 页纸。大多数人准备简历时，犯的最大的错误就是参考朋友的简历、导师的模板、网络或就业中心提供的样板，然后插入一些自己的信息来对具体进行改动。这种方式的缺点在于：模型中的条目不可能与个人经历、技巧和能力完全匹配。最好不要抄袭别人的简历，而是应该拿出一张白纸，然后考虑简历最主要的三个部分：标题、导语和描述。

1. 标题

标题用于对特殊信息进行分类。标题能突出地表明个人成就，因此每个人简历上的标题都应该不同于其他人的。对于毕业生来说，典型的标题包括"工作目标""教育背景”“实习及工作经验”“荣誉或奖励”“计算机技能”“语言能力”“职业资格或认证”，以及“领导经历”。

标题应该用准确的语言来表达，并且用黑体或大写字体重点突出，以第一时间吸引招聘者的注意。此处有一个反例需要注意，比如设计了“荣誉或奖励”这一标题，却只有高中开始个人所获得的唯一一个奖项，这就正好引起了别人对我们劣势的关注。

应聘者的姓名是简历上的第一个标题。应聘者的名字应该置于简历的顶部，居中或者左对齐。相比于后面的地址和联系电话中，名字应更明显。

如果应聘的是营销类职位，又有零售营销方面工作经验的话，我们可以考虑类似于“营销经验”类的标题，并将其作为名字之后的第一个标题。如果没有那么多的工作经验，则可以先从“教育背景”开始，表明自己已经完成了与之相关的学位教育。

2. 导语

简历的下一个类别信息是导语。导语由标题下面新的一行中的首要信息构成，而且应该包括有关个人的最重要的信息。例如，在“教育背景”这一标题下，通常来说，列出获得的学位比从哪里获得这一学位更重要。

教育背景

蒙大拿大学，米苏拉，美国蒙大拿州，2008 年 5 月；工商管理学士，市场营销方向。

上面这一条目突出的重点是学校而不是应聘者本人，然而，一个好的导语应该将注意力集中于个人的优点上：

教育背景

工商管理学士，市场营销方向；辅修计算机信息系统；蒙大拿大学，米苏拉，美国蒙大拿州，2008 年 5 月。

导语应该包括最能反映个人现状的信息。对类似于“相关工作经验”这类标题来说，导语应开始于所在的职位，而不是所在公司的名称（公司不能突出自己的角色）。比如下面这个失败的导语例子：

工作经验

美国华盛顿州塔科马港市，商会议院，公共关系部门暑期实习生，2009 年暑期。

这段引导语突出的是城市而不是个人。用同样的信息，导语应该这样安排：

工作经验

公共关系实习生，商会议院，美国华盛顿州塔科马港市，2009 年暑期。

许多简历模板以日期作为导语，强调的是工作日期而不是在这段时间内自己干了什么，当工作持续时间是从事此项工作的重点时，通常会采用这种方式，但这种情形比较少见。为了更合理地突出导语，可以对此加粗或者加下划线。最后，要避免使用缩略语，必须要用时应明确告诉读者这些缩略语的含义。

3. 描述

描述包括导语后面的所有信息。阅读下面这段摘自于简历中的描述：

黄石国家公园。西部黄石，2005—2006 年夏季。在黄石自然公园担任漂流运动的导游工作。工作任务主要包括与游客互动，给予游客适度的安全引导和装备解说，介绍公园，同时检查露营帐篷搭建以及设施损坏情况。

尽管这种方式包括一些有趣的信息，但是其中很多信息都被掩盖于这段描述之中，因为这其中强调的是工作任务而不是能够为将来工作环境带来裨益的个人工作经验。现在我们对同一份工作换一种描述方法，注意其中的差异。

引导员/指导员　美国蒙大拿州，西部黄石，黄石自然冒险乐园。每年夏季在黄石自然园区担任漂流游客的导游；每次旅程为 15～20 位参与者提供安全指导和漂浮装备解说；监督三位助理，确保程序正常；由于期间的突出表现，2005 年和 2006 年连续两年被评为“夏季雇员奖”。

这两种方式的区别在哪里？细节和动词。最好的描述是运用一些**动词**和**精准的量词**（如果条件允许），以表述在工作期间都做了哪些工作。不管什么时间，只要有可能，尽量舍弃列举类的词语——“职责是”或者“任务包括”——应寻找更能描述自己所做工作的动词。好的描述主要关注那些可迁移的技能，而不是相关的工作职责。我们的描述应该能够向雇主表明自己的技能、能力和工作经验。表 5.2 概括了简历制作过程中“建议”和“禁忌”的要点。

表 5.2　简历制作技巧

建议：	切忌：
与经验和能力相关的信息	不相关的信息
• 名字	• “简历”或者其他文件名称 • 何时开始上班
• 地址和电话号码	
• 工作目标（可选择的）	
• 教育：学历，时间，学校	
• 工作经历（职位、公司、地理位置、时间和职责）	• 期望薪水 • 列举偏好
• 专业资格认定	
• 荣誉奖励	
• 计算机和语言技能	
用积极的动词描述你的经历	
• 建议改名词为动词	• 简单罗列任务和职责 • 只模糊地描述工作和活动内容
• 强调能力和经验	
• 表明能力和经验的相关性或可迁移性	
写作结构和风格的一致性，写全称，确保简历具有吸引力	
• 确保简历的美观性	• 结构和风格前后不一致 • 只关注简历中信息的堆积
• 巧妙运用空白空间	
使简历个性化	
• 认真思考简历的形式和内容	• 复制他人的简历或简历模板
• 注意标题、导语的位置	
• 分清主次，优先考虑重点	
阐明从事的项目、取得的成绩和工作经历使用专业的、质量高的纸张	
• 白色系优质纸张（灰白、乳白等）	• 使用普通纸张或彩色纸张以表现与众不同

4. 简历式样

反复阅读，请别人提出意见并校对简历，同时确保标题格式统一；确保描述句表达准确并且反映了自己技能和能力；措辞连贯，避免使用缩写词；尽量将简历控制在一页以内，因为读者一般只会简短地浏览一页之内的内容。

尽管打印在明亮彩色纸张上的简历可能会让你从其他人的简历中脱颖而出，但要记得，许多读者会将那些和其他人不一样的（如亮橘色或者蓝色）或者有彩色边缘的简历筛选掉，因为这反映出求职者的不专业和不成熟。应挑选一些纯白、灰白、米白、乳白或者淡蓝色的看起来专业且质量高的纸，因为招聘者会更愿意雇佣具有职业素养的雇员。如今，简历通常以邮件附件的形式被提供或寄送，这使得简历纸张的选择不那么重要。图 5.1 和图 5.2 是两个简历样本：一个是好的案例，另一个是稍差的案例。分析这两份简历的优劣。

埃里森·卢卡斯
30682，榆树街道
菲利普斯堡，PA16832
(814)785-0964
详细经历

营销助理：梅西百货服装，匹兹堡，宾夕法尼亚州。2009年8月—现在

- 在全日制上学的同时每周工作20小时以上。
- 帮助顾客进行服装选购，给予推荐，并为妇女和儿童服装部门提供一些建设性意见。
- 每周设计和展示款式，并寻求反馈和建议。
- 在商店的两大部门通过存货列表和存货控制单来管理存货。
- 在旺季培训兼职员工。去年被委派为新来的营销同事进行为期两小时的培训——“帮助消费者挑选和购买”。
- 在最近的绩效评估中被主管评为“客户服务先进者”。

食品监督：Buttrey 食品和药品杂货店，菲利普斯堡，宾夕法尼亚州，2008年12月—2009年7月

- 在生产部门监督仓库管理人员，监督7名兼职员工和1名全职员工。
- 安排8位员工的任务分派。
- 整理接收产品，管理产品项目的价格，确保产品质量。每周会涉及5000美元的商品订单。
- 管理商品陈列。2004年对圣诞“产品存货”的陈设布局获得“圣诞精神奖”。

收银员：Buttrey 食品和药品杂货店，菲利普斯堡，宾夕法尼亚州，2005年9月—2007年12月

- 每天与100名顾客进行积极的顾客关系管理。
- 每天收款3000美元以上。

存货职员：Buttrey 食品和药品杂货店，菲利普斯堡，宾夕法尼亚州，2003年8月—2005年8月

- 负责冷冻食品的货架存放和详细目录。
- 因管理有效受到表扬。
- 申请提拔为收银员。

教育背景

工商管理学士　主修市场营销专业　匹兹堡大学　2009年12月

- GPA：3.6
- 商学院优秀学生：2007年秋、2008年春、2008年秋、2009年春。

图 5.1　简历样本（一）

埃里森·卢卡斯
30682，榆树街道
菲利普斯堡，PA16832
(814)785-0964
详细经历

目标:
获得一个与营销或市场管理相关的初级职位。

教育背景:
2009年12月　匹兹堡大学，宾夕法尼亚州，匹兹堡市
工商管理学士，主修市场营销专业
荣誉：商学院优秀学生
2007年秋、2008年春、2008年秋、2009年春
专业GPA：3.6；总GPA：3.25

工作经历:
2009.8—现在：在宾夕法尼亚州，匹兹堡市梅西百货担任服装营销助理。
学会了营销的基本技能。主要负责协助顾客服务、货品陈列和盘存，因为服务高效而受到了分管顾客服务领导的称赞。
2008.10—2009.7：在宾夕法尼亚州Buttrey 食品和药品杂货店任食品监理。
接受了监理领域的很多管理培训，如工作分工和日程安排、调配存货、接货、标价、陈列、登录账目以及处理客户关系等。
离职原因: 减少工作时间以获得学士学位。
2003.9— 2007.12：在宾夕法尼亚州Buttrey 食品和药品杂货店任收银员/存货职员。
学习了存货、订货和接货的基本知识。接受了收银员技能训练和顾客服务高级技能训练。
离职原因: 被提升至货物部门任监理一职。
2003.8— 2005.8：在宾夕法尼亚州Buttrey 食品和药品杂货店任存货员。
主要负责货物存储，存货盘存以及冷冻食品部门货物陈列。因工作高效而被表彰。
离职原因: 升职为收银员。

其他:
证明信可以通过匹兹堡大学的职业中心获取，地址为宾夕法尼亚州，匹兹堡市匹兹堡大学8108信箱。

图 5.2　简历样本（二）

（三）求职信

求职信如今已不再要求那么多了，但是除非在招聘启事中特别指出来可以不提供，否则仍应准备并提供一份。求职信是推荐自我的机会，应详细阐述在简历中列出的自己拥有的符合该工作所要求的能力、技能和工作经验。每一封求职信都应符合申请工作的要求。写一封有说服力的求职信包括明确潜在雇主的要求，然后选择简历中的相关内容来说明自己能够满足这些要求。求职信应包括三部分：简介、主体和结论。

求职信的简介应该从自己所申请的职位的简单陈述开始，同时还应该说明自己的工作目标或者教育经历，然后就自身符合工作要求的特点进行陈述。该部分的目的是吸引注意力，鼓励招聘者继续阅读下去。

求职信的主体应包括 2～3 段，第一段应向招聘者展示自己拥有他们所需要的背景、专业知识和能力，让招聘者了解到自己想为该组织工作的愿望和原因，指出自身的关键品质是如何满足该职位要求的。第二段，强调自己的相关成绩。不要一一重复简历上的东西，而要从背景、教育、工作经历中展示特别的例子来表明自己符合要求的能力。再用第三段来细说兴趣以及它们如何满足组织的要求，注意，重点放在为什么自己会成为对他们有价值的人，而非自己多么希望为他们工作。阅读下面从一封申请营销职位的求职信主体部分摘录出的几段话，哪一个最好？

信件 1

正如我简历中所写的那样，我有很多营销经验。

信件 2

在过去的三年，我在爱达荷州波卡特洛市的拉马尔服装公司获得了重要的经验。

信件 3

您的第一个工作要求强调了需要营销经验，正如我的简历里说的，我过去三年在拉马尔服装获得了重要的营销经验，我在这个职位上学会了很多营销基础知识。我帮助顾客，展示产品，监督存货控制。我最近参加了一个周末营销培训班来学习先进的营销技巧。我已经开始在我最近的工作中应用这些技巧了。正如您看到的，我拥有贵公司需要的营销经验。

信件 3 是最好的，因为它突出了为什么自己满足工作要求。读者能够理解该申请者是如何满足招聘要求的；同时，申请者也说明了自己的营销经验。

求职信的最后一部分是结论，应该清楚地表达自己希望参加面试，表达出自己知道雇主一定会安排面试的信心（例如，我很荣幸能够有机会参加该职位的面试，您可以通过以下方式与我取得联系）。以合适的方式结束这封信，“此致敬礼”是比较合适的，再附上自己的各种联系方式，如姓名、地址、电话号码和电子邮箱。阅读图 5.3 中的求职信样本。

（四）面试前问题的准备

应做好自我介绍的准备。作为职场中的求职者，自我介绍是与目标公司沟通的开端，得体的自我介绍就像一张有力的名片，能够帮助自己敲开职场的大门。

在求职面试时，大多数面试考官会要求应聘者做一个自我介绍，一方面来了解应聘者的大概情况；另一方面是考察应聘者的口才、应变和心理承受、逻辑思维等能力。自我介绍既是打动面试考官的敲门砖，又是推销自己的极好机会，因此一定要好好把握。

自我介绍不能千篇一律，要根据不同企业的不同性质做出改变，注意要主动建立自身与企业的联系，了解企业的背景以及文化等，用自我介绍拉近与面试官的距离。面试前，自我介绍的草拟中要注意背景、思路、开头语、逻辑、案例、细节、习惯、方法等要点，见表 5.3。

2010年11月1日

卢克·马丁先生
人事部经理
月之舞营销
华尔街26号
芝加哥，IL60611

亲爱的马丁先生：

这是我为了申请在Monster Jobs 网站刊登的营销助理职位而写的求职信。我现在是梅西公司的营销助理，在攻读市场营销方向的工商管理学士学位的同时在该公司兼职。我将于2010年12月以优异的成绩毕业。职业目标是获得培训和管理方面的营销职位。我的经验和热情将使我成为该职位的优秀候选人。

您提供的工作需要拥有营销经验的人。正如您可以从简历中看到的，我已经当营销助理三年了。在这段时间里，我拥有了和各种类型的顾客打交道的经验，其中不乏性格随和和较难应对的顾客，甚至还被要求帮助为一些人挑选整套衣柜。较为丰富的营销经验让我认识到应根据顾客的需要来服务顾客，不能凭空臆想。

我个人与顾客相处得非常融洽。最近，我被商店经理授予了“客户服务先进员工”的荣誉称号。我的营销方法将让我成为以一对一营销风格为特色并在贵公司内有价值的人。

除了营销经验，我还有非常高的热情——您要求的第二个工作条件。我在当地一个食品杂货店当仓库管理人员时，我干得非常出色，以至于老板问我是否有意做收银员来扩展一下自己的技能。在熟悉了收银员的工作后，我被任命为该商店一个部门的监理。工作中，我很享受，并且会以极大的热情把工作干好。我的努力获得了回报，我的激情使我在组织中晋升到了管理者的位置。

总的来说，我能够胜任贵公司的营销助理工作，我相信我的经验将会使我成为贵公司的一名优秀员工。我将成为对贵公司有价值的人，因为我的营销经验和贵公司闻名遐迩的营销线路不谋而合。而且，我的主动性和干劲将会使我成为一名高效的营销助理。

随函所附的简历中，您可以看到我拥有其他一些对月之舞营销来说将会很有用的证书。我真的对贵公司十分感兴趣，因为贵公司富有创新性和创造性的营销技术一直是我锻炼自己营销技能的榜样。我十分感谢您能考虑我的应聘，同时我也期待您的回复。面试请联系（814）785-0964。期待您的回复！

真诚的，
埃里森·卢卡斯

埃里森·卢卡斯
30682 榆树街道
菲利普斯堡，PA16832
(814)785-0964

注：英文信件与中文信件的格式不太相同，此处为英文信件的格式，国内读者使用时应注意。

图 5.3 求职信样本

表 5.3 自我介绍要点

背景	充分了解对方，充分了解自己，写下每句话
思路	积极主动，与对方成功建立合作关系
开头语	对方背景、哲理故事、名人名言
逻辑	从几个方面来介绍自己，每个方面都要与岗位的需求密切联系起来

（续）

案例	在观点明确的同时，每个观点辅之以案例说明
细节	注意眼、耳、手、口、身、衣、情，强调细节
习惯	随时赞美对方，随时与对方建立联系
方法	多听、多看、少说为佳，每一句要说到对方心坎上

面试前一定要仔细分析企业的招聘需求，然后逐条与自身实力对应，找到恰当的连接点。需要注意的是，在阐述联系时要多结合案例，如之前的项目经历表现等，在生动的案例中展现自身的优势和高匹配度。一般来说，在面试过程中，面试官主要会提及如下大类的问题，作为面试者，应逐一做好准备。

问题一："谈谈你的家庭情况。"

思路：家庭情况对于了解应聘者的性格、观念、心态等有一定的作用，这是招聘单位问该问题的主要原因。可简单地罗列家庭成员，宜强调温馨和睦的家庭氛围，强调父母对自己教育的重视，强调各位家庭成员的良好状况、家庭成员对自己工作的支持、自己对家庭的责任感。

问题二："你有什么业余爱好？"

思路：业余爱好能在一定程度上反应应聘者的性格、观念、心态，这是招聘单位问该问题的主要原因。最好不要说自己没有业余爱好，也不要说自己有庸俗的爱好，也不要仅限于读书、听音乐、上网，否则可能令面试官怀疑应聘者性格孤僻。最好能说一些户外的业余爱好来点缀自己的形象。

问题三："谈谈你的缺点。"

思路：不宜说自己没有缺点，不宜把那些明显的优点说成缺点，不宜说出严重影响应聘工作的缺点；可以说出一些对于所应聘工作"无关紧要"的缺点，甚至是一些表面上看是缺点，从工作角度看却是优点的缺点。

问题四："谈一谈你的一次失败的经历。"

思路：不宜说自己没有失败的经历；宜说明失败之前自己曾信心百倍、尽心尽力，失败后又很快振作起来，以更加饱满的热情面对以后的工作。

问题五："你为什么选择我们公司？"

思路：面试官试图从中了解你求职的动机、愿望以及对此项工作的态度，建议从行业、企业和岗位这三个角度来回答。

问题六："对这项工作，你有哪些可预见的困难？"

思路：不宜直接说出具体的困难，否则会被怀疑能力不足；可以尝试迂回战术，说出自己对困难所持有的态度，例如"工作中出现一些困难是正常的，也是难免的，但是只要有坚韧不拔的毅力、良好的合作精神，以及事前周密而充分的准备，任何困难都是可以克服的。"

问题七："如果我录用你，你将怎样开展工作？"

思路：如果应聘者对于应聘的职位缺乏足够的了解，就最好不要直接说出自己开展工作的具体方法，可以尝试采用迂回战术来回答，如"首先听取领导的指示和要求，然后就相关情况进行了解和熟悉，接下来制订一份近期的工作计划并报领导批准，最后根据计划开展工作。”

问题八：“你希望与什么样的上级共事？”

思路：通过应聘者对上级的“希望”可以判断出应聘者对自我要求的意识，这既是一个陷阱又是一次机会。最好回避对上级的具体要求，多谈对自己的要求。如“作为刚步入社会的新人，我应该多要求自己尽快熟悉环境、适应环境，而不应该对环境提出什么要求，只要能发挥我的专长就可以了。”

问题九：“你在前一家公司的离职原因是什么？”

思路：最重要的是应聘者要使招聘单位相信，应聘者在过往单位的离职原因在此家招聘单位不存在。应避免把离职原因说得太详细、太具体，也不能掺杂主观的负面感受，如“太辛苦”“人际关系复杂”“管理太混乱”“公司不重视人才”“公司排斥某些员工”等；但也不能躲闪、回避，如“想换个环境”“个人原因”等；不能涉及自己负面的人格特征，如不诚实、懒惰、缺乏责任感、不随和等。尽量使解释的理由为应聘者的个人形象添彩。例如：我离职的原因是因为这家公司的倒闭。我在公司工作了三年多，有较深的感情。从去年开始，由于市场形势突变，公司的局面急转直下。到眼下这一步我觉得很遗憾，但还是要面对现实，重新寻找能发挥我能力的舞台。

问题十：“你是应届毕业生，缺乏经验，如何能胜任这项工作？”

思路：如果招聘单位对应届毕业生的应聘者提出这个问题，说明招聘单位并不真正在乎经验，关键看应聘者怎么回答。对这个问题的回答最好要体现出应聘者的诚恳、机智、果敢和敬业。

如，作为应届毕业生，我在工作经验方面的确有所欠缺，但在读书期间我一直利用各种机会在这个行业里做兼职。我也发现，实际工作远比书本丰富、复杂。但我有较强的责任心、适应能力和学习能力，而且比较勤奋，所以在兼职中均能圆满地完成各项任务，从中获取的经验也令我受益匪浅。请贵公司放心，学校所学及兼职的工作经验使我一定能胜任这个职位。

同一面试问题并非只有一个答案，而同一答案也并不是在任何面试场合都有效，关键在于应聘者掌握了规律后，对面试的具体情况进行把握，有意识地揣摩面试官提出问题的心理背景，然后投其所好。

二、面试中

理想情况下，简历和求职信将会带来**面试**机会。一般情况下，求职者在被聘用之前将会参加不止一次的面试，直到最后一次一对一面试成功。

在众多的求职者中，如何才能凸显出自己是该职位的最佳候选人呢？求职者必须给面试官以自信、称职和专业的正面而持久的印象。记住，你可以通过言行举止来营造这样一种印象。

（一）在面试中展示自己：非言语环节

无论公平与否，你在面试中的表现往往决定着你是否能够被录用。在面试过程中，**非言语沟通**是非常重要的一环。本部分将会讨论非言语的自我展示技巧，包括穿着和肢体语言。

面试并不是显示着装风格的时候。应聘者需要尊重和迎合面试者的期望。虽然职业装以及职场风格随着职业、工作环境和地域的不同而变化不明，但有几点常识必须要记住。

对于男性来说，经典的商务西装是一贯的面试着装。一身剪裁得体的西装将会在表现专业和自信方面事半功倍。在穿着上的额外投资会让自己给对方留下良好的第一印象，并且会让自己表现得更加自信。灰色、深蓝色和黑色等深色是可以接受的。在温暖的季节里，蓝色、灰色和黄褐色等浅色也是可以接受的。朴素白或者灰白色的衬衫都是不错的选择。只要看起来合适，其他的暖色调和款式也是可以的。但切记，不要华而不实。领带亦是如此。

（二）获得工作需要有效的语言和非语言沟通

对于女性来说，一套正式的西装也是塑造自己职业形象的最佳选择。研究表明，女性在塑造自己的职业形象时，对于服装颜色的选择余地是比较大的。尽管灰色和蓝色是常见的选择，但女性身着颜色亮丽的服装（如红色、浅蓝色或者绿色）也可以展示出自己专业的一面。女性不要穿过于暴露或者褶边过多的上衣，丝袜应该穿肉色的。最后，应搭配合适的鞋子，如果不是新的，记得要将鞋子擦干净。

无论是男性还是女性，着装整洁都是必需的。应确保自己的衣着整洁笔挺、头发整齐、指甲整洁，尽量避免过于时尚或者奢华的装扮，以及使用气味浓烈的香水。总的来说，中庸几乎总是专业面试成功的关键。你需要展现出自己自信、专业、负责且可靠的形象。

除了着装，肢体语言也可以传达出正面或者负面的信息。管理者很关注雇员是否具备守时这一品质，因此不准时参加面试的候选人很少能被录用。面试时，最好提前 5 分钟到达。要以礼貌的握手以及直接的眼神交流来和面试官们打招呼。当自己坐下时，可拿出纸和笔，记录下面试官的名字；除此之外，面试者能否表现出友好、适当的眼神交流以及态度热情、自信等都是面试官考量的因素。既然我们已经知道了这些，那么在面试的过程中，我们都需要说些什么呢？

（三）在面试过程中展示自己——语言环节

尽管非言语环节很重要，但是研究表明，决定面试者能否接到第二轮面试通知或者被聘用的重要因素还是面试者对于面试问题的**回答**。该部分将会讨论一些典型的问题以及回答这些问题的策略。

首先，需要对常规的面试问题进行准备。图 5.7 列出了面试官常用来提问的问题。如果按照以下四个步骤来回答面试问题的话，那么面试问题将很容易回答：①简要陈述自己的观点；②用两三句话解释自己的观点；③使用几个具体的例子或论据来支撑自己的观点；④重述自己的答案。为了更好地理解这四个步骤，我们来看下面的例子。

面试者：你以前的经历与我们的职位有联系吗？

被面试者：我刚刚结束了在当地电视台的实习，在电视台工作所要求的技能和我目前所申请的职位相似。作为制片助理，我会和制片人一起准备六点钟的新闻直播。尽管我开始的时候是做办事员的工作，但是几周之后，我就可以决定应该采访什么人、应该问什么样的问题以及应该播报哪些新闻。实习经验让我成了一个有效的沟通者，同时拥有了良好的口语和写作能力。我试着去提出和完成日计划和月计划。我的职位还让我知道了如何在压力下做出正确的决定。良好的沟通能力、项目开发能力，以及决策能力也正是我申请的这个职位所要求的。

尽管让应聘者坦率地谈论自己不太容易，但上述这种回答问题的方式的确可以让自己在众多的应聘者中脱颖而出。

（四）成功的求职者会将自己与公司相结合

面试中，那些将自己和公司具体联系起来的应聘者，往往会比那些仅仅含糊地讨论自己或者公司目标的应聘者留下更好的印象。例如，研究表明，失败的应聘者承认他们并不清楚事业努力的方向，他们也无法挖掘到关于组织的深层次信息。一个失败的应聘者说，“我确实不知道五年后我在做什么或者在哪，我来应聘零售营销仅仅只是碰碰运气。”

而另一方面，成功的应聘者对于他们的事业往往有具体的计划。他们也很清楚地表达了他们想为应聘公司服务的意愿。在一次成功的面试中，应聘者说道：“我非常欣赏贵公司市场部将其公共关系技巧与营销方式巧妙地结合起来。”这样的回答，往往需要对未来的雇主进行详细了解后才能说出来。

（五）成功的求职者用事例支持自己的观点

成功的求职者会找出很多个例子来证明自己的观点，如，他们会从自己的同事或者老板那里得到证词、数据或比较等来证明自己的观点。一个成功的应聘者可能会从下面列出的角度来回答“你的推荐人如何评价你？”这个问题。

我的同事和老板推荐我，是因为我的工作质量高。工作中，我往往会尽力做到最好，且不受时间的影响。如果一个项目需要我投入更多的时间，我就会把我个人的时间拿出来以确保这个项目能够顺利完成。我不希望我的名字与低水平的事物联系起来。在过去的 4 年里，我的老板说我是他所遇到的职员中的最好的一个，包括作为全职员工和暑期兼职。并且，我想用我的工作业绩来回报他；去年夏天，我的三位客户已经成为公司的忠实客户。所以我相信，我以前的老板会说我正是他们所要找的最满意的员工。

除了遵循四步回答问题的原则，求职者还应该用具体的证据、数据来支持自己的观点。相比之下，对于相同的问题，失败的求职者所提供的证据往往让人难以理解：

我想我的证据是他们都喜欢我，我和同事相处得非常融洽。我非常喜欢我的工作并享受其中。

失败的求职者仅仅是用个人的经验来支持自己的观点，而没有对可能面对的问题进行精心准备。

（六）成功的求职者在面试中表现积极主动

成功的应聘者在面试中发言较多，精心准备自己的回答并主动要求提问。简单来说，他们是面试过程的积极参与者。当面试即将结束时，成功的求职者会总结他们相应的资格条件并且强调他们能够满足面试官的需求。相反，不成功的求职者可以被称为消极的参与者。他们需要激励才能回答问题，这造成他们的面试很失败，最后也没有总结陈述。

（七）成功的求职者在面试中表现得自然且热情

不成功的求职者表现出模糊的语言以及少量的手势。他们表现得很紧张，时常弄弄头发，或是不适时地发笑、扒鼻子以及目光闪烁，甚至不敢与面试官有眼神接触。简单地说，不成功的求职者往往表现得很紧张，而且无法表明自己的兴趣、能力和热情。成功的求职者则恰恰相反，他们声音洪亮、语速适中，表达中透出自信；当谈论到自己时，会有礼貌地微笑并配以合适的手势。他们会与面试官进行眼神交流，并且当面试官说话时适当地点头，这些都可以表现出他们良好的倾听能力。成功的求职者给面试官一种专业的、有竞争力的、有动力的、有热情的印象。

（八）成功的求职者会高效利用提问环节

大部分的面试都会给求职者提问的机会，可以就公司或职位提出问题。许多面试官认为应聘者的提问比回答更能反映其个人能力。虽然很难说明应该问什么问题，但不应该问的问题却很清楚。首先不要问雇主已经明确回答过的问题；而且不要问有关薪酬和福利方面的问题，这种问题表明你对工资和休假比对职位和工作更关注。应在拿到聘书之后再讨论薪酬问题。

应记住，工作面试是一个信息交换的过程，我们应该尽可能地弄清楚这个选择是否和自己的目标和能力相匹配。大部分成功的求职者会问有关培训和企业职业生涯规划，以及组织现在服务的顾客方面的问题等，甚至会反问面试官问题。例如，一个使面试官印象深刻的问题是“您在工作中得到的最大的奖励是什么？”求职者扩展地问一些（四五个）关于公司的特定目标的问题是十分必要的。成功的求职者会把自己置身于这个职位上来提问：“我工作的第一年您对我会有哪些期望？”而不是问“您对该职位的期望是什么？”好的问题可显示出面试者是乐于思考的、有准备的和对组织感兴趣的。表 5.4 提供了求职者提问的样本。

表 5.4　向面试官提问的样本

1. 我申请的这个职位的前任员工的去向。
2. 您能跟我讲一些与某条特定的产品线或者某位客户有关的事情吗？
3. 您能谈一下公司的培训项目和职业生涯规划吗？
4. 公司中有哪些晋升途径？
5. 您对我以后的工作有什么期望？
6. 公司的考评程序是什么？多久考评一次？采用什么形式？
7. 您最喜欢公司的什么工作？
8. 如果您有能力，您最想为公司做出哪些改变？
9. 您认为公司在 10 年后会处于什么层次？
10. 我将来的工作的氛围如何？

专栏 5.1

采访托尼·莱普瑞（员工关系经理，罗德公司，罗利，北卡罗来纳州）

（罗德公司为航空航天业、工业及商业设备制造提供涂层产品，以及震动和噪声控制装置。）

罗德如何引进新的人才？

对于初级水平的职位，我们有一个校园招聘系统。我们会根据商业运营情况决定是否需要招人，如果有需求，就开始校园招聘，由一名全职员工负责校园招聘。举个例子，如果我们去宾夕法尼亚州大学招聘，我们的招聘经理就会派一位最近从宾夕法尼亚州立大学毕业的员工一同去招聘。这是很有效的招聘方法，帮我们与新员工建立起了及时的联系。

大学毕业生的求职信和简历都有什么常见错误？

当然，不可能一点错误都没有的。有时你会发现简历是随意排版的，这类问题非常突显。哪怕随便用一张表都比一个杂乱无章的简历要好。但是我认为，如果求职者对组织有兴趣的话，应提前做好准备，并在求职信上做些适当的改动，这可以提高受重视的程度。

简历应该个性化设计吗？

我们一周可能会收到100封简历，大部分看上去都是相同的信息。简历是个人陈述，我认为应该呈现一些求职者的个人特质。

面试时求职者应思考哪些比较重要的问题？

我认为第一印象十分重要。非语言表达也很重要，如果带了一个公文包去，看上去会更加专业；但如果公文包很乱，那就不要带了。我可以仅仅通过一个人的语言组织能力来判断他。语言组织能力不能通过外表表现出来，通常是通过求职者对问题的回答体现出来。

有什么其他的非语言暗示吗？

当然，求职者必须能够胜任所应聘的工作，再好的面试表现也无法掩饰其能力的不足。有些人会暗示过去的公司欠他们的。我认为求职者应该表现出自信和谦卑并重。缺乏平衡会使我拒绝他们。有些人会自夸，听上去太好以至于并不真实。一个年轻人不应该说“我帮公司提升了三百万美元的营销业绩。”更不应该一直说“我”“我”“我”而不是“我们”完成这些工作目标。我很注意他们对名词和代词的使用，没有人能独立地完成工作，展示团队价值是证明谦卑的好办法。感谢别人或承认别人一路以来的帮助也是面试时的一个优势。

您关注的面试技巧是什么？

我很乐意了解求职者，但不是从他们自己的角度——而是从他们曾经合作过的领导和同事的角度。我真心欣赏那些可以从其他人观点中了解自己的人，例如“我认为我的前任老板会说这些是我的优势”。通过这些我可以知道这个求职者是否曾与专家或同事谈论过自身的表现。求职者对这些问题的反映决定了我对他的看法。

您能提供一些建议吗？

诚实是非常重要的，求职者必须诚实。如果你有一些缺点，你必须诚实面对。我们收到的简历上写着有博士学位，但核查后发现并没有。实际上我们会核查所有的信息，我认为诚信至关重要。根据自己的能力和资质选择工作，诚实地向面试官表明自己的能力才是应该做的。

（九）成功的求职者会准备好应对反对意见

尽管我们相信自己是优秀的求职者，但是我们都有缺点，有些缺点甚至会暴露在简历中。精明的面试官会针对这些缺点进行提问。有效的沟通策略（参见第1章）包括对有关自身缺点（或异议）的问题提前准备好应对办法。面试官最常提到的质疑包括个人的工作经历（比如，应聘者有跳槽的经历，曾经被开除过，或者有过较长时间的失业）或者说是工作经验（比如缺乏经验或者经验太多）。

我们建议用三个步骤来快速应对这些问题：

1. 理解质疑
2. 接纳质疑
3. 打消质疑

首先，要仔细倾听面试官的话，以确保理解面试官所表达的意思。如果不确定，可以向面试官请求进一步说明，比如“您可以再解释一下吗？我不太清楚您犹豫（或者质疑）的是什么”。这样一个询问更多信息的请求表明求职者在积极地倾听，并且想真诚地回应对方的质疑。

下一步，接纳质疑，并用自己的话叙述一遍。可以这样表述，“换句话说，您不确定我的条件是否符合这份工作的要求”？或是“我明白您的担忧，您担心我被录用后有可能不会工作太久，这样的话，对我的培训似乎有些不值得”。对质疑进行重述，反映出你抓住了重点，并且有意愿以一种非反驳的方式回答这些问题。

最后，试着打消质疑。应对反对意见做出充分的回答，并且避免产生抵触情绪。这要求应聘者在面试前提前做好准备。首先应简要地写下质疑的内容，比如“我没有在职的工作经验”，然后准备好自己的解释。其次应回顾一下这些消极的、对自己不利的或者有防御性的假定。最后，用一种更加积极的方式来重新解释被质疑的内容。本书第 10 章提供了很多种应对质疑的办法，如列举出否定质疑的证据；或者接受质疑，但是降低其负面的效应；或者向面试官解释，这些他们看来不好的东西其实是积极正面的。

三、面试后

面试可能会比较复杂，但面试结束后，整个流程还没有完。面试后要做的第一件事就是给公司发送一封感谢信，特别要给面试官发送一份，卡片或者电子邮件都可以。大约有 42%的面试官对于发送感谢信的应聘者更有好感。在感谢信上，要主动提及面试，并提供面试所要求的附加信息，简述自己的条件并重申自己对这份工作的兴趣。如果决定不再申请这份工作，要写明对公司和面试官的感谢，并告知他们自己的决定。如果仍然希望申请这份工作，那么应明确地告诉他们。

（一）获得入职通知

假设面试过程很顺利，并且最终获得了这份工作，那么就需要决定是否仍然想接受这份工作，这份工作是否令自己满意。公司通常会给应聘者 5 到 7 天的时间来考虑是否接受这份工作。考虑是否接受一份工作无论对个人来说还是自己的职业生涯来说，都非常关键。如果之前对该公司做过调研，并且在面试中通过询问对公司有了较为深入的了解，那么在考虑时就占据了先机。公司的目标、活动、职业和个人氛围、地理位置、生活成本、文化以及休闲的机会均需列入考虑范围。同时也要问问自己，这份工作是否会让自己开心。还要考虑自己在这家公司中是否具有继续成长和发展的机会。如果晋升的空间很小，那么自己是否在短时间内就会厌倦这份工作？我们需要认真勾画对这份工作的预期，并同自己的需求和目标做比较。

（二）协商薪酬

薪酬的协商会随着录用通知一并开始。我们需要提前了解行业内相同职位的工资标准，以便进行谈判。我们可以通过与拥有相同职位的人交流，参考分类广告，或者查阅一些资料，比如《商业周刊职业指南》《中国薪酬调查》《华尔街日报》的《商业就业周报》等，来了解行业内的薪酬标准。

我们还需要考虑这份工作能提供的福利，包括健康保险、报销额度、利润分配和股票计划、奖金、退休金、人寿保险以及假期情况。这些福利是划分好工作和一般工作的标准之一。

公司通常会提供一份书面的雇佣合同，由应聘者决定接受还是拒绝，进而开始薪酬协商的过程。公司会基于应聘者的受教育情况、技能水平和行业标准来决定是否接受应聘者提出的高于起初提供的工资额度的要求。双方会就工资情况最终达成一个令双方都满意的数额。应聘者在谈判中对自己意见的坚持取决于自己已有的选择机会。举个例子来说，一名应聘者已经找了 6 个月的工作，并且这份工作是目前收到的唯一一份录用通知，那么他或她应该会放弃自己的坚持，并愿意接受公司所提供的原始工资标准。另一方面，已经收到很多公司录用通知的应聘者会处于一个强势的谈判位置。这样的应聘者相对之前的那位应聘者来说，会给公司施加更大的压力。因为他们知道，如果这家公司终止了谈判，那么自己还可以接受其他公司提供的工作机会。当应聘者提及自己在其他公司得到了更高薪酬的时候，可能会使当前的这家公司提高工资薪酬标准。然而，这种权力游戏也可能会让该公司认为应聘者不可能到本公司工作，从而导致谈判终止。

如果接受这个职位，则需要通过电话联系，与此同时要签订由公司提供的合同；如果决定拒绝这个工作，出于礼节要写一封婉拒的感谢信。通常，这封信需要用一种委婉的方式让雇主了解自己拒绝的原因。应确保自己的理由诚恳且机智；感谢雇主看好自己，以及所给予的肯定。接受信和拒绝信都是职场中非常重要的一部分，这些信件能显示出自己是一个有职业素养的人。

（三）遭到拒绝

在多数情况下，应聘者都会遭到拒绝。这时应避免用情绪化的方式来写一封回执信，应尽量将其看作是拒绝我们对职位的申请，而非对我们个人的否定。有几种方法能让应聘者正确地看待拒绝。

第一，尽量争取反馈。拒绝职位申请的理由有很多，有的理由很好，有的则不然。试着以一种礼貌且有策略的方式表达出自己想从这次面试中学习经验教训的意愿，可以问问雇主是否能告诉自己一些在以后的面试中能用上的东西。

第二，无论如何都要寄一封感谢信，不要用愤怒和激进的方式葬送自己未来的机会。应展示出雇主所需要的职业态度，确保自己的前途依旧光明。

第三，寻求支持。别因为难堪而把被拒的事实隐藏起来，多跟自己的家人和朋友聊聊，他们会用心倾听并且予以鼓励。但要适可而止，别在这种事情上纠结过久。

第四，汲取经验教训。总结自己在面试中获得了经验，重新评估自己的优势和职业选择，这样就对自身及自己的职业生涯有了更明确的认识。如果把面试当作一个学习和自我提高的机会，即使失败也是一次可贵的经验。

第二节 绩效沟通

一旦获得一份工作，所有商业和职场人士会遇到的第二种面试方式就是**绩效考核面谈**。这种一年一度的面试通常由员工的直属上司来组织，主要是对员工的工作完成情况进行评估并制定以后的目标。很多公司半年就进行一次这样的跟踪面谈，以确保雇员的工作位于正轨且满足公司的要求。管理者用评估来强化雇员的优势，并讨论雇员工作中存在的不足或失误，目的是为了公司更好地发展。

虽然绩效评估很少针对兼职人员，但是它经常被用来监督生产、营销、配送服务和客户服务等环节。政府及非营利组织也对雇员进行绩效考核面谈。而且几乎每个进入管理层的人员都与上下级进行着绩效考核面谈。为了与上文保持一致，我们将从雇员的角度来谈论绩效考核面谈。

绩效考核面谈是本书第一章“沟通模型”中重要的反馈形式。如果雇员得到的反馈很少，他们就不知道自己接下来该怎么做或者自己的缺点在何处。如果顺利地完成绩效考核面谈，这就是一种有效的反馈和交流的手段。理论上说，绩效考核面谈包含两种：工作规划面谈和绩效考核面谈本身。

一、工作规划面谈

工作规划面谈一年一次，通常在公司的每个财政年度开始时进行，因此管理者和雇员可以一同协作为来年制定出工作目标。这种面谈多数是由员工的直属上司承担，他的工作是划定员工的工作职责和评价标准。为了做到这一点，应当回顾公司的总体目标、所在部门的目标以及职位描述。因为并非所有的公司或者管理者都那么看重绩效考核面谈，并且管理者的水平各异，因此我们必须制定出自己工作目标及评价标准。接下来就谈谈如何制定这些内容。

制定下一年目标的最好方法是确定自己工作的主要责任；工作的核心责任不是日复一日的工作、琐事、值班和耗时的任务，这些都是事务。关键责任是我们要做那些事务的原因。

例如：对于秘书和行政助理的职位，他们每天有很多的事务需要处理；但是，如果将这些事务浓缩成主要职责，它们可能包括以下内容：

准备文档
处理传真、电子邮件和复印件
管理邮箱

制定旅行规划
跟进日常财政支出
管理信息
迎接客人

第一，这个列表很短。不管一份工作涉及的事务有多宽泛，一般情况下都不会有太多的主要职责，通常不过 5～7 个。第二，每个事件需要简明阐述。第三，每个事件互不相交。

一旦了解了工作的主要职责，就要及时制定每个职责的评估标准。有四种方法来评估每个主要职责的完成情况：

质量
数量
成本
时限

对每项职责采取上述四项评估标准，看看哪一项标准是最重要的。“这一职责用效率标准加以评估是否最为合适？”“制造成本在产出评估中重要吗？”或者“用数量评估产出适当吗？”对于每个核心职责我们一般都采用不止一种标准，所采用的标准越多，评估的结果越精确。

数量、成本和时限标准是最容易测量的评估标准。测定一个工程是否定期完工，或者一个产品的产量是否达标是很简单的。在一个生产线上，质量可以用次品的数量来测定；而其他方面，如客户服务，评估质量就很难了，可能需要访问顾客或者询问同事，让他们回答或填写某些量表。质量是定量测量中最困难的。

当工作的核心职责和评估标准确立之后，就应该起草下一年的工作目标，以完成准备阶段的工作。目标陈述应当以一个动词开始，为每项事务设立一个明确的结果，并且为每项事务设定明确的评估标准。下面是一些目标陈述，也许对工作规划面谈有益：

将顾客投诉量减少 6%。
将次品量减少 4%。
将呼叫计划的可选择范围从 6 项提升至 11 项。
建立两个新的工作室培训项目：一项是领导力培训，一项是面试培训。

以上这些陈述可执行力强且易于衡量。若以质量标准进行评估，可试评析下面一例：“为病人营造一个充满专业精神和人文关怀的候诊室环境。”尽管看起来没有很明确的评估标准，但可以通过与医师交谈来评估病人的焦虑级别，或者与接待员交谈，关注接待员与病人的交流情况，看看新的室内设计有没有改变之前的交流状况。尽管这一方法并不能定量测量，但描述性的标准可以测量以质量为衡量标准的目标。

当为工作规划面谈做好准备之后，将正式进入面谈阶段。首先，陈述自己的目标，看看自己的目标与上司期望的有何差异，然后解释为什么自己的目标是合适的。其次，时刻将目标与职位描述和部门任务联系起来。承认并接受上司给出的合理的但被自己忽略的目标。最后谈论一些外在因素，例如自己所在行业的经济要素、客户基础的变化等可能会影响目标达成的因素。我们与上司都应该明确一些可能让目标不现实甚至不能实现的变化因素（比如经济衰退或政策变化），应与上司一起努力完成下一年目标设定，并由我们来说明为了此次工作规划面谈我们为目标设定所做准备的程度。无论能否完成目标，充分地准备过程都能让我们更好地了解和影响工作规划面谈的结果。

二、绩效考核面谈

在工作规划面谈进行一段时间之后，通常是半年或一年，上司将对雇员进行绩效考核面谈。我们之前已经说过，这个过程将评估雇员的长处与不足，并为将来的人事安排、工作计划和职业发展做好铺垫。

面谈可能包括下面内容：

1. 回顾上一年的绩效（如果合适的话）。
2. 评估短期和长期目标的进展。
3. 讨论员工的长处。
4. 讨论员工的不足。
5. 观察员工的发展需求。
6. 讨论员工当前的工作满意度。
7. 挖掘雇员尚未展现出来的才能，并讨论如何更合理地利用它们。
8. 评估目前对于此雇员的管理是否合理。
9. 设定下一年的目标（工作规划或目标设定）。

正如工作规划面谈，雇员在绩效考核面谈前做好准备是非常必要的。最首要也最重要的是将员工的实际工作成果与设定目标进行比较。如果目标完成得不错，当然就很容易判断自身完成目标的程度。将完成状况与目标相比较，员工就能很容易地了解到自己将在评估中得到什么样的结果。

如果不能达到某个目标，员工应当回顾自己与上司在之前的工作规划面谈中设想的某些外在影响因素是否对目标的完成造成了影响，这也许可以解释为什么不能完成目标。

其次，应当考虑自己在来年是否有一些发展需求，参加一些培训课程或者研讨会是否有助于工作的完成。列一张自己发展和培训的需求清单，以便与上司进行沟通。

最后，应当对上文中提到的职责测量流程进行再度回顾，以确立来年新的主要工作要求与目标陈述。这是对绩效考核面谈的总结进行准备，也可以看作是为之后的工作规划面谈进行准备的过程。

在面谈中，雇员有以下责任。第一，根据目标讨论的完成情况，将自己的目标评估与管理者的进行对比，多数情况下会得出相似的结论。我们不仅要讨论与上司意见相同之处，还要讨论意见相左之处。我们可能有机会解释与上司存在相左之处的原因，但别忘了上司同样也拥有解释意见相左之处的权利。

虽然上司应该用一些特定的例子来强化积极行为并讨论消极行为，但并不是每个人都这样做。务必要让上司用特定的例子来阐明或解释评估标准中存在的模糊之处，这在绩效考核面谈中是合适的。在面谈中要积极提问，并且挖掘出上司并未关注到的自身领域中的信息。

态度包容且温和，不要用强辩来应对批评。为了更好地推进此次面谈，应当以严肃的态度来考虑所有的建议。我们应采取可行的措施来保证面谈取得积极的成效。

密切注意自己的非语言行为，死板的姿态或握紧的拳头可能被上司理解为抵触情绪，没精打采的姿态或含糊的言语可能被理解为缺乏尊重或兴趣。应挺身坐直，与上司进行眼神交流，必要时适当记录，用心倾听并适当回应。

面谈可能会与个人表现紧密相关，也可能与下一年的目标有关。不管是哪一种情况，总结自己的表现或者规划自己的目标，保持开放的思维并积极回应上司的建议，都将有利于让绩效考核面谈成为有益的经历。

第三节 晋升沟通

“不想当将军的士兵不是好士兵”。人人都希望获得认可和晋升，但由于个人不熟悉晋升规则，或者组织的晋升规则“朝令夕改”“表里不一”，甚至毫无规则或“全凭某人一句话”，都会导致组织内部员工关系混乱，公司政治复杂，企业活力受到制约。因此无论是员工个体还是组织整体做到完善的晋升沟通是很有必要的。

个体进入组织工作，在适应组织的工作环境与节奏，解决生存问题后，就需要考虑个体成长，即晋升。但大多数个体对于晋升只知其表，却不明其内涵以及如何才能开展有效的个体晋升管理。大多数人只关注晋升过程中的行为与表现，却忽视了其中的沟通，与同事之间的关系有待提高是导致其晋升失败的原因之一。晋升失败后往往陷入迷茫期，不知道组织晋升失败后如何调整工作状态。所以，个体要想得到晋升，掌握晋升前、中、后沟通的要点是很有必要的。

一、晋升前的沟通

个体希望在组织中晋升时，需要处理好晋升前的各类事项，应熟知在晋升前应做及不应做的事，尽量规避不应做的事。表 5.5 列举了一些晋升前应做与不应做的事。

表 5.5 晋升前应做与不应做的事

应做的事	不应做的事	应做的事	不应做的事
有可靠信息来源	不能明要职位	评估概率后出牌	不能不沟通
降半格认清自己	不能明显树敌	有详细、周密的计划	不能总认为自己最合适
分析优势与劣势	不能太张扬	高人指点细行动	不要抱太大希望
理性看竞争格局	不能有硬伤	让自己有意消失	不要寄希望于某人

（一）晋升前应做的事

在确定晋升目标后，应用心留意组织内关于晋升的相关消息。但组织内消息繁多，有些可信，有些不可信，在晋升前应有可信的晋升信息来源。如果组织中领导直接找自己谈话并透露提拔想法，则该消息来源相当可靠。若仅仅是下属间在传该消息，则应慎重考虑该消息的可靠性。

组织内的晋升是在一群优秀的员工中选拔出一个，因此每次晋升都是一次竞争，个人应理性看待竞争格局。在评估个人优势与劣势时，员工很容易陷入个人偏见误区，将更多的目光聚焦于自己的优势而刻意忽视自己的劣势。应降半格认清自己，即将个体的优势砍半，更加关注自己的劣势。

晋升即是一种博弈，是个体与组织之间、个体与同事之间的博弈。既然是博弈，就有概率存在，个体在晋升前应评估晋升成功的概率，如果低于70%，是不适合争取晋升的。当概率高于70%时，可以参与晋升选拔，但同时还应做好身为“绿叶”衬托“红花”的准备。

晋升前最好有高人、前辈的指点，这样能帮助自己少走弯路。另外，晋升前，个体要对晋升有详细的规划和策略，了解晋升的程序，积极做好晋升前的准备工作。

（二）晋升前不应做的事

晋升前，切忌树敌，与同事、领导处好关系是很有必要的。著名影视剧《潜伏》中有一场精彩的职位竞争戏。

李崖、陆桥山同属中校，按职级晋升当属他俩其中之一，但最终却偏偏选择了当时为少校的余则成。这当然有编剧的成分，但仔细揣摩这三人后，就能发现该副站长当为余则成。

陆桥山，中校，按资历，在天津站他仅次于站长，是服务年限最长的“二把手”，工作能力较强，在天津站有较强的人脉关系。最让他依仗的当属其在保密局的一个关系，保密局的关系可以为站长带来极大的利益，考虑到利益，就连站长夫人也支持陆桥山。综合以上几点，陆桥山认为该副站长职位当他莫属。几次与站长沟通，都是直接向站长声明“希望担任天津站副站长，以帮助站长分担工作压力”。但站长却认为陆桥山野心太大，是他控制不了的下属，故迟迟不给其答复。

李崖，中校。性格上的火爆脾气是李崖晋升的软肋，也正是由于性格的原因，李崖在工作中曾出现过重大纰漏，导致处处遭陆桥山歧视，双方有着明显的敌对情绪。李崖深知自己晋升无望，故将全部精力放在与陆桥山扯皮上，目的就是不让陆桥山当上副站长。甚至为了阻击陆桥山，宁愿支持当时仅为少校的余则成。

余则成，少校。按理副站长当属陆桥山或李崖其中一位，因为余则成职级上低二者一级，但余则成在天津站人际关系最好，深得站长赏识，且仅仅用了三天就逮捕一名逃犯，深得站长欢喜。站长很快为其申请了中校，再后来因为李崖和陆桥山内斗，坐收渔翁之利，顺利当上了副站长。

（资料来源：笔者依据相关资料整理）

在中国含蓄文化的影响下，虽然不主张直接要求晋升，但绝不能不沟通，尤其是要让上级知道自己的晋升意愿与目标。

王越是某私企的销售主管，在工作的几年中他的销售业绩一直位于前茅，并且销售业绩也是屡创新高。他不但是一位销售高手，而且能很好地整合自己的团队，团队成员的销售能力也是逐步提高，他带领的团队表现很出色。尽管王越业绩很突出，但是他平时都忙于工作，很少有时间与上级沟通交流。在最近的一次人事升迁中，他的直属上级经理推荐了另一个业绩和能力都不如他的人担任副经理的职位，王越一直想不明白为什么被选择的不是他。

（资料来源：笔者依据相关资料整理）

个体在组织工作过程中不仅要有良好的业绩，更要让上级知道个体业绩好。有的个体只会埋头干活，不懂恰当沟通，不会积极呈现自己（要知道美国总统都要靠演来拼的），这种情况会对个体晋升造成影响。

二、晋升中的沟通

在组织竞聘过程中，一份优秀的演讲稿是必不可少的。一份优秀的晋升演讲稿最重要的一点就是简短精练。演讲稿应先有个题目，以方便评委们记忆。为在简短的几分钟的晋升评审中让领导、评委记住自己。个体应浓缩自己的优点，给自己贴上标签。演讲稿应有条有理；突出个人成绩时，恰当地将自己的成绩与上级、同事分享。

个体在晋升过程中，除需认真准备演讲稿外，还需要了解晋升过程中其他相关应做的及不应做的事，如表 5.6 所示。

表 5.6　晋升中应做与不应做的事

应做的事	不应做的事	应做的事	不应做的事
研究自己的特点（给自己贴“标签”）	心比天高	打磨演讲稿	打击对手
研究领导的需求	缺少准备	适当沟通	没有计划
研究评委的心理	一意孤行	得体呈现	紧张胆怯
撰写演讲稿	居功自傲	请评委支持	表现出无所谓

（一）个体晋升中应做的事

晋升是为组织选拔人才，因此晋升中个体应表现出对组织的忠诚。

忠诚于组织，就是心中始终装着组织，总是把组织的兴衰成败与自己的发展联系在一起，愿意为组织的兴旺发达贡献自己的力量。这样的员工是组织的财富，也是会被重用的人。

晋升评审过程仅仅有几分钟，所以还应注重日常工作中的呈现，与上级适当地沟通，使自己了解领导的需求，更让上级认识、了解自己。沟通的力量是伟大的，顺利的沟通可以给人留下深刻的印象，所以多沟通才能让别人认识自己、关注自己。

（二）个体晋升中不应做的事

个体晋升中切忌骄傲自大、恃才傲物、打压同事。同事之间的钩心斗角在竞聘中是不可取的。组织是一个相互合作的平台，没有同事（无论是上级还是下级）的支持，个人将很难办成一件大事。

如何获得支持就是个体在组织中的人际关系。员工想要晋升，除个人业绩外，还需要同事的支持。

英杰是一家墙纸卖场的主管。对他来说，同事们的支持至关重要。过去 20 年来，他是从生产线上开始，一步步晋升到高级管理层的。英杰以前经常代表大家与领班谈判，解决纷争，员工们都十分信任他。正是这种信赖，使得他屡屡升职。公司管理层深知，凭借他在员工中的威信，英杰完全可以当一名干练的经理。

（资料来源：译者依据相关资料整理）

个体晋升应规避对其他人的威胁。一些能力较强的个体，在工作上有突出的业绩，因此便恃才傲物，工作上很少请示汇报，把某些方面不如自己的同事不放在眼里，不支持、不合作甚至扮演反对派角色，这样的人很难获得支持，心态上也是危险的。

三、晋升后的沟通

晋升是组织对优秀员工的嘉奖，个体应明确晋升后应做及不应做的事，适当调整晋升后的工作状态。表 5.7 为晋升后员工应做及不应做的事。

表 5.7　晋升后应做与不应做的事

应做的事	不应做的事	应做的事	不应做的事
放松心情	立刻辞职	制订新计划	不思进取
答谢支持者	找领导抱怨	与上司沟通	没有事后感谢
先自我沟通	散布言论	感谢或祝贺竞争者	没有新的计划
与平级或下级沟通	骄傲自大		

（一）晋升后应做的事

组织内员工形象地将晋升过程比喻为“一场没有硝烟的战争”，在经历了这场战争后，无论成败，个体都需让自己从紧张的氛围中抽离出来，放松心情。晋升成功，可以在放松的过程中调整状态、转变身份、适应新角色；晋升失败，就在放松过程中调整心态，重新规划下一次晋升或另做安排。

在职场中得到晋升，自己的位置发生变化，今后的整个人际环境和工作重心都会发生转变，所以应制订新的工作计划。职场晋升成功后，切忌“小富即安、不思进取”的思想。

晋升后抓住第一次工作任务的完成质量，向上司及同事证明，他们的选择与支持是正确的，用自己的热情和成绩证明个体是有能力胜任这个工作的。

某企业销售部新晋升刘经理工作能力相当强，由于是销售部员工直升的经理，刘经理将自己改革的想法与上级领导协商后，得到领导的支持。再之后的一段工作时间内，刘经理紧抓销售部改革，使产品的市场占有率不断提高；产品的需求量不断扩大，然后迫使生产部门提高效率，改进工艺，加大生产，以保证供应，带动了生产部的业绩提高，继而又迫使供应部供应出、采购部采购到优质优价的优质原料，财务部通过使用 ERP 降低原材料浪费。整个企业工作效率得到了提升，也推进了其他部门共同进步。这位销售部新经理也因为自己出色的业绩被领导与同事认可。

（资料来源：译者依据相关资料整理）

（二）晋升后不应做的事

竞聘成功后，许多刚刚晋升的领导会表现出“新官上任三把火”的情况，以彰显自己的权力，但殊不知这样却背离了组织晋升的本意。

给下属安排工作时，要讲究工作艺术，要以协商的口吻使其愉悦地接受。切忌自以为是、装腔作势，更不能采取命令式、家长式和压制式的态度。越是从基层做起的人越应该坦诚地跟以前的同事沟通，让大家感觉到不是升职了就换了一个人，这个度一定要把握好。

而竞聘失败后，最不应该做的事情就是四处抱怨，在组织内传播负面思想。

某员工 A 在单位的竞争上岗中没有竞争上，其朋友 B 就成了他情绪的宣泄口，A 一直不停地抱怨说：“这个竞聘太不厚道了，本来就存在潜规则，还让我们来当靶子，领导们操纵着这次的竞聘结果，所有的上岗人员都已经是他们内定的了，还要我们陪着演戏！假不假！真是不甘心，不想干了，真想辞职算了。”

作为朋友的 B，听着他的描述，也一度为他打抱不平。但事后仔细回想，B 发现，其实，A 输的原因大部分应该在他自身。他把失败原因都放在了别人身上，而没有从自己身上找自己的原因。B 总结了 A 在竞争上岗中失败的原因有以下几点：

同事 A 从学校一毕业就考到单位工作，工作时间以外从来不与同事沟通，生活在自己的圈子里面。这从一方面来说自己封闭了自己，也失去了让别人了解自己的机会，另外一方面也使自身得不到提高。

A 一直表现对此岗位很无所谓。A 的家庭条件比较优越，家里面不需要他赚钱养家，所以他开始就觉得这个岗位可有可无。但是，竞聘结束后，他觉得不如他的人都上去了，而他没能竞聘上，一下子心里发生了很大的变化。

另外，A 也太过于自信。A 相比较其他竞聘的同事而言，确实具有一定的优势，比如学历比其他几个都高，工作能力相比较也强，所以，在竞聘之前，他就自认为这个岗位一定非他莫属，完全一副志在必得已收入囊中的必胜心态。

但是，A 怯于与领导接触，总躲着领导，不善于表达自己，也没有让领导充分认识自己，缺乏必要的请示汇报，缺乏基本的沟通交流。

最后，总是会时不时地炫耀自己的过去，想当年在学校怎样怎样，学习如何，所读的学校如何，某某领导又是他的什么什么亲戚之类的。这是适得其反的做法，即使曾有过十分非凡的过去，但说者无心，听者有意，同事们立刻就会产生反感，认为是在吹嘘、炫耀自己。这些导致了在单位上失去了好人缘，也是竞聘失败的原因之一。

（资料来源：笔者依据调研资料整理）

小结

优秀的应聘者可以将自己的能力和经历与雇主的要求和关切之处进行整合。锁定职位之后，应聘者应当对该公司进行调研，了解公司的需求。绝大多数的招聘广告都要求应聘者提交一份简历及求职信。简历中，一个标题下是一类特定的信息，申请者应当根据自己的特殊技能、教育背景和经验拟定标题。每个标题下的重要信息应当由导语引出，只有最重要的信息才能写到导语里，接下来应当描述教育背景或工作经验的详情。

求职信提供了一个向雇主展示自己可以满足公司需求的特殊技能和能力的机会。求职信包括介绍、主体和结论，并且应当说明为什么申请者满足公司的要求。

在面试环节，申请者与未来的公司同事进行沟通。面试的非语言环节包括着装和肢体语言。回答问题应该按照以下四个步骤进行：简要陈述、解释观点、举例论证、重述观点。在面试结束之后，申请者应当给公司寄去一封感谢信。

绩效考核面谈是一项评估雇员过去表现和设定雇员下一年目标的年度会谈。这一面谈包括了工作规划面谈和绩效考核面谈。正如工作规划面谈一样，雇员应当列出自己所在职位的核心职责和评价标准。在绩效考核面谈过程中，雇员应当避免出现辩解姿态，并且要重视上司的建议。

个体进入组织工作后，应尽快适应组织的工作环境与工作节奏；解决生存问题后，就需要考虑个体成长，即晋升。但大多数个体对于晋升只知其表，却不明其内涵以及如何才能进行有效的个体晋升管理。大多数人只在乎晋升过程中的行为与表现，却忽视了沟通。个体要想得到晋升，掌握晋升前、中、后期沟通的要点是很有必要的。

问题与练习

1. 根据自己在面试中的经验，在表 5.2 所列的制作简历的建议的基础上，能否再增加一些建议？有哪些经历不需要在简历中说明？

2. 对图 5.1 中埃里森·卢卡斯不好的一份简历给出建议；明确在简历中不合适的和不具有说服力的特点。改变哪些内容对简历有帮助？哪些改变能使简历与众不同？

3. 针对表格中所列的面试建议，有哪些补充？补充应聘者在面试中应该注意的非语言性技巧、肢体语言和语言技巧。

4. 利用自己当前从事的工作，如果经历过工作规划面谈，给出一系列关键的职责，并将关键点缩减到 5～7 点；运用质量、数量、成本、时限和标准给出评估的标准；对当前工作进行清晰评估的难度有多大？在面试中如何运用它们？为什么？

参考文献

1. Einhorn, L. J., “An inner view of the job interview: An investigation of successful communicative behaviors,” *Communication Education* 30 (1981): 217-228.
2. Ugbah, S. D., and R. E. Majors, ^Influential communication factors in employment interviews, *The Journal of Business Communication* 29 (1992): 145-159.
3. Einhorn, “An inner view.”
4. 同上.
5. 同上.
6. Ugbah and Majors, “Influential communication factors.”
7. Wilson, R. F., and E. H. Rambusch, *Conquer interview objections: Triumph over barriers* (New York: Wiley, 1994).
8. Hyatt, C., and L. Gottlieb, *When smart people fail: Rebuilding yourself for success*

(New York: Penguin, 1993).

9. Cox, J. A., D. W. Schlueter, K. K. Moore, and D. Sullivan, "A look behind corporate doors: Examining the interview process from the organization's point of view," *Personnel Administrator,* March 1989, 56-59.
10. Pratt, M. K., "No more job reviews," *ComputerWorld*, April 2, 2007, 29.
11. Fear, R. A., and R. J. Chiron, *The evaluation interview* (New York: McGraw-Hill, 2002).
12. Grote, D., *The performance appraisal question and answer book: A survival guide for managers* (New York: AMACOM, American Management Association, 2002).
13. Grote, *The performance appraisal question.*
14. 同上.
15. 同上.
16. Fear and Chiron, *The evaluation interview.*
17. Grote, *The performance appraisal question.*
18. Chandra, A., "Employee evaluation strategies for healthcare organizations: A general guide," *Hospital Topics* 84 (Spring 2006): 34-38.

第六章

考虑听众的反馈

桑德拉是美国中西部银行的一位营销副总裁，她因为要给转动式发动机协会在当地的分会做关于网上银行服务的介绍而感到很不安。由于银行对于此次活动寄予厚望，银行董事长也将坐在台下，所以她准备了很多内容。幻灯片的视觉效果很丰富，她特别希望获得成功。可是，演讲很平淡，听众露出无聊的表情和茫然的眼神。更糟糕的是，第二天，她的领导收到了董事长的负面反馈。那么桑德拉到底做错了什么呢？当她与来自加利福尼亚的名叫丹尼斯的律师兼公开演讲训练师一同回顾自己的表现时，丹尼斯强调，任何沟通的成功都取决于对听众需求的满足。

“回顾了桑德拉的几个幻灯片后，我有意遗留了一些问题，并问她是否能看出来哪里错了。她说：‘我明白了，我真是一个傻子！这应该是年龄的问题。听众都是 50 年代后期出生的，现在都六七十岁了！我的演讲对年轻点的听众们来说是很棒的，因为他们大多精通计算机，这也就是年纪大的人并不喜欢此次演讲的原因。他们一定觉得很无聊’”。

本书第一章强调了有效沟通是具有策略性的且以听众为中心。有策略的沟通是一个过程，在该过程中交流者要明确自己的目标，了解听众，并学会考虑听众的立场。演讲者需利用对听众的了解来选择特定的沟通策略，合适的策略会吸引听众的注意力以达到演讲者的目标。

当处在二元关系沟通或与群组听众进行互动沟通时，我们可运用直接反馈或角色扮演的方法来适应听众。反馈是关于我们所传达的信息如何被接收到的一种信息。在角色扮演中，我们想要知道别人对我们所要传达的信息会有怎样的反应。群组互动情景中，角色扮演和反馈是适应听众相对有效的方法。由于反馈具有即时性，因此听众规模越小，传递信息的方法就越灵活自由。

在公众演讲中采用即兴的沟通方式也是可行的，即兴的沟通方式也可运用到二元关系或群体关系的沟通中。有一些营销人员，一旦他们发现准备的演讲引起了消极的反应，他们就会忽略文本，转而开展关于问题和解决方案的互动讨论。当然，这样随机应变地迎合听众需要胸有成竹的自信、丰富的演讲经验和关于主题的广博知识。即使这样，也有很大的风险。

在公开演讲中，越是正式的事情，越是需要充分地说明以适应听众的视角。**听众分析**是一种正式的角色扮演方式，当听众规模较大时很有效。通过听众分析，演讲者可以调整主题、演讲模式、演讲前有说服力的呼吁，减少或最小化即兴发挥的部分。细致的听众分析会帮助桑德拉给听众和董事会主席留下更好的印象。尽管有些人反对适应听众的全部想法，因为他们认为这是迎合听众的一种形式，但我们坚持认为这是唯一且最重要和最关键的有效沟通方法。下面的专栏解释了适应听众和奉承听众的区别。

本章将进一步强调演讲前需要考虑听众的关键问题，另外，本章将明确描述怎样处理形势和分析听众特点；说明如何适应见多识广的听众和知识面稍窄的听众；介绍五种不同类型的听众，并针对每一种类型提出了关于内容、结构和传递方式的建议；提供听众分析检查表作为演讲之前分析情景和听众特点的工具。

专栏 6.1

适应听众和奉承听众的区别

提高沟通交流能力或说服力的一个最古老的方式就是去迎合听众。有些人认为：沟通学教授希望学生适应听众，他们正在教导学生改变信息传递的内容来迎合听众的品位和期望。因此，沟通课程是在传授一种不道德的奉承形式，而不是真正意义上的学术方法。我们认为奉承听众是不道德的。然而，像大多数的沟通学教授一样，我们也认为适应听众，而不是屈服于听众是可行的。虽然我们承认适当地适应受众和不适当的奉承之间的界限很难划清，但我们可以提供一些建议。

首先，大多数的沟通专家清楚地划分了改变为听众呈现观点的方法和为听众改变自己观点之间的界限。前者是为了使观点更容易理解或更令人满意，演讲者找到形象的辅助物使一个复杂的概念变得清晰，或是对听众而言论据变得更有说服力。后者，演讲者改变自己的观点来取悦听众。适应听众不是强迫演讲者树立与之前不一致的目标或观点。更确切地说，杰出的沟通者拥有一致的观点，但是表达观点的方式却不同。我们不是在支持沟通者持有不同的观点，而是支持他们用不同的方式策略性地解释自己的目标和观点，以鼓励人们接纳他们的目标。

在当今多样化的工作环境中，没有两个人或两个组织会有相同的回应，因而这种不一致是客观存在的。如果发现自己在频繁地改变自己的目标和观点，就可能已经超过了简单的适应听众并且转向了奉承听众。如果我们的目标是一致的，只是达到目标的手段比较灵活，那我们就是在合理地适应听众。如果担心跨越适应听众和奉承听众之间的界限，那么与组织里亲密的朋友、亲人或者组织外的朋友聊聊天会很有帮助，他们可能会为我们的决策提供一个合理的建议。

来源：*Hart,R.P.,and D.M.Burks, "Rhetorical sensitivity and social interaction," Speech Monographs 39(1972):75-91.*

第一节　分析情境因素

听众分析的第一步是情景变量，包含场合、规模、组织文化、自然环境和时间等考虑因素。

一、场合

演讲发生在不同的场合中，而**场合**是演讲的目的和环境。

理解“场合”，演讲者必须考虑演讲的**目的**并且使传达的信息符合目的，一个不考虑听众期望的演讲者很容易失败。举个例子，一个竞选联邦主席的人在养老金计划会上做拉选票的竞选演说很有可能会失败。作为一名听众，我们应学会在特定的场合对特定的活动有所期望，而那些不符合我们期望的活动就很可能让人生厌。因此，演讲者必须理解演讲的原因，这样才可能满足听众的期待。

“环境”是场合的另一个重要部分。**环境**包含演讲前后发生的事情，其他演讲是不是都按照计划安排好了？其他演讲者说些什么？与自己的话题是否相关？是否有共同的主题？要是这样的话，我们的演讲应该怎样定位？总而言之，在演讲中建立和其他演讲者之间关于场合、主题和听众的联系是个好办法，可通过直接提及其他演讲者的名字，引用他们的主题，或者解释自己的内容是如何吻合大主题的方法来建立联系。

二、规模

设想走进一个大礼堂，原准备是给 150 个人做演讲，后来发现只有 7 名听众。或者假设是相反的情况：以为是在 10 个人面前演讲，现场发现有 100 个人来听。演讲前知道大概的听众规模是必不可少的，这样才可以从容面对。通常来说，听众规模越大，演讲的正式程序就越多。几个人围坐在桌前，大家可能都很健谈，并且很容易与个别听众互动；但在面对大规模的听众时，就很难做到这样的互动。根据表 6.1 的方法，可以适当调整演讲的正式程度。

表 6.1　调整演讲正式程度的方法

增加正式程度的方法	降低正式程度的方法
着正装	不着正装
拿讲稿	即席演讲
演讲结束后进入问答环节	演讲过程中随时可以提问
在讲台后演讲	在讲台旁边或前面演讲

三、组织文化

当在自己所在的组织之外进行演讲时，掌握一些对方组织的**文化**是非常重要的。大多数的组织都有一些对团队基本运作至关重要的默认规则或惯例。打破这些默认的规则会影响演讲者的信誉和效果。

理解组织的文化要求了解听众所在组织的惯例或准则。各位听众的身份地位有什么差异？这些差异会不会影响他们看待问题的方式？管理者是否保留了自己的意见，他们是否会和雇员们协商，还是由大多数人做决定？决策人会不会在演讲现场？如果不在，是不是应该安排和他们单独见面？自己是不是他们例会的成员？能否在演讲前拜访会议的决策人？演说通常要持续多长时间？提问怎么处理？以上问题的答案很重要，因为一旦违反了组织的惯例或规范就很难挽回损失。

四、自然环境

自然环境在一个成功的演讲中扮演着至关重要的角色。确定座位的安排、扩音设备和视听设备的效果等，都很重要。如果可能的话，最好提前去看一下场地。场地中是否有什么东西限制演讲者的活动？自己是否需要使用扩音设备和讲台？还考虑可能干扰演讲的噪声。许多宾馆的几个会议室紧挨着，其他会议室的噪声会传过来使听众分心。会议主办方是否会提供甜点、茶饮，还是其他类似的东西？尽管我们不可能预料到所有可能会干扰到演讲的环境问题，但是准备得越充分，面对这类干扰时就越自信。通常，最好忽视明显的干扰，因为听众也已经注意到了。如果可以的话，可以中止演讲直到干扰消失。

五、时间

当进行情况分析时，最后需要考虑的变量应该是时间的分配。没有哪个演讲者能够随心所欲地想说多久就说多久，听众希望每个演讲者都在有限的时间内完成演讲。不论是一名教师，还是一名工厂领导，或者说是一个公司的 CEO，如果演讲超过了规定的时间，听众就会以不同的方式告诉他时间到了，因为听众觉得自己倾听的义务已经结束了。当一名演讲者演讲超时，听众对他的好感将迅速降低。

在准备去演讲之前，场合、规模、文化、环境和时间是必须要考虑的重要因素，考虑到这些因素会对演讲的成功起到关键的作用。除考虑这些情境因素外，演讲者还必须考虑到不同听众的特点。

第二节　分析听众的特点

在准备演讲之前，考虑不同**听众的特点**是很重要的。这些特点包括相对稳定的特征，比如人口特征和被动参与；还有一些易变特征，如对演讲者和主题的感知倾向。

一、人口特征

听众可以用基本的人口特征来描述。人口特征包括年龄、性别、经济状态、教育、宗教、受教育程度等。

不考虑人口特征将会对演讲产生严重的影响。正如本章开头所介绍的桑德拉，由于没有考虑到听众的年龄，因而影响了演讲效果。另一方面，对人口资料信息稍加留意能帮助演讲者更好地吸引听众的兴趣。比如说，如果打算在面向退休人员组织的会议上做演讲，可以假设大多数听众会是年长的美国人，那么谈论税率变化对退休金、医疗和公共安全所带来的影响等话题将会更有吸引力。

人口资料信息也能帮助在国外进行演讲的人。比如说，亚洲人对如何信服别人的看法与北美和西欧的不太一样。另一个例子，亚洲人做决策的概念和北美人也有很大不同，后者强调的是每个人的责任，然而亚洲文化趋向于要将许多人的想法达成一种共识。许多研究者和咨询公司可以给国际商务人士提供类似的建议。

另一方面，对人口特征（尤其是宗教、文化和种族）的关注，对在北美、欧洲或其他发达国家的演讲者来说是很重要的。文化的差异很明显，生活在欧洲的亚洲人和生活在亚洲的欧洲人经常发现他们的认知类型变得日益本地化。举个例子，一个在旧金山工作的咨询师看到过许多亚洲的面孔，决定去应用亚洲决策方面的知识。但是，因为其听众都是土生土长的美国人，并且习惯使用美国的方式来解决问题，听众们就会认为他充满优越感，因而会很抵触。

二、被动参与

在考虑人口特征之后，还要确定为什么听众会来参加这个演讲。**自愿**听众是那种完全按照自己的意愿来听演讲的人，**被动**听众则是被要求来出席的人。

生动的演讲材料能够抓住听众的兴趣。若想让听众知道我们了解他们的情况，给予他们需要的关注并提供一些额外的激励是十分必要的。比如，吉娜是一名人力资源专家，给一群新入职的员工讲解福利。在刚开始的时候，她承认听众是被动的，所以会提供额外的激励来使听众集中注意力。

我知道促使大家今天到这来的唯一原因是因为员工手册和工作规定使你们不得不来，每个人都知道在开始工作之前不得不来参加这个培训，但是我保证我所讲的东西会对大家的将来有帮助。如果仔细地听，我能帮大家通过选择合适的福利来省钱。

如此一说，被动的听众就可能变得对演讲者和主题感兴趣，即使他们是被动参与的。

当不清楚听众是否被动时，或者不能确定听众来参加的动机时，最好先假设听众是被动的，并且提供足够的激励来吸引他们的注意力。对于自愿参与的听众，演讲者的提醒能够让他们感知演讲重点和相关主题，且不会影响他们对演讲主体内容的获取能力。

三、对演讲者的感知倾向

听众**对演讲者的感知倾向**是听众分析的一个重要因素，一个演讲者的能力主要表现为是否能取得听众的**信任**。一般情况下，如果听众觉得演讲者不够专业或者不够专注，就会产生负面态度。

如果听众对演讲者和所讲内容了解得不多，采取措施来建立信任是很重要的。另一方面，如果听众认为这个演讲者是值得信任的，那么为了建立信任而做努力就没有必要。最差的情况是，听众们认为演讲者没有经验或是在演讲的主题领域并不专业，在这种情况下，通过介绍资质来建立信任就变得至关重要。

为了避免对演讲者资质的怀疑，最好的方式是让主持人介绍演讲者的表现并展示证书、专业和经历。如果这样做不太可能，也可以通过在演讲中进行自我介绍来建立这种信任。我们将在本书第七章详细介绍何时以及如何做自我介绍。

四、对主题的感知倾向

听众对主题的感知基于两个基本因素：一是对主题的了解程度；二是听这个主题的意图。

（一）对主题的了解

演讲者应首先判断听众对主题的了解程度。设想对**主题的认知**为一个连续统一的集合，一个极端是听众对主题没有认知，另一个极端是听众是这方面的专家。知道听众在哪个点很重要，这有助于避免太过高傲或太过谦逊。为了了解听众知道些什么，可以去询问一些听众对这个主题都了解什么。获取到的信息决定了一场演讲是有影响力还是枯燥乏味的。

掌握听众对主题的了解程度后，就可以利用表 6.2 中的指南，调整信息表达的方式以适应听众。其中，左栏提供了针对完全不了解主题的听众的应对策略，右栏是针对对主题很了解的听众的应对策略。

表 6.2　对于拥有不同知识水平听众的应对策略

最低水平或者缺乏知识者	知识广博者
• 主题要与听众的经历和关注有关	• 没有必要介绍步骤
• 提供相关的背景扩展资料	• 没有必要提供背景扩展资料
• 定义所有相关的概念和术语	• 只定义那些有冲突的术语
• 避免使用术语而用日常语言	• 根据组织规范适当地使用术语
• 使用可视化素材来帮助展示有难度的结构和进程	• 没有必要提供可视化素材
• 对可视化素材进行详尽介绍	• 简单介绍可视化素材

最有挑战性的听众是包含受过高等教育的和未受过教育的听众的混合体。演讲太过

基础会让有广博知识的听众觉得乏味，但是太深奥又会使没有相关知识的听众难以理解。在这种情况下，应公开说明听众组成的复杂性以获得理解。

就像你们很多人所了解的那样，我现在处于一种两难的境地，因为你们中一些人是这方面的专家，而另一些人则是刚刚起步。

这种说明可让听众意识到演讲者面临的困难，使他们更有可能忽略厌倦（对于高等听众）或者困惑（对于非高等听众），进而有所包容。

对混合听众讲述的内容应该站在基本信息这一边，以便少出错，即便是冒着疏远专家级听众的风险也应这样做。但如果知识水平较低的听众没有决定权，那么把内容定位在有知识的听众的需求上会更合理些。

（二）主题的意义

有说服力的演讲者不仅需要弄懂听众对主题的认知水平，还要知道对于听众来说**主题的意义**是什么。听众对主题意义的认知是——积极的、消极的或者中立的——因为他们有认知权。举个例子，罗伯特在辞职之后，决定创建自己的天线公司。他从先前的合作关系中找到老客户，并且建议他们从他的新公司购买产品。虽然他们个人很欣赏罗伯特，但对与罗伯特的公司进行合作表示很担忧。当说到原因的时候，客户公司代表说他们质疑罗伯特能否在规定的时间内交付合同规格的产品。如果罗伯特想得到合同的话，就必须把这些消极的反馈转变成积极的反馈。

一旦我们了解到听众对于主题的感知，就要选择具体的应对策略。图 6.1 基于听众对主题的感知（积极的或消极的）和对主题的了解（最低水平的或者知识广博的）进行了分类，以帮助演讲者选择适当的内容、结构和互动策略。下面将分别讨论五种听众。

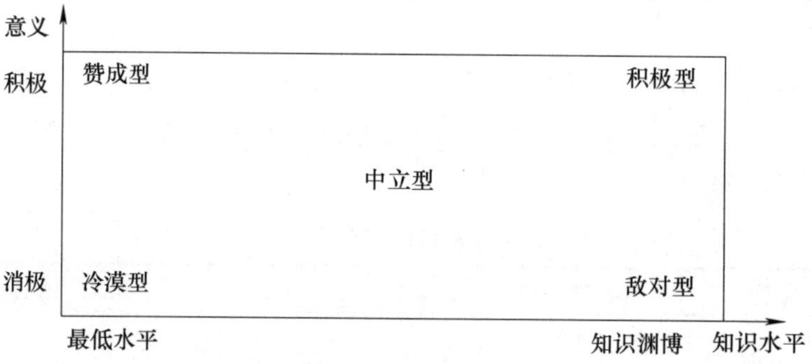

图 6.1　听众矩阵

赞成型听众

就像图 6.1 所示的那样，这种听众对主题有积极的态度，但是相关知识较少。演讲者的任务是强化听众的积极态度，以便向听众提供其所缺少的特殊信息。表 6.3 给出了针对赞成的听众提出的有关内容、结构和互动的建议。

表 6.3 应对特定听众的策略

听众类型	内容	结构	互动
赞成	• 避免深奥的概念 • 用日常用语 • 用可视化素材明确内容 • 采用清楚的定义和例子 • 通过特殊的行动呼吁给出承诺 • 富有创造性	• 大多数模式都适用 • 频繁地使用连接词	• 保持眼神交流 • 变化语速、频率和节奏 • 使用生动、热情的语言
冷漠	• 开场要有足够的吸引力 • 在介绍时展现自己对主题的兴趣所在 • 每次少介绍一些信息，并用生动的例子作为支持 • 使用简单明了的语言 • 经常使用清晰的定义 • 注重信息内容，而不是劝说 • 行动步骤应该慢慢增加并且简单	• 使用熟悉的模式，如因果模式或解决问题模式 • 采用清楚的连接词 • 鼓励听众参与和反馈	• 使用热情的、积极的、交互的互动 • 变换语速、频率和节奏 • 在演讲厅内走动 • 用生动和有趣的可视化素材 • 避免使用宣传手册
中立	• 明确自己的可信度 • 强调主题和听众的关联 • 向听众讲述与主题相关的例子 • 针对问题的双方立场公正 • 用生动的例子和说明支撑论点	• 包括辩论和反驳 • 发起问答环节 • 通过强调赞成者的论点来结束演讲	• 保持热情与活力
积极	• 关注听众可以实施的具体活动	• 使用强调行动的结构 • 使用对话、互动的风格	• 使用辩驳的策略 • 和听众进行互动，以展开讨论
敌对	• 建立共同的基础 • 不要用证据疏远听众 • 引用统计资料和证据资源 • 采用听众认为公正和可信的资源 • 使用确凿的证据	• 使用平衡的结构 • 如果可能的话，省略问答环节；如果不行，一定要有一个调解人	• 保持眼神交流 • 防止对立场的过于热衷 • 展现出平静的自信

因为这些听众缺乏相关知识，因此演讲者要避免一些容易混淆的概念，并且始终使用通俗易懂的语言。不管介绍什么，都应该包括清晰的定义和例子，利用与背景相关的例子来建立主题和听众经历之间的联系。这类听众倾向于按照有说服力的号召来采取行动，所以要鼓励听众按自己的意愿行事。打个比方，当泰瑞对一名持赞成态度的听众说明他的团体要创办学校时，他不需要用一个一般的号召来简单地结束演讲，因为他知道听众们已经赞成学校的创建，他决定选出三名委员来办学。他在演讲的最后传阅注册表，通过让与会者报名参与委员会来鼓励与会者支持他的教学。通过这种方式，泰瑞帮助小组成员们践行他们自己所赞成的内容。

在演讲结构方面，我们在本书第七章所讨论的任何模式都是合适的。然而，因为听众对主题了解不多，所以演讲需要大量使用本书第七章中讨论的组合策略。

听众持赞成态度不意味着演讲者已经完成了任务。赞成听众的互动应包括维持眼神交流、变换语速和频率，但最重要的是生动而热情的语言。和听众保持眼神交流，变换互动方式来吸引他们的注意力，并且用诙谐的、个人的例子丰富学习内容。因为赞成的听众已经开始支持主题了，所以演讲者便可以自由地尝试新点子，推进特定的行动。

冷漠型听众

或许最难应对的一类听众就是冷漠型听众——对主题了解很少且消极应对的一个群体。给冷漠的听众做演讲需要激发他们对内容的赞同。因此，演讲者的工作是在初期吸引住听众，并以有趣的方式展开演讲来维持他们的兴趣。

演讲要有极富吸引力的开头，并在主题中对自己的所讲的主题加以解释。在演讲主体中，要清晰地解释，慢慢地展开主题，一次提供一点信息，并用生动的说明、例子或故事支撑这一信息，这样做可以激起听众的想象力且帮助理解。保持简单的语言，给出流畅且清晰的定义。如果有可能，要聚焦在告知信息的角度，而不是劝说的角度。听众不太可能对简单的信息做出消极反应。如果必须要劝说冷漠的听众，就要关注细节，清楚地解释需要什么、什么时候需要和哪里需要。因为冷漠的听众可能对行动表现出犹豫，所以应使行动尽量简单、便于理解。例如，如果想让冷漠的听众购买自己的产品，应该提前填好订单，这样用户就不用自己填了。最后应安排好日后的联系，以防止听众积极性的减退。

面对冷漠的群体，需要采用因果模式或解决问题模式这些熟悉的结构。熟悉的模式可以使信息容易理解并能减少漠视的倾向。演讲结束后，要通过鼓励冷漠听众参与问答环节来调动他们的积极性。

演讲姿态是克服听众冷漠的关键。演讲者越积极、对主题越坚持，听众就越愿意听。发自内心的热情会很有感染力。演讲者可以改变语速、频率和节奏，通过在室内来回走动表现出活力。避免发放宣传手册，因为对听众来说，当他们读（或者盯着）宣传材料时很容易忽略演讲。不要留给听众无视演讲的借口。

中立型听众

一个拥有大量知识，对主题既不赞成也不反对的群体被归类为**中立的听众**。面对中立群体，演讲应从陈述自己在主题领域的权威和经验作为开始。如果想让听众持赞成的态度，就必须使他们知道演讲者是有资质和能力的。征服中立听众可以采用强调主题的紧迫性和现实意义的方法，举出各种各样的例子来抓住他们的兴趣，并以各种方式引导他们意识到自己已经被该问题所影响了。

表现公平的态度也很关键。单方面的、意识形态上有所偏向的论据会使中立的听众感到厌烦。相反，演讲者应对问题的双方立场表现出公正的态度，但在演讲将要结束时应强调，通过综合比较所有数据和信息后，演讲者会觉得其中一方的观点更具说服力，故而表示支持。

当寻求应对中立听众的组织策略时，应使用“说明并反驳观点”的结构。反驳是一个反击对自己的提议提出异议的辩论。举个例子，一个听众可能拒绝推销，因为他们认为该产品太贵了。但是通过说明这个价格和超市中的相似产品相比很有竞争力，或者说明这一产品价格虽然有点贵但是有质量保证、物超所值，反驳便抵制了异议（反驳将在

第十章中阐述）。由于演讲中加入了允许听众对演讲主题和立场提问的环节，因此一旦问答环节结束，演讲者应总结陈述自己立场的优势所在。

对中立听众进行演讲的姿态应该表现出活力和热情，传达出自己对该主题的兴趣，热情可以打动听众做出承诺。

积极型听众

积极型听众是一类赞成演讲者和演讲主题的见多识广的听众。积极型听众享受其中，因为演讲者起到了强化听众信赖和行动的“打气鼓励”的作用，关键是通过鼓励特定的行动来充分利用听众的赞同意见。南希被要求向一个学生群体说明削减财产税的州法案，学生们总体上都反对这一法案，因为预算减少将导致其他费用增加。南希知道这是一群积极的听众，所以她强调两个特定的行动：第一，她鼓励学生投票反对这一法案；第二，她让每个学生去说服一个朋友或一个家庭成员也投票反对这一法案。南希的行动步骤详细说明了她的听众需要做什么来实现自己的意愿。

针对积极听众的演讲结构应该强调特定的行动（这些结构将在第十章中讲述）。这也有利于向听众提供辩驳，他们可以用来反对那些从其他人那里听说的异议。当听众在其他情境下使用这些抗辩时，将进一步强化他们的认同。

演讲风格应该采取更加积极的互动方式。演讲者应多和积极的听众交流，在问答环节构建辩驳策略，提供强化信念或行动的书面材料。

敌对型听众

相比于积极的听众，敌对型听众对主题是了解的，但是成员们不同意演讲者的观点，听众对主题的了解使得他们很难被说服。

应对敌对型听众的第一个任务就是留下好印象。演讲的开始应该和他们建立共同的立场，提醒他们演讲者和他们拥有相同的价值观或者每个人都很希望问题得到解决。共同的立场可以帮助听众更加友好地对待演讲者。在介绍时，尤其应注意不要强调可能疏远听众的论据。例如，塞拉俱乐部的成员在给工作受到环境法规制约的团体做演讲时，不应该仅仅聚焦在塞拉俱乐部所倡导的环境保护上，更应该强调健康经济和健康环境的重要性。

在表明立场时，每一轮都要引用统计资料和证据资源，使用听众认为公正和可信的资源。确凿的证据——反对个人私利的证据——对敌对听众尤其有效。对于塞拉俱乐部演讲者的情境，来自支持环境提议的劳工领导者的证据是一种最强有力的证据。

演讲者在表达区别前，演讲的结构应强调共同的立场并建立相似点。如果可能的话，可将演讲分为两步：在第一步中建立和谐友好的关系，然后在第二步中阐述特定的区别。第十章中说明的平衡结构对敌对听众来说很有说服力。在这种结构中，演讲者排除可能的解决方案，然后以表明自己的方案来结束。承认自己解决方案的不利的一面，但是建议需要说明这是在给定约束条件下的最好方法。充满敌意的问答环节并不明智。如果害怕思想攻击，那就取消问答环节；如果无法避免，那么一定要有一个调解人来保证讨论是友好的。

和敌对听众互动时应该表现得沉着自信，避免对自身立场过于狂热，因为这样可能会疏远敌对听众。但是，还是要对自己的观点表现出自信，不要害怕直视听众，通过眼神交流来表达自信和决心。

混合型听众

很多演讲情境包含前面讨论的五种听众的各种组合，这种混合型的听众可以分为两类：第一类，几乎不可能找到所有听众的都赞成的想法。在这样的群体中，图 6.1 中所刻画的五种类型的听众都囊括其中。问题是，有些措施必定会疏远这些混合群体中的某些成员。

一位研究者建议："面对混合型的听众，最重要的是演讲的方式而不是内容。"具体来讲也就是在假设听众是中立的前提下准备讲演的内容，然后坚持以准备好的大纲和论据贯穿演讲始终。如果听众不想听具体细致的演讲，或者当他们看起来无聊的时候，可以适当地删减一部分，而不是增加额外的内容；然后随着演讲内容的发展转换演讲方式——以平和的音调开始，观察听众的反应，然后相应调整身体语言和演讲方式。比如，如果听众点头微笑，身体前倾并注视，属于典型的感兴趣的姿势，那就应该换一种更激情、更投入的演讲方式。但是，如果听众的反应是不友善的，那就压低语调，表现得更中立一些。如果听众看起来无聊，那就完全释放激情。总结起来就是，根据听众的具体反应调整演讲风格，但是不要调整内容，因为临时调整正在说的内容比调整表达方式要难得多。

第二类涉及图 6.1 中所提到的听众类型的两三种。比如，珍妮在市议会演讲时的听众包括等量的支持者、中立者和反对者。适应这种类型的混合听众既充满挑战又有趣。因为向这些混合听众中各种类型的人做出有同样说服力的演讲几乎是不可能的，演讲者必须选中代表一种或两种听众类型的目标听众，作为说服的中心目标。

珍妮必须说服她所在社区里的市议会成员拨款给一项年轻人娱乐设施项目。她的听众包括三个支持者、三个中立者和三个反对者。因为珍妮只需要一半以上的赞成票就可以了，所以她决定目标听众应该包括这些支持的和中立的议会成员，集中精力争取目标听众的投票，并且小心谨慎地避免激怒那些反对者。珍妮决定添加一些基本信息来提高支持者和中立者的知识面，她中立地阐明这个议题的两面性——这对中立者很有效，并且通过表达反对者的担心从而获得他们的认同。珍妮的目标是将中立者和支持者推动成有效的投票者。

没有确切的指南来告诉我们怎样适应第二种类型的混合听众。每种情况都迫使演讲者必须平衡自己的目标，以应对群体里的各类听众是否被打动，或者有多少被打动的情况。对一定比例听众的注意力必须减少，这样一来，更多的精力才能放到那些有兴趣并且能够帮助演讲者实现目标的人身上。

现在大家应该对我们提到的所有适应策略都熟悉了，接下来的关键问题是，我们该如何判断面对的是哪种类型的听众呢？

第三节　分析听众的技巧

表 6.4 是一个听众类型检查表，这个表包含了一些合适的问题来帮助演讲者判断所处的情形和听众的特点。这些问题可以灵活使用，以达到在演讲之前更好地了解听众的目的。

表 6.4 听众分析清单

（用这个表来向听众或者他们的代表提出合适的问题）

情况分析

场合

为什么听众们聚到一起来听这个演讲？他们有什么样的期望？

他们希望演讲有多正式？

有没有其他演讲者被听众所认可？演讲有没有一个共同的主题？演讲者是否应将自己的演讲与上一位演讲者的内容或共同的主题联系起来？

组织文化

在该组织中进行演讲时，演讲者有没有需要遵循的非正式的传统或规则？谁来做决定？决策者在演讲时会出席吗？如果不出席，是不是应该安排一次单独的会面？

环境和规模

演讲的会场有多大？会场的布置是怎么样的？会场中有些什么样的可视化素材可以运用？

观众共有多少人？潜在的造成噪声和打断演讲的因素是什么？

时间

这场演讲应该持续多久？

听众分析

人口特征

有没有相关听众的人口特征是需要注意适应的？

被动

这些听众是自愿的还是被动的？

对演讲者的感知倾向

演讲者的可信度是高、低，还是一般？这些听众认为演讲者是值得信任的吗？这些听众认为演讲者是出于善意的吗？

对主题的感知倾向（写在呈现给听众的调查问题表格上）

你之前听过这个话题吗？以 1～10 的数量来衡量你对这场讲演所知的信息量有多少？如果你必须来评估一下这场演讲的主题在你知识里所占的比例，你会说多少？一点，中等量，还是很多信息量？

简单描述一下你对这个主题的了解程度

描述一下和这个主题相关的曾经经历。以 1～10 来衡量，你对这场讲演的兴趣有多少？你是否愿意花时间来看一场关于这个主题的电视节目？你会自愿地去听一场关于这个主题的演讲吗？以 1～10 来衡量，你对这个主题有多关心？

意义

描述一下你对这个主题的基本态度。你同意如下的说法吗？你对这个主题的意见是什么，为什么？以 1～10 来衡量，1 是强烈反对，10 是强烈支持，描述一下你对这个主题的意见。如果可能的话，你以什么方式支持这个意见？如果反对的话，你以什么方式反对？描述你对如下问题的反对意见。写出你支持这个主题最重要的三个理由。写出你反对这个意见最重要的三个理由。如果你有此类经历，这个经历是正面的还是负面的？为什么？

基于一系列倾向测试问题的答案，来判断听众态度是支持的、冷漠的、中立的、积极的、敌对的、还是混合的。

最好的方法是全面使用这张检查表，并且找到每一个问题的答案。有些情况下，最好的方法是选出与自己演讲的主题最相关的问题。比如，当面对来自多种多样组织的人进行演讲时，关于组织文化的问题就变得无足轻重了，可以省略。如果演讲是出于一个科普目的，比如在专业演讲的情况下，就没有必要提关于听众知识面的问题。如果这个演讲的目的是说服听众，那么演讲者就应该提出有意义的问题，并且应用图 6.1 所示的矩阵来判断他所面对的听众的类型。

如果我们已经提出了一系列详细的问题，就应该得到答案了。一些问题可以由演讲者通过自身的先验知识得到。比如，如果在同一个会场里做过演讲，就会对会场的大小、座位数量、可视化素材和干扰因素比较了解。然而，别的不在演讲者经验之内的问题是无法得到答案的，必须从听众那里获得。采访听众，从而得到问题列表中最有价值的问题的答案。如果不能采访听众成员，就接触一些听众代表，并且和他们深入交谈。代表一般是团队的领导者或是制定演讲流程的人。因此，他们通常对环境和听众特点类的问题能够提供比较好的答案。

如果无法接触到听众代表，那么就努力接触和这些听众特点类似的人群。同时还可以从新闻信件、报纸、杂志文章或网页等渠道找到与听众相关的材料并获取相关信息。这些材料可能会揭露一些隐晦的团体准则，并且深入观察出听众对于多种多样主题的倾向。如果以上这些措施都没用，演讲者就必须对听众的性格做出有根据的猜测，并且确保这些猜测足够全面。写出列表中问题的答案，并且把它们保存下来作为演讲的准备，这也是第七章的主题。

小结

对听众的分析是由对环境变量的分析引起的。演讲者应该把他们演讲的目标和听众对演讲的期望联系起来，根据听众规模来调整演讲的正式程度。应注意会场环境的限制，并要使演讲保持在预期的时长之内。

听众的分析也包括对听众特点的分析。演讲者应该知道这些听众是自愿的还是被动的。对于被动听众，可以告诉他们出席的必要性并激发他们对演讲的热情。如果听众认为演讲者是博学多才的，并且真心关心演讲主题，他们会对演讲更有兴趣，也更加支持。应在开始的介绍中陈述自己的背景和经验，增加听众对自己的信任；或者在演讲前的介绍中由他人讲述。

面对主题了解甚少的听众需要明确可靠的判断、广泛的背景知识、清晰的定义、简单的语言，还有明晰的可视化素材。对于具有相关知识的听众，这些就不那么必要了。

有说服力的演讲需要演讲者明白听众对于该主题的态度。听众可以分为五类。支持的听众对于主题有着积极的态度但是信息量又不够专业。冷漠型听众知识较少，并且对这个主题有着消极的态度。中立型听众既不支持也不厌恶，对主题有着适当的信息量。积极型听众知识丰富，并且对主题有支持倾向。敌对型听众熟知主题，并且对其有一种消极的态度。为了从听众中获得信息，演讲者应该从听众分析调查表中选出相关的问题。可以通过先验知识、询问听众或听众代表这些问题来获得相关信息。

问题与练习

1. 当分析情况时，如下四种因素哪个最为关键？场合、组织文化、环境，还是分配的时间？

2. 为什么了解听众的规模对演讲者来说很重要？举例说明，如果一个演讲者实际对着 130 个人而不是预期的 30 个人应该怎么做；或者实际面对的是 10 个观众，虽然预期的是 35 个人？

3. 根据听众情形来准备演讲的时候，什么时候一个人口特征分析才显得有价值？

4. 本章定义了几种类型的听众，并且对每一类听众都制定了应对策略。你能想出一种没有被定义的听众类型吗？哪些具体的措施适应于这种类型的听众呢？

5. 挑出卖场受欢迎的杂志中的一则广告，找出杂志广告试图说服的目标人群，是具体的读者群，而不是所有的读者。这些有目标读者的广告的内容是什么？指出用来适应目标人群的具体策略。

参考文献

1. Beaver, D. H., “Who is my audience?”*AHA Banking Journal*. December 2005, 40.
2. Pepper, G. L., *Commimkating in organizations: A cultural approach* (New York: McGraw-Hill, 1995).
3. Okabe, R., “The concept of rhetorical competence and sensitivity revisited; From Western and Eastern perspectives,”*China Media Research3* (2007):74-78.
4. Victor, D. A., *International business contmunication* (New York: HarperCollins, 1992.
5. Begley. S., “East vs. West: One sees the big picture, the other is focused,” *Wall Street Journal* March 2S, 2003, Bl.
6. Zachary, G. P., *The global me: New cosmopolitans and the competitive edge* (New York: Public Affairs, 2000).
7. Simons, H. W., *Persuasion: Understanding, practice, and analysis* (New York: Random House, 1986).
8. Elsea, J. G., “Strategies for effective presentations,” *Personnel Journal*, September 1985, 31-33.
9. Simons, Persuasion.
10. 同上.
11. 同上.
12. 同上.
13. Elsea, “Strategies,” 33.
14. 同上.
15. 同上.

第七章

准备和发表演讲

根据企业培训师和咨询师本·阿德金斯（Ben Adkins）的观点，娴熟的演讲能力是通向事业成功的“核心竞争力”。经常进行演讲，“我们将能够更好地表达自己，并且相比缺乏公众演讲技能的人逻辑更清晰。”成功人士指出，在任何组织中，具备良好的表达能力都是突显自己的好方法。本章主要关注准备及发表专业演讲的步骤：明确目标、研究主题、策划结构、列出提纲、撰述引言及结论和发表演讲等。大多数专业演讲都注重通过调研、策划和别出心裁的表达来让听众理解主题。理想的演讲始于总体目标。

第一节 构思演讲

一、确定总体目标

商务和职业演讲通常包括两类**总体目标**：**告知**和**劝说**。告知性演讲可以教导、阐述以及引导听众去了解某些热点问题或流程。劝说性演讲则为了让听众接受某个观点或行动。尽管有些演讲二者兼有，但通常会更侧重其中之一。

在职场中，演讲者会提前确定总体目标。众所周知，营销演讲应具有说服力，而且企业培训班主要集中于介绍相关的营销内容。然而，有时需要演讲者决定演讲目标。例如，为营销人员做的演讲是否只需涉及销售业绩或如何提高业绩的尝试？这种情况下，演讲者应当综合自身目的和听众期望来确定演讲目标。后续篇章将会着重介绍告知性演讲和劝说性演讲。专业类演讲主要是告知性演讲，而提案、销售演说和危机简报大多是劝说性的。风险沟通既可以是告知性的也可以是劝说性的，这需视具体情况而定。不管主题是什么，演讲者都应当清楚总体目标是告知性的还是劝说性的。

二、挑选主题

大多数商务和职业演讲的**主题**由上级、组织或者听众的期望决定。如果打算给当地商业业主出售办公用品，那么演讲应围绕所卖商品。如果演讲主要针对企业危机，那么主题应当是企业所采取的应对措施。

另外一种情况是演讲者自身可以决定主题。员工集会演说或者为福利社做演讲就属于这种情况。这种演讲的主题非常有限而且可能包括以下几种：

进行市场细分
洁净用水
全球变暖
打开中东市场
本地经济的多元化
城镇招商引资
资助当地业务扩展
恐怖主义

当选择演讲主题时，演讲者应当考虑自身经验和兴趣。如果缺少对相关话题的兴趣或者缺少相应的体验，演讲就很难引起听众兴趣。听众兴趣决定了一场演讲的成败——听众通常会对新鲜的、实时的或有用的话题发生兴趣。如果听众对相关话题没有兴趣，演讲者就应当重新选择主题。

最后，如我们在第六章提到的，演讲者应当考虑听众**对场景的期望**。如果演讲是有关代理问题的激烈讨论，那一场轻松愉快的、告知性的演讲就是不恰当的。如果听众希望了解上一年的销售业绩，那一场具有大量劝说性内容的呼吁性演讲就是不恰当的。所以在演讲前，还应当根据听众**对场景的期望**选择主题。

三、构思具体目标的陈述

一旦演讲者确定了主题，有关演讲的实际工作就开始了。下一步就是构思**具体目标的陈述**，即将演讲聚焦于总体目标的某个方面。据纽约城市组织技术公司董事长多罗西·利兹（Dorothy Leeds）称，具体目标的陈述并不仅仅局限于演讲者想要说什么。相反，应当关注**演讲者所期待的听众反应**。听众的反应不仅和演讲的总体目标息息相关，而且可能包括理解（如果总体目标是告知）、相信和行动（如果总体目标是劝说）。

例如，考虑全球化的主题，关于资本、贸易、人口和文化的世界性运动是对几乎每个国家的商业和政治领导的挑战。对于该主题，大量的具体目标和描述如下：

我想让听众了解全球化对当地经济的影响；
我想让听众了解驱动全球化的经济和文化引擎；
我想让听众了解全球化对本土生产制造的冲击；
我想说服听众充分利用全球贸易创造货物出口的机会；
我想说服听众不要惧怕全球化引起的改变；
我想说服听众全球化不利于工人组织。

上述例子表明，具体目标的陈述可以帮助演讲者将一个笼统的话题聚焦为可掌控的主题。同时要注意描述的措辞，它们都关注听众对演讲的反馈。同时需注意上面陈述的语言措辞，这些陈述体现了演讲者希望演讲能对观众产生一定的效果。前三种描述集中于告知，后三种集中于劝说。一旦确定了演讲措辞，具体目标的陈述提供了衡量一场演讲成功与否的标准，这在职场中至关重要。

下面介绍的指导信息可以帮助形成表达清晰、目标明确的陈述。首先，目标陈述应该写成完整的句子，而不是短语和问题。例如，这个具体目标仅用来表达演讲的主题。

具体目标：核浪费

上述目标既不涉及听众也不指明演讲者的目的。下一个例子更为准确。

具体目标：我想让听众明白核浪费的四种不同分类。

该陈述将主题聚焦为告知性演讲并且清楚地表明了目标：了解核浪费的四种不同分类。

应将目标陈述聚焦到某个独特的想法上。但是下面的例子并没有聚焦于某个想法。

具体目标：我想让听众明白全球定位系统如何工作以及它的发展史。

目标陈述聚焦于单个独特的想法。

具体目标：我想让听众明白地球卫星的全球定位系统如何实现对地面物体的定位。

具体目标：我想说服听众相信人造地毯优于羊毛地毯。

最后，具体的目标陈述应该被强烈而明确地表达。下面的目标陈述表达的并不明确。

具体目标：我想让听众了解污染。

句子中最重要的术语“污染”是不明确的——演讲者要介绍的是哪类污染，是地表水、地下水、土壤、地下土还是空气污染？下面给出了一个更好的例子。

具体目标：我想让听众了解我们城市地下水污染的源头。

上述目标是明确的，因为它将主题聚焦于当地地下水污染的源头。

四、构思主旨陈述

在阐明具体目标后应该考虑演讲主旨。演讲的主旨陈述是指对其包含的 2～5 个主旨的明确表述。

主旨：本次演讲将涉及核浪费的 5 个方面：高浓度浪费、低浓度浪费、超铀浪费、矿渣浪费以及混合浪费。

主旨：本次演讲将首先定义侵权法，然后解释侵权法的主要内容。

主旨陈述通常出现在对主题的大量调查之后。主旨陈述充当着演讲提纲的向导角色。随着少数词句的改变，主旨陈述可以作为引言对中心思想的预览。主旨陈述应当明确地表述而非提出问题。例如，下面的主旨陈述并不明确。

主旨：本次演讲将介绍有关身体随着年龄增长而衰老的原因，包括随机破坏和激素的影响，以及遗传程序理论。

上述表达不清楚的原因有很多。比如，有几种理论？激素影响和随机损害是一个还是两个理论？改善版本如下：

主旨：本次演讲将介绍有关身体随着年龄增长而衰老原因的三个理论：第一，随机破坏；第二，激素的影响；第三，遗传程序。

该表述通过分别表达每个理论来阐明三种理论，可以实现对主旨陈述的清晰表达。

第二节　整理支撑材料

当构思和提炼主旨陈述时，应当整理**支撑材料**。主旨陈述需要列举案例、统计数据，以及对专家的引用来阐述和证明。本节将定义并介绍对于支撑材料的使用。

一、案例

案例是用来表达观点的具体实例。案例可以是真实的（例子是真实事件）或假想的

（例子是演讲者对未来事件的合理猜想）。当讨论化学工厂的火灾危险时，演讲者可能会使用一个真实的案例。

第 5 区的主要危险来自大型压缩机。5 年前一个大型压缩机的故障导致它开始冒烟，当工人进入厂房中调查原因时压缩机爆炸了，造成 20%的工人二级烧伤和工厂停工 2 天。

上述例子戏剧性地阐述了压缩机房的火灾危险。如果不能找到真实的案例，可以使用假想的例子。

如果去年你投资 5000 美元到一个成熟基金中，并且这一年中该基金从每股 21 美元涨到了每股 32 美元，将会发生什么？这相当于每股价值增加了 52%。5000 美元增加 52% 相当于多了 2600 美元。

与一味地进行毫无证据的劝说相比起来，假想的例子对于阐述来讲更加有效。如果可以选择，最好使用真实而非假想的案例。

二、统计数据

统计数据是对一系列通过原始数据或平均数值进行表征的个体案例的收集。经济学家使用下列原始数据来阐述美国经济的弱点。

随着重工业——例如制造业和建筑业——持续性地削减数以万计的工人，雇主在 9 月份又减少了远远超过预期的 263000 个职位。

在其他情况中，原始数据被使用某种方法进行平均。

尽管最近有所减少，但失业人数从年初开始便持续增加。5 月到 9 月平均每月减少 307 000 份工作，而 11 月到来年 4 月平均每月达到 645 000 份。

这种传统的对原始数据的处理方法是通过计算平均值得到的——一系列数值的算数平均值。演讲者应当避免使用过多的统计信息造成听众的迷惑不解。如果包含很多数据，使用可视化的方法可以使数据更加直观（参见本书第八章）。

使用**对比**的展示方式会使统计数据的含义更加丰富。例如，一则关于爱达荷州斯内克河平原地下蓄水层的新闻使用了各种各样的数据来表明它的大小。该蓄水层 5500m 深，161km 长，为 13 万爱达荷居民提供水源。虽然有趣，但这些数据并不能帮助听众感知蓄水层到底有多大。该新闻补充说明：如果完全干涸，蓄水层的水能够填满伊利湖。另一个例子中，一位马铃薯厂家的助理经理通过对一组统计数据进行对比来描述工厂的生产能力。每天有 1360 万 t 马铃薯被生产为薯条，这相当于每小时加工 2.5 辆半挂式货车容量的马铃薯。就是如此，大家一起来寻找能够使统计数据更有意义的对比方式吧！

三、证据

证据是对目击者、专家，或者其他知情人的直接引用或释义。引用可以增加劝说性演讲的可信度。

使用引用可以增加演讲的趣味性与影响力。从听众认为的专业来源来选择证据以增加可信度。简要地说明证据来源，这样听众能够判断说服力大小。只有具备了基本的调研能力，才能更好地整理支持材料。

第三节 对主题进行调研

调研内容包括为具体目标和主旨陈述收集支撑材料。职业演讲的主要调研途径是图书馆、互联网以及访谈。

一、使用图书馆资源

通过题目、作者或主题进行检索。大多数图书馆系统支持联合检索功能，例如主题和题目的联合检索或者主题和作者的联合检索。此外，还可求助图书管理员确定所需书籍的存放位置。

有效的在线搜索取决于特定目标陈述的**关键字**或**关键词**列表。例如，对于一场关于PM10（小于 10μm 的颗粒）污染的演讲，不同的关键词将会有不同的检索结果。例如“PM10”或者“PM10 污染”等词汇都是较好的关键词。“微粒污染”等类似词汇也可能有用。“空气污染”或“雾霾”等流行词汇也可能检索出重要资源。了解关键字或关键词对于任何检索方法都极其重要。

除在线书籍目录外，大多数图书馆还有多种索引或摘要。期刊的**索引**与**摘要**是指发表在著名学术期刊上的文章的纸质版本和电子版本的数据库。图书馆订阅大量索引和摘要数据库，数据库大多是电子形式的。例如，文学期刊读者指南索引了大量著名杂志上的文章，包括《时代周刊》和《新闻周刊》。更多的专业期刊由 General Science 索引，包含了物理科学、政治科学与社会科学索引。多数职业演讲的主题应当首先从一个通用目录中检索，如读者指南，然后再检索至少一个其他索引。

许多大学和社区图书馆订阅 EBSCO 信息服务，该服务通过多样化的可利用关键字进行主题检索的数据库提供海量的电子和打印资源。数据库范围覆盖面从大众和通识领域，例如 Academic Search Premier（包含来自 4500 份期刊的全文电子文章，包括 the Journal of Education 和 Political Science Quarterly），到更多专业数据库，例如 Business Source Premier（包含来自例如哈佛商业评论和 Administration Science Quarterly 等杂志的文章）。其他 EBSCO 数据库包括医生、科学家和诊所专家使用的 Biomedical Reference Collection，收录了 1200 家公司和交易期刊的 Corporate ResourceNet，还收录了 230 万的心理学和相关处方引用的 PsycINFO。

当在大学或社区图书馆使用 EBSCO 时，只需选择适合主题的数据库，然后在搜索框中输入关键字或关键词。通过检索全文将搜索限定到那些有全文阅览权限的文章上。搜索选项框允许设定搜索日期。通过与图书馆专员沟通，可根据需要增加或减少检索结果。

二、使用互联网资源

首先，互联网在寻找近期报纸和杂志的文章方面十分高效，因为很多新闻机构，例如《华盛顿邮报》和《今日美国》，会将材料放于网上，这将很容易找到近期文章。还有一些报纸，例如《华尔街期刊》，需要用户支付一定的费用才能下载文章。

互联网在检索关于特定组织、本地新闻、政府机关和国内/国际发展趋势方面的最新信息等方面也很方便。想要知道塔基国家森林公园是如何运作近期土地封口事件的吗？只要看看网页上是否有最新新闻，或者搜索森林管理人员的邮箱地址然后直接咨询问题即可。如果想知道美国制造业在近 5 年是如何失去外包机会的，使用互联网也是理想的选择。互联网也是绝佳的寻找当地事件最新信息、公司和政府机构官方信息的地方，这些信息因为其局限性、地域性或者持续时间太短而不会被印刷出来。

另一方面，通过互联网寻找书籍和很多期刊文章比较困难。虽然一些期刊和出版社对网络用户开放资源，但这可能需要支付费用以获得阅读权限。由于上述限制，最好的研究策略是综合使用互联网和图书馆资源。

专栏 7.1

评估网络资源的可信度

权威性

是谁编写的这个网页？

网页上是否有作者相关的资历证明？

作者是否有资格在该主题上公开网页？

有哪些机构支持该网页？

该机构是否具备支持该主题类型的网页的资格？

客观性

该网页的目标是什么？

该目标是否会导致网页所有者或相关机构对于信息持有偏见？

就你所知，该网页作家或相关机构会相对地保持中立吗？

新进展

该网页是什么时候创建的？

该网页最后一次更新是什么时候？

三、访谈

访谈是与专家面对面地、通过电话或者在网上进行沟通。通常情况下，我们必须在访谈之前先做调研，以便与他人访谈时对于该话题已有充分了解。

在与被访谈者沟通之前，应该非常明确此次采访的目的。该目的应该与演讲的总体目标陈述或是整体的主要观点紧密相关。被访谈者可能要求在访谈前先看看访谈的问题，因此，应事先准备一些问题。此外，这些问题将会使访谈按计划进行，避免浪费时间。避免提出用“是”或“否”便可回答的问题，因为这样的答案也可以通过其他途径获得。

为了节省时间，许多访谈通过电话的形式进行。一种更好的访问信息资源的方式是电子邮件。在得到访谈的许可后，研究者可以将问题以邮件的方式发出，被访谈者将会在方便的时候予以回复。“感谢”是任何访谈后的重要礼貌用语。

第四节 运用来自听众分析的信息

初期调研之后，应该考虑听众的反馈情况。本书第 6 章阐述了如何去分析有关专业演讲的听众特征。听众分析清单上提供了一系列对询问听众需求与期望的相关问题的指导。为了满足听众的需求和期望，演讲者可运用专栏 7.2 的演讲适应清单。清单上的问题将会帮助我们调整演讲内容和表达方式以适应特殊听众。回答演讲适应清单上的问题时，运用从听众分析清单中所获取的信息作为问题回答的依据。回答要尽可能详细，试着运用具体、有趣的例子，以及结构化、有说服力的论述等沟通方式，来让听众信服。专栏 7.2 将会以本章后面出现的侵权法演讲为例来介绍如何回答问题。

专栏 7.2

演讲适用清单

适应场景

场合

演讲的目的是否符合观众的期望?

(这是一个关于商务和职业沟通的课堂演讲，观众期望的是有关商业关系的题目，我将用例子和故事贯穿整个演讲，强调侵权法对商业人士的影响)

中心观点是否符合观众的期望?

(由于这是一个课堂演讲，所以没有太多的期望)

所传达内容的形式对于听众和当期情形是否合适?

(形式很少被期望，重点在沟通风格和眼神交流上)

是否被期望，是否将演讲者自己的具体目标与观众的期望相联系?

如果被期望，演讲者是否提到过其他演讲者或是引用了他们的内容吗?

组织的文化

是否调整演讲的内容以符合当地的传统与规范?

是否按照这个组织的模式去提问?

是否会与最终决策者谈话?

(对于课堂演讲不需要决策)

环境

是否对演讲所在会场规模及人数有所了解?

(是。一个针对商业方面的专业人士非正式的晚间课堂)

可视教具能被教室里的所有人看到吗?

(在演讲过程中没有教具)

是否已经对非常规限制做好了准备?

是否已经准备了针对噪声或其他可能的干扰的应对措施？

时间

这个演讲能否在给定时间内完成？

适应听众的特质

统计数据

是否适应了相关听众的大多数特征？

被动

这些听众是被动的还是积极主动的？如果是被动的，是否要根据他们的需求进行调整？

（被动的，我想以一个有趣的、与商业相关的故事开头，试着举一些有共性的，经常发生在听众身边的例子。或许我会以辛普森刑事犯罪或是民事审判作为例子。我将会用人称“你”和“我”去提醒他们侵权法适用于每一个人，并生动地表述出来）

对演讲者的感知倾向

是否会向听众提供一些可信任的信息？

（我将会通过提到我的经济法课程来建立可信度。）

在报告中是否建立了友好的关系？

（我将会提到我希望通过法律途径来保护他们。）

对主题的感知倾向

关于这个主题听众有多少感兴趣之处？

（非常少，我需要提醒听众每个与商业打交道的人都需要了解这些知识。）

对于这个主题有多少听众了解，他们了解多少？

（基本没有，大多数听众并不知道经济法。开始的时候我将在民事法和刑事法之间做一个区分。我会清楚地对二者进行定义，包括侵权法、民事法、刑事法，并会提供一些例子，必须仔细地去定义侵权法的每一个种类。）

面对的听众种类：赞成型、积极型、中立型、冷漠型、敌对型或是混合型。

是否结合了前一章中介绍的具体内容和应对每一类听众提供的相关建议。

第五节　构建演讲稿的主体脉络

研究表明，相对于混乱的数据，人们更容易记住结构清晰的数据。根据多罗西·利兹的理论，结构等同于领导力，演讲者掌控观众并引导他们得出结论。混乱的组织结构将降低演讲者掌控全场的能力。如果听众不能跟上演讲者，那么演讲者将失去听众的尊重和注意。

演讲可分为三部分：引言、正文、结论。**引言**部分应该抓住注意力，证明题目的合理性，阐明演讲者的可信度，并概括演讲正文的主要观点。中心思想放在演讲的正文中。最后，**总结**中心思想并强调对应的目的性陈述。在本节中，我们会介绍引言和结论。下面首先介绍正文中的结构安排。

在准备演讲稿时最常犯的错误就是信息过多，商业 CEO 顾问萨里·威廉姆森（Sally Williamson）说，“信息太多，演讲者总是试着去传达太多的东西。”三至五个**主要思想**

一般是听众所能接受的极限；并且，观点需要用完整句子来表达而非用词语或关键词。例如，在一个关于细菌感染的课堂演讲中，雅各布运用以下的中心思想：

*具体目标陈述：*我想让听众了解细菌污染的食物如何使人体患病。

*主要思想：*细菌以不同的方式感染并在食物中繁殖。

*主要思想：*细菌能够产生一种酶类使人体患病。

*主要思想：*细菌能够产生外毒素使人体患病。

*主要思想：*细菌能够产生内毒素使人体患病。

*主要思想：*制定政府规章来防治感染。

*主要思想：*以下是一些具有严重污染问题的公司案例。

主要思想的提出应是一项类似于头脑风暴的自由练习。记录每一个想法，无论多么奇怪，接着排除与主题具体目标陈述无关的观点。一些观点可以附加在其他的观点之下作为支持材料。由于关于政府规章的主要观点与细菌导致人们生病的方式不大相关，因此可以排除。由于最后一个观点是一系列的案例，因此最好作为支持材料去支持其他观点。

一旦限定好主要观点后，这些观点就需要被较好地组织起来。我们通常运用以下五种方式来组织演讲内容。

一、时间结构

时间结构是按时间模式从早期到最近，或是从开始到最后进行语言组织。

*具体目标：*告知观众厄尔尼诺现象如何影响美国西北部的冬季气候。

1）太平洋上秘鲁的水温上升。

2）水温上升造成太平洋西海岸高水压。

3）山脉通过隔断气流阻止了风暴进入该地区。

时间结构还应用于历史演讲中叙述事件，或者在演讲过程中陈述某一事情的发生。

二、空间结构

空间结构是当陈述某件事时，采用从上到下或从左至右的几何方向结构。例如演讲者描述爱达荷州时，可以描述其主要部落从北部到南部迁徙的活动。

*具体目标：*告知听众一些关于爱达荷州美洲原住民主要部落的历史。

1）北部爱达荷州包括内兹佩乐塞和科达恩部落。

2）南部的爱达荷州包括肖松尼族和班诺克本部落。

当说服一个体育用品商店采购我们公司的网球拍时可以按照空间顺序来组织演说。

*具体目标：*说服体育用品商采购我们的球拍。

1）球拍手柄的质量比其他同类产品更好。

2）球拍网用碳纤维制成具有耐久性和力度。

3）球拍的顶部有特殊设计的形状，能够更好地控球。

三、先因后果和先果后因结构

所谓的**因果结构**，描述的是一件事情如何导致另一件事情的发生，这种结构适用于科技演讲中。

具体目标：让听众了解细菌如何污染食物使人们患病。

1）加工或储存不当会导致细菌在食物中滋生。

2）一旦食品被细菌感染，就将会产生三种病毒导致人体患病。

一些主题先说结果，再谈原因。

具体目标：让市场调研人员了解为什么我们的网球拍在制造过程中会产生缺陷。

1）客户已经注意到我们的球拍有三处缺陷。

2）这些缺陷是在生产过程中材料受到挤压所致。

由上述例子表明，因果结构应分为两个主要观点，一个是解释原因，另一个则是描述结果。如果有多个原因，那么要分清主次。

四、提出问题—解决问题结构

该结构首先提出一个问题随后给出解决补救的方式。提出问题-解决问题结构在提议和营销报告中尤其盛行，也可应用于科技和风险沟通。与因果结构相比，提出问题-解决问题结构包括两点。

具体目标：我希望说服听众连续的库存体系优于阶段性的体系。

1）阶段性的库存体系有三个主要的问题。

2）解决这些问题的方法是用计算机处理连续的库存目录体系。

五、主题结构

当演讲者把一个标题分成几个基本的分类，那么他或她用的就是**主题结构**——每一个题目分类都成为演讲中的主要论点。例如，一个讨论快餐中营养问题的演讲可以按照不同的食物将主题进行分类，包括鸡肉餐厅、汉堡餐厅和玉米卷餐厅。一个关于核废料的演讲也可以运用主题结构。

具体目标：我希望听众了解不同种类的核废料。

1）低浓度的核废料释放出相对少量的放射性物质。

2）高浓度的核废料释放出大量的放射性物质。

3）超铀的废料包括工具和布料等材料，被人工用化学方法制造所污染，而人工放射性颗粒比铀元素的放射性颗粒的辐射更为严重。

4）最后，在放射性元素被开采出来以后，尾矿碾磨留在泥土里。

关于食品污染的演讲也可以应用主题结构。

具体目标：我希望听众了解被细菌污染的食物可导致人体患病。

1）细菌产生一种酶类使人体患病。

2）细菌产生外毒素使人体患病。

3）细菌产生内毒素使人体患病。

一个清晰的结构可提高演讲的逻辑性，演讲者能够引导观众得到期望中的结果。

第六节 列出演讲提纲

撰写任何种类的报告都会遇到两方面传统的挑战。首先，专业的听众需要具有良好结构的演讲。这需要对陈述的主要及次要观点有一个周密的、完整的提纲。一个完整的提纲要求发言者去检查演讲潜在的结构和逻辑性。另一方面，听众同时要求提纲激情洋溢并且自然，但这些很难通过阅读完整提纲而得到。因此本书推荐使用两个提纲：一个是准备提纲，一个是演讲提纲。

一、准备完整的提纲

完整的提纲涉及的是一个语句完整的大纲，几乎所有的内容演讲者都会讲到。它可以让演讲者检查演讲的结构、逻辑和说服力。可以参考专栏 7.3 来创建准备提纲。

专栏 7.3

演讲大纲范例

侵权行为法

作者：洛丽·布拉奥斯

主题：侵权行为法

总体目标：告知

具体目标：让听众了解三种侵权法

主旨：第一，定义侵权法；第二，解释侵权法的主要分类。

引言

1）一个六岁的男孩用比克牌的打火机点燃了自己的衬衫，造成了部分灼伤。他的母亲起诉比克公司造成的伤害，并且赢了官司，获得了赔偿。一位 81 岁的老太太从麦当劳的免下车餐馆买了一杯咖啡，结果咖啡意外洒到她的膝盖上，造成严重烫伤。她起诉麦当劳，赢得 64 万美元的赔偿。

2）如今，我们经常见到牵扯几百万美元的债务诉讼案件的报纸。

① 侵权法是处理债务案件法典的一个部分，用以解决责任纠纷。

② 每个人都要对侵权法有基本的了解，才能明白报纸中所看到的判决的原因。

③ 参与商务活动，我们需要了解侵权法，来保护自己和公司免于诉讼案件。

④ 今天，我将向大家简单介绍一些侵权法的基本概念。

3）我叫洛丽·布拉奥斯，我经常参加侵权法的商务法律课程。

4）今天我将定义侵权这一概念，并且解释侵权法的主要分类。

（过渡：从侵权的定义开始）

主体

一、侵权一词来源于法语“错误”，那么一定是有一个人犯了错并给另一个人造成了伤害。

1. 侵权法是民法的一部分，而不是刑法。

1）刑法是与反对社会的错误或犯罪有关的法律。

① 国家起诉有犯罪行为的个人。

② 如果证明有罪，违法的人将由国家进行惩罚。

- 抢劫是一种刑事犯罪。
- 谋杀也是刑事犯罪。

2）另一方面，侵权是民法的一部分，它是存在于公民之间或者公民与政府之间的一种责任问题。

① 在侵权案件中，是受害人发起诉讼，而不是国家。

② 那些被认定是民事违法的，最后要向受害者进行赔偿。

- 例如，如果你在食品杂货店滑到，造成大腿骨折，那么你可以起诉杂货店要求其支付你的医疗费用。
- 尽管辛普森在刑事法庭上没有被判罪，但是被谋杀的受害者罗纳德·高曼的父亲弗兰德·高曼还是民事起诉了辛普森，赢得了3350万美元的赔偿。（辛普森在2007年被再次报道，他当时在拉斯维加斯被拘捕，据称他试图偷窃一件与他足球生涯有关的运动纪念物。他在2008年被判有罪，现在仍在服刑。）

2. 如你所见，侵权是民法的一部分而与刑法无关。

（过渡：你已经了解了侵权的定义，那么让我们来了解一下不同类型的侵权。）

二、侵权分为三大类：故意侵权、过失侵权、严格责任侵权。

1. 故意侵权关注的是侵犯他人权利行为的动机，比如身体伤害、人身安全、擅入民宅、财产损失、名誉、隐私、尊严等。

1）例如，袭击和殴打是一种可能造成身体伤害的故意侵权。

① 乔治恐吓迈克要用棒球棍打他，这是袭击行为。

② 殴打则是乔治使用棒球棍武力打击了迈克。

2）诽谤是故意侵权的一种，它是通过诋毁和中伤来损害他人的良好名誉。

① 如果口头诽谤别人有恶性传染病，就会因为中伤而被起诉侵权。

② 如果在当地的一份报纸上发表文章错误地描述了一个在夜店的律师的不道德行为，那么就会因为诽谤而被起诉侵权。

2. 第二类是过失侵权，通常是个人或者商家的行为造成负面影响的风险。

1）过失侵权是由于一个人没有做到所要求的关心的义务或者对他人行为的责任，而造成对他人的伤害。

如果有人在你家结冰的台阶前滑到并伤到了腿，你就可能有连带责任，因为他可以起诉你过失侵权。

2）个人和公司都可以因过失侵权而被起诉。

3. 最后，第三类侵权涉及严格责任，有时也被称为无过失责任，这些涉及商业和制造业。

1）严格责任侵权有三个限制假设。

① 第一，消费者应该免受不安全产品的危害。

② 第二，制造商和零售商不能为不合格产品逃避责任。

③ 第三，制造商应该优先于消费者为他们的产品所造成的伤害负责。

2）例如，比克公司要为被火烧了T恤的6岁孩子的伤负责。

① 根据伤情，比克公司应该比家人优先承担男孩烧伤的医疗费。

② 审判后，比克公司改进了打火机，从而可以防止小孩使用。

（过渡：了解这三种侵权，有助于大家理解我们法律法规中的重要部分。）

结论

1. 总之，我讲到了关于侵权法的两大要点，定义了侵权并解释了三种不同的侵权行为。
2. 现在大家可以利用自己的法律知识来理解媒体上关于责任诉讼的案件了。

准备提纲应该包括总体目标、主题、具体目标和对主旨的陈述。接着，标记演讲的每一部分——引言、正文和结论——并且在讲稿的这三部分之前使用一组新的罗马数字。用一系列标记表示主次。传统的标记符号如下所示：

1）主要标题使用罗马数字。

2）一级标题使用大写字母来表示。

3）次标题依次使用阿拉伯数字和小写字母。

因为短语和问题不能清晰地表达意思，因此应使用完整的语句来陈述主旨。来看下面的例子：

具体目标：让听众理解自由基对人体的伤害。

1）自由基

2）有什么伤害？

演讲者在第一层主旨中想要讨论什么？他/她是否会定义自由基，以及解释自由基的问题或者描述自由基的来源？答案是不清楚的。提出一个问题，第二层主旨也不清楚。演讲者将要告诉听众一个还是一系列的解决办法？以下是修改之后的：

1）自由基是带电荷的分子，可以损害我们身体的细胞。

2）摄入维生素可以减少自由基。

为每一主旨和次要主旨使用一个标记，尝试指出下面大纲的逻辑缺点。

1）PM10污染有几个来源

① 燃烧产生的烟和化学反应产生的烟雾是最常见的来源。

② 灰尘也是PM10的来源。

③ 喷涂产生的薄雾或水蒸气凝固也是PM10的一个来源。

①中包括了两个观点：燃烧和烟雾。但由于只有一个标记，我们难以得知PM10的

来源到底是哪个。

一旦主要的大纲确定下来，就可以通过插入适当的连接词来贯穿整个演讲。连接词是连接各主旨的语言策略。连接词的作用就像地图，使得听众知道目前讲到哪里，即将要讲哪里。在商业表述中通常使用五种连接词。**过渡句**是插入在引言和正文中以及正文和结论中，还有整个演讲所有主旨之间的一个完整句。正确的位置如下显示：

引言
（过渡）
正文
（过渡）
（过渡）
（过渡）
结论

一般来说，过渡句表达了上一个主旨的结束，又引出下一个主旨。一个关于核污染的演讲应该包括以下过渡句。

具体目标：我想让听众明白不同类型的核废料。
引言
（过渡：让我们从低等级废料开始考察)
正文
1）低等级的核废料是那些放射性相对较少的材料。
（过渡：低等级废料放射少量辐射；反之，高等级废料则完全不同。）
2）从名称我们可以得知，高等级的核废料具有很高的放射性。
（过渡：第三种废料：超铀废料，与高等级废料不同）
3）超铀废料包括一些人造放射性颗粒材料的废料，诸如工具、衣物，这些放射性颗粒的化学量大于铀元素。
（过渡：第四种废料：矿渣废料，这是由碾磨造成的）
4）矿渣废料是由于土地中的矿物经过碾磨而产生放射性元素后残余的废料。
（过渡：现在你已经了解了四种废料，让我通过几点进行总结。）
结论

第二种连接方式是**预测**，这时演讲者通过预览次要点而构思其主旨。尽管不是所有的主旨都必须这样，但预测对于听众辨别内容来说，是非常有用的资源。例如：

具体目标：我想让听众了解什么是颗粒污染以及为什么会受到关注。
正文
1）在演讲的第一部分，我将通过解释什么是颗粒污染和其来源来进行定义。
①首先，空气污染物包括固体物质、液体或者气体。

②第二，颗粒污染有各种来源，包括大自然和人类。

（过渡：既然知道了什么是颗粒污染，那现在就需要知道为什么这是一个引起关注的问题。）

2）为了了解为什么颗粒污染是一种大气污染，你需要了解这种污染物到底有多小，以及科学家如何分类。

① 首先，颗粒污染非常小，需要用微米来度量。

② 第二，基于颗粒的尺寸，颗粒污染被分为两类：粗糙的和精细的。

这个例子中的每个主旨都清楚地预测了次要观点。

平行顺序是一种可以贯穿演讲的组织方式。例如，如果一个演讲者在第一个主旨中预测了两个次要点，那么这些次要点应该以同样的顺序出现。**平行语言**意思是在预测、主旨和次要点中重复使用相同的单词或短语。在预测的例子中，演讲者在第一主旨中使用平行语言，说他/她将涉及颗粒污染从“哪里”来，而且在下面的第二个次要点中使用相同的短语。在第二个主旨中，使用了“小”和“分类”这样的词来预测次要点，那么在次要点中就再次使用了这些词。

最后，**过渡性短语**表明了次要点之间的关系。一些过渡词表明了比喻和对比的关系：与……比较、类似、反而、相反、然而等。其他过渡性词汇如下所列：首先、其次、然后、之前、当时、最后等。物理描述是另一种形式的过渡词：之上、之下、左边、右边、旁边。最后，过渡性的短语还可以表明原因和结果：结果、因为、因此、导致、如果……就。可在演讲的不同要点之间插入过渡短语。参看专栏 7.3 中的演讲范文中使用的过渡短语。

二、简短的提示提纲

提示提纲是完整提纲的缩略版，其简洁的特点要求演讲者选择重要的词或短语，这样比演讲者直接读准备提纲更加自然。

下列建议可以应用于演讲提示提纲。

第一，演讲提示提纲应该使用与完整提纲一样的结构。即，如果完整提纲包括三个主旨，第一个主旨下有两个次要点，那么提示提纲也应该这样。

第二，使用易读的语言或者打印字体来写提示提纲。潦草的笔记很难阅读，尤其是在公共演讲非常紧张时。许多演讲者倾向于写冗长的提示提纲，这是一个错误。依靠一个冗长的提纲与依照手稿读出来没有区别，表达冗余会导致演讲变得乏味。要确保提示提纲的简洁。

第三，将重要的演讲提示突出标明。演讲提示应包括用下划线来强调重点，例如用两条线（//）来表示停顿，用角落边的词来纠正常见的演讲错误（例如读得太慢或太快，或出现了“呃”“嗯”等词语）。专栏 7.4 是一个提示提纲的例子。

专栏 7.4

提示提纲范例

引言

一、一个六岁男孩用 Bic 牌的打火机点着 T 恤，受到了严重的烧伤，这名男孩的母亲状告 Bic 公司并且赢得了诉讼。一个 81 岁的老太太点了一杯外卖的麦当劳咖啡，不小心将咖啡洒到了自己的膝盖上，造成了严重的烫伤，这名老太太起诉了麦当劳并赢得 64 万美元的赔偿。

二、我们经常看到涉及几百万美元的责任诉讼案的报纸。

1. 侵权法是民事法的一部分。

2. 每个人需要对判决有基本的理解。

3. 作为潜在商人，要避免侵权。

4. 今晚将告知你们侵权法。

三、我叫洛丽，现在正在学习一门讲述侵权法内容的商务法律课程。

四、今晚我将为大家介绍侵权法的概念，并解释侵权法所涉及的几大方面的内容。

（过渡：那我们首先从侵权的定义开始讲吧！）

主体

一、侵权源自法语“错误”，一个人伤害另一个人的错误行为。

（一）是民事非刑事。

1. 反抗社会的犯罪行为。

（1）国家起诉犯罪行为。

（2）如果定罪，由国家惩罚。

1）抢劫属于犯罪。

2）谋杀同样属于犯罪。

2. 另一方面，侵权属于是民法，是涉及公民或公民与政府之间的责任问题。

（1）侵权案件中，由受害者起诉，而不是由国家起诉。

（2）有过错的一方向受害者进行赔偿。

1）如果你走进杂货铺时，不小心摔坏了腿，你可以起诉杂货铺赔偿医药费。

2）尽管辛普森在法庭上被判无罪，但受害者罗纳多的父亲仍通过起诉辛普森而获得了 3350 万美元的赔偿。

（二）正如我们所见，侵权是民法的范畴而非刑法范畴。

（过渡：在我们知道侵权的定义后，还将阐述侵权的种类。）

二、三类：故意侵权，过失侵权，严格责任侵权

（一）首先，故意侵权的是指有意干涉他人权利的行为：人身伤害、擅闯民宅、财产损伤，以及侵犯他人名誉、隐私、尊严等。

1. 威胁和殴打是造成人身伤害的故意行为。

（1）当乔治扬言用棒球棒揍迈克时，威胁性行为产生了。

（2）当乔治用棒球棒袭击了迈克，殴打行为产生了。

2. 诽谤或中伤造成名誉损伤：诽谤或造谣。

（1）如果你口头上诽谤他人有传染性疾病，将会因口头诽谤被告侵权。

（2）如果你在当地报纸上虚假地报道一位律师在夜店的不道德行为，将会因文字诽谤而被告侵权。

（二）第二种是因某个人或某个企业的行为而造成负面影响的过失侵权行为。

1. 过失侵权是由于没有尽到相应的责任或关心造成的。

如果他人在你家结冰的门前阶段上摔坏了腿，你可能会因疏忽而被告过失侵权。

2. 个体和厂商都有可能发生过失侵权。

（三）第三种是严格责任侵权，无过失责任，通常对象是商业和制造业。

1. 严重责任侵权的判定应遵循三个前提：

第一，消费者应在不安全产品上受到保护。

第二，厂商/经销商不得因生产假冒伪劣产品而推脱责任。

第三，厂商应主要承担产品带来伤害的责任。

2. 例如，Bic 公司对男孩烧伤负有责任。

（1）陪审团认为，Bic 公司对男孩的伤害应负有主要责任。

（2）判决之后，Bic 公司改进了打火器，并禁止儿童使用打火机。

（过渡：了解这三类侵权能够加强对相应法律条款的理解）

结论

一、总的来说，包含了两点：界定侵权法和解释三类不同的侵权行为。

二、现在大家可以读懂并推敲报纸上的法律事件。

第七节　撰述引言和结论

很多演讲者习惯在准备演讲正文之前撰述引言和结论。

一、引言

基本的引言可以完成四项任务：

吸引读者的注意力

证明主题对特定听众的重要性

建立信誉或权威

预览正文中的重点内容

对于已经熟悉主题并感兴趣的听众，引起注意力和证明主题的重要性就不必要了。如果观众认可演讲者的知识水平和可信性，那么建立信任的步骤也可以省略。

（一）吸引注意

在很多演讲中，吸引听众注意是很重要的。这可以通过一个反问开始，它可以是一个无须口头回答的问题，或一个需要听众回应的问题。问题使观众开始思考。在某些情况下，一连串的问题可以将观众的注意力集中在演讲主题上。例如在一个关于青少年犯罪的演讲中，一位当地法官一开始就提出了一连串的问题。

你们中有多少人曾是青少年犯罪的受害者？你们中有多少人曾访问过当地高中？你们中有多少人的孩子现在或将来要进入当地高中？

因为越来越多的听众会对这些连续的问题做出确切的反应，他们渐渐地会感觉到自己与主题相关。

另一个提高注意的方法是做出令人惊讶的陈述。例如，凯德在一个演说中，试图说服人们在购车时购买信贷寿险和信贷障碍险。

去年，超过一百万美国人宣布破产，比前年上升了29个百分点。

以一段引述开始演讲能有效地吸引听众。例如，关于评论社会科学定量研究发现的演说可以从引述人类学和沟通学家格雷戈里·贝特森开始。

为了用定量的方法测量人类行为，人类学和沟通学家格雷戈里·贝特森说过：“越是不值得做的事情，越要做好。”

还可以开门见山地引用一段引述并与主题相关。

讲述**故事**是很好地吸引听众的方式。故事中有主角、反派以及待解决的问题。故事可能是虚构的，也可能是真实的。但如果故事是假的，听众必须知情。一个关于劝解人们检查家用煤气的演说以这一故事开始：

去年，我在小镇里租了一间地下室。我发现，这个冬天总是感觉很累、恶心，经常感冒。当我搬出来后，我跟房东说了这一情况。他说将煤气炉移走了，因为它有一点漏气。我迅速意识到我一直处于充斥着微量一氧化碳的恶劣环境中。如果这煤气炉再漏气得更严重一点，我可能已经死了。

应保持故事简洁，直点主题，同时选择合适的语言，使故事产生最佳的情感冲击。

（二）证明主题

在一些商务和职场演说中，可通过告知观众为什么这一论点重要或相关说明来证明主题。证明步骤通过解释它怎样影响听众的兴趣来将主题与听众联系起来。在劝说人们在购车时购买信贷寿险和信贷障碍险的演说中，凯德用以下论证继续他的介绍：

据《今日美国》报道，已婚全职工作者是典型的破产申请者。

因此，这个持续增长的问题会影响在座的各位。

如果我们不较早地考虑破产，它就会慢慢靠近，令人猝不及防，那时我们再想做什么都已经太晚了。

凯德用了几个小技巧来证明主题。首先，用《今日美国》的证据来提醒大部分已婚的听众，他们都有可能破产（直接向听众说明“我们任何人都可能破产”）。他用了我们和我的字眼，提醒听众这一主题是与我们息息相关的。当然，在很多商业演说中，因为听众一般都很自然地对主题感兴趣或者知道主题与工作是相关的，所以证明步骤就没有必要了。

有时，在引起注意和证明主旨的过程中，演讲者应该阐明用意。人们想知道演讲者为什么要演讲，以及他想让听众了解什么、相信什么，或在演讲结束后会有怎样的行动。

去年，超过一百万美国人宣布破产，比前年上升了29个百分点。

据《今日美国》报道，白人已婚全职工作者是典型的破产申请者。

因此，这个持续增长的问题会影响在座的各位。

如果我们不较早地考虑破产；它就会慢慢靠近，令人猝不及防，那时我们再想做什么都已经太晚了。

今天我想说服你们购买新车时购买信贷寿险和信贷障碍险，以避免成为下一个破产者。

在这一例子中，演讲者阐明了演讲的目的。大多数情形下可以修改具体目标陈述来吸引注意和证明主题。当吸引注意和引证步骤不必要的时候，演讲者可以从演讲目的开始演讲。

（三）建立信任

引言的第三个任务就是建立信任。**信任来源**于听众对演讲者的专业、可信度和推动力的感觉。如果听众对演讲者的专业不是很了解或毫无所知，如果听众对演讲者的能力持消极看法，信任建立的步骤就是演讲引言的主要部分。演说者关于主题的专业资源应该诚实地表述。例如，在一个说服州立法者建立承包商许可规定的演讲中，泰瑞·詹森做了如下建立信任的发言：

我叫泰瑞·詹森，进入建筑行业已经20多年了。

我们公司名称是詹森兄弟建筑公司，我们一年建造10～20幢住宅楼，每年销售额为150万～200万美元。

我是爱达荷州东南部建筑商协会主席，1995年获得联邦建筑者奖。

为了准备此次演讲，我采访了爱达荷州前司法部长戴维·勒罗伊、爱达荷州建筑商协会国家代表戴维·威尔逊、我州议员埃文·福瑞舒尔和当地地产律师杰克·罗宾逊。我还在爱达荷州立大学图书馆、马歇尔公共图书馆和行业杂志中阅读了大量文章。

这一陈述用到了大量证据来支持泰瑞的可信度。

当然，一些专业的演讲都是面向很了解演讲者和高度赞扬演讲者的群体的，这时，建立信任这一步骤可能就没有必要了。

（四）预览要点

引言的第四个目标就是在演讲中预览要点。像连接符一样，预览要点有助于听众把握演讲脉络，还可将主旨进行修饰后作为要点预览。例如在羊毛与合成纤维地毯的演讲中，约瑟夫·威尔科提到以下要点预览：

我将分四个主要步骤对比这两种地毯的不同：首先我承认很多人认为羊毛是最好的地毯纤维。第二，我将讨论为什么人们认为羊毛较好。第三，我将证明羊毛不是最好的。第四，我将阐明为什么合成纤维比羊毛好。

列举每一个要点通常都很有用，就像约瑟夫在演讲中做的。演讲的要点以平行的顺序覆盖而且以平行的语言书写。

二、结论

结论通过两个步骤呼应开头：回顾演讲的主要内容，并做最后的总结陈述。

（一）回顾主要内容

和预览一样，**回顾**是对演讲内容进行总结概括。例如，在约瑟夫·威尔科关于地毯纤维的演讲中，他这样回顾了主要内容：

总的来说，我说了大部分人认为羊毛是最好的纤维，而且解释了为什么人们认为羊毛好，然后反驳了羊毛比合成纤维好的观点，并列举了合成纤维比羊毛好的原因。

几乎所有商业演讲都应该包含主要内容的简单重述。

（二）最后的总结陈述

最后的总结**陈述**可以强调具体目标，方式有许多，包括之前提到的吸引注意力的任何技巧。为了结束一个关于细菌的演讲，雅格·里维斯用了一个假想的情境。

所以，当你吃完放了一个星期的土豆沙拉后感到恶心的时候，你就会能明白为何你要冲进洗手间了。

这一幽默的情境提醒了听众对雅格的演说主题的重视——细菌使人生病。总结陈述也可以用到提问、令人惊讶的陈述或引证等技巧。

另一个概括演讲内容的方式是将观众领回到引言部分。在泰瑞·詹森关于承包资质的演讲中讲述了一个家庭在没有资质的承包商手中失去了毕生积蓄的案例。她的结尾成功地将听众拉回到了这家人的困境之中。

我们不允许波卡特洛这种令人心痛的事情发生在其他人身上。

说服性演说的总结陈述应该激起人们的信赖和行动，可以通过强调结果的方式呼吁人们的信服。这种情况下，演讲者应强调自己希望听众采取的态度。在一个抗议捕杀黄石国家公园外野牛的演讲中，总结陈述以另一方式强调了这一事件。

我已经说了，黄石公园的许多野牛并没有传染病，而且传染家畜的概率几乎为零。因此肆意屠杀这些野牛没有任何合法性可言。

演讲中应该用到比较有感染力的语气。

说服性演讲中呼吁行动是必要的，应说明想让听众具体做什么。

我呼吁所有支持我的人都尽自己的努力，让负责人迈克·芬利听到我们的声音。

演讲者必须要做的还很多，并不只是简简单单地呼吁。他们应该采取措施使听众开展行动。我们将在第十章讨论怎样鼓舞行动。

第八节　排练和信息传递

信息传递对演讲是至关重要的。正如第二章所提到的，对信息的语言说明只占 10%，其他都是非语言的。

传播学和组织学顾问教授约翰·格里巴斯（John Gribas）说，少量的语言和肢体语言将确保强有力的信息传递。首先，语音信息音量和频率要适中。演讲需要比一般谈话更高的音量和更慢的语速。尽管慢速的演讲者常常会使人很无聊，但实际上是因为演讲者的话语不够打动人。格里巴斯告诉我们慢速说话也能充满激情，慢速演讲能使演说者思维清晰、用词得当。当他们说得对时，便会感觉良好。

而且，一个简单的发音错误可能就会影响演讲者的可信度，所以要确保每个字眼的准确性。最后，演讲者应该用变化的语调来凸显重点。例如变得响亮或变得柔和、变快或变慢，都可以作为讲到重点之处的信号。

演讲者应该注意到肢体语言也是信息传递的一部分。直接的眼神交流比目光涣散地对着观众要好。通常，演讲者应该站定，站直了比懒散地靠在讲台上好，靠近听众以强调重点。最后，演讲者应该将手和胳膊放在两边或轻松地接触讲台，并用手势强调重点。根据以上的提示并加以练习，可以提高你的演讲能力。

精通相关的信息也可以提高信息传递的效果。可以通过排练来找到合适的状态。训练至少 12～15 次，以便控制信息。最初的几次可能比较生疏和不适，但是随着排练的进行，就将会信心大增，并且对大纲的逻辑组成非常熟悉；同时，在不同时间点的词语选择也会更加自然精确。排练效果如此明显，但是许多人在课堂演讲时都忽视了这点。

第二种加强沟通的方式是调整对主题和观众的态度。如果演讲者对主题很有激情而且想被认可，那这些情绪就会在非语言细节中显示出来。德保罗大学经济学教授约尔·沃伦（Joel D. Whalen）说，在商务和职业演讲中最重要的感情就是热情。为了让听众信服自己的观点，热情是最重要的，这是在人际交流中要培养的最重要的素质之一。

培养自己对演讲主题的热情，并在演讲中自然流露，听众将会被热情的演讲者的努力所感染，对主题更感兴趣，而且更容易被演讲者的观点说服。

除了热情，还应该考虑观众是否理解。许多演讲者很少关注怎样帮助听众理解自己的想法，他们的主要目的就是完成演讲后坐下来。当演讲者真的关心听众的理解程度时，一旦看到询问的表情，便可以在演讲中途停顿一下，重复解释之前的内容。因为演讲者想要观众理解，所以自然而然要通过声音来突出自己的主要观点，也会自然表现出适当的非语言陈述方式。最后，学会幽默。幽默的两个基本要素是能力和活力。用热情的态度、亲和力和幽默感来组织非语言沟通方式。

小结

一个好的演讲需要充分的准备工作和演讲时的热情传递。开始准备演讲时，我们应该先确定总体目标是告知还是说服。具体目标应根据演讲者的需求来阐明，而主要思想需要在演讲框架中通过两到五个观点来进行阐述。辅助材料包括案例、统计数据和证明。可通过使用图书馆、互联网和访谈来收集和整理材料。

在材料研究后，可以通过听众分析清单获得信息，并将其应用到演讲中。在演讲适应清单里为有关问题提供一个列表，演讲者可以运用听众分析的结果来回答问题。对于一个思路清晰的演讲来说，组织结构是至关重要的。演讲主题结构可以使用下列模式：时间结构、空间结构、因果结构、解决问题结构或主题结构。构思提纲有助于演讲者充实演讲的内容。提纲是演讲中所有观点的全面概括。提纲应采用一致的符号和适当的连接词。连接词是思想承接的语言方式。过渡、预测、平行顺序、并行语言和过渡性的短语是五种常用的连接词。提示提纲是准备提纲的缩略版。

演讲引言应该得到重视，并说明该主题的重要性，建立演讲者可靠的形象，简述演讲正文中的主要观点。结论应回顾演讲框架的主要思路，并完成重点的声明。对于一个有效的演讲来说，演讲姿态是非常重要的。演讲姿态可以通过排练和培养对话题的热情来进行改善。

问题与练习

1. 仔细研究本章给出的准备提纲的样例，看看引言部分是否处理得很好？标记出引言部分的主要步骤，看看是否具备了四步？对于这个引言，你认为还有什么可以提高的地方？

2. 在给出的准备提纲样例中，其主体部分采用了什么结构来组织演讲的主要观点？这种结构是否有效？标记出文章主体中不同类型的辅助材料。这些辅助材料是否对洛丽的观点有所帮助？你是否有一些不同的想法可以提高辅助材料的用途？标注演讲中使用到的不同的连接词，包括过渡、预测、平行顺序、并行语言和过渡性的短语。这些连接词是否容易辨别？它们是否有助于听众对演讲的理解？是否还有其他地方需要连接词？

3. 研究准备提纲样例中演讲的结论部分。结论部分处理得好吗？作者是怎样结束演讲的？这样做有效吗？

参考文献

1. Adkins, B., “Public speaking: It’s all in the delivery,” *Fort Worth Busitiess Press,* January 31-February 6, 2005, 32.
2. Leeds, D., “No-fault selling,” *Folio*, December 1, 1996.
3. Davidson, P., “September payouts drop 263,000, more than expected,” *USA Today*, October 2, 2009, Al.
4. Davidson, “September payouts.”
5. Robertson, R. G, “Layers of basalt hide water at craters,” *Idaho State Journal*, May 10, 1995.
6. Mandeville, C., phone conversation, January 2008.
7. “Time to regroup,” *BusinessWeek*, August 6, 2001, 27.
8. Lucas, S. E., *The art of public speaking* (Boston：McGraw-Hill, 1998), 149.
9. Leeds, “No-fault selling,” 75.
10. Williamson, S., “Creating presentations that get results: How to avoid information overload and other common mistakes,” Tactics, August 2007, 20.
11. Whalen, J. D., *I see what you mean: Persuasive business communication* (Beverly Hills, CA: Sage, 1996).
12. Gribas, J., personal communication, September 2000.
13. Gribas, personal communication.
14. Whalen, *I see what you mean*, 124.

第八章

创建和使用可视化素材

我们生活在一个视觉导向的社会中，我们的大多数娱乐来自于电视、电影和互联网。大多数人通过互联网了解时事而不是报纸。我们对图像的爱好影响到了所有形式的沟通，比如商业和职场演讲。股东的年度报告已经变成集巨型电视屏幕、计算机生成的图形和远程视频于一体的多媒体活动。如今，年轻的商务及专业人士应该对视觉沟通方式有一个基本的了解，特别是计算机生成的图表，比如说幻灯片。本章将分为两部分：首先，我们将介绍如何创建吸引人的可视化素材；然后我们将讨论怎样在一个演讲中运用这些可视化素材以产生强大的效果。

使用可视化素材时，重要的是要记住一个指导性原则：专业的演讲是一个与听众交换信息和交流思想的机会。因而，可视化素材应该支持而不是取代演讲者和演讲内容。《决策者的演讲》的作者玛利亚·霍尔克姆（Marya Holcombe）和茱蒂丝·凯·斯坦（Judith K. Stein）表示，一场演讲“不是用来提供画外音的图片秀”。使用任何可视化素材的目的都是使内容更有理解力或说服力。使用一个没有任何明确信息或说服目的的可视化素材充其量是消遣而已。本章，我们鼓励使用支持演讲者进行内容阐述的可视化素材。

第一节　可视化素材的类型

可视化素材是任何图片、文本或图表形式的图像，它通过视觉而不是口头进行展示。可视化素材可以从三个方面来增加演讲的有效性。第一，可视化素材能够增加复杂的图形、数据或者概念性材料的清晰度。研究表明，人类通过两种不同的模式来处理语言和视觉信息，这意味着他们可以同时处理这两种数据流。因而，听众可以在听演讲者解释幻灯片的同时接受并理解这张幻灯片上的图片或者图表。相反，人不能同时处理两种语言输入。正确地使用可视化素材可以清楚而迅速地传达复杂信息。

其次，可视化素材可以增加一条信息的说服力。在美国明尼苏达大学进行的一项研究显示，计算机生成的投影片的使用为演讲者增加了43%的说服力。其他一些研究表明，在一个演讲中加入表格和图片可使演讲的内容更具有说服力，并且增加了听众对于演讲者的信任。

最后，可视化素材可以使一个演讲更有活力，更能激发听众注意力。然而，有很多种形式的视觉教材供我们选择，应该选择哪种？首先，我们要知道有哪些不同类型的可视化素材、怎样设计才能让它们达到最好的效果。这些问题在接下来的部分中都会被讨论，这里，我们将着重阐述在商业和职场演讲中常用的十种可视化素材。

一、实物

使用**实物**是一个很好的增加听众兴趣和认知的方法。例如，杰西为一个网球拍制造商工作，他需要解释球拍表面瑕疵是如何在生产过程中形成的。他带来了几个球拍，向听众展示疤痕的位置和严重程度。实物可以用在销售演示中，此时演讲者所使用的方法就是实物展示或者证明。

实物可能是最理想的可视化素材，但有一个问题——大小。许多实物或因为太大而不能被带进屋子，或因为太小了而不容易被听众看见。对于大的物体，图片可以是一个适当的视觉代表，或者一个按比例缩小的模型。

另一方面，如果一个实物太小而不能被看见，那就放弃给观众传看的想法。因为听众在操纵和观看实物的时候就不会听你在说什么。相反，使用图片或者幻灯片就更为方便。如果你必须要让观众传看这个实物，那就暂停演讲，并且给大家一段时间去仔细观察这个物体并且讨论其特点。观察完毕之后，再继续演讲。

二、模型

模型是很大或者很小的物体按比例缩小或放大的二维图样或者三维实体。模型是方便观看很大或者很小实物的很好的替代品。比如，使用人体心脏模型来说明起搏器放置位置和功能，那么模型应该足够大，以便所有的听众观看。如果必须把模型放在听众中传看，则要遵循传看实物的方法。

三、白板或配套挂图

白色书写板和配套挂图在一些专业讨论会上是有用的，但这两种展示方式的价值十分有限，因为它们“技术含量低”而且给人的印象不深。除非提前准备，否则在白板或者挂图上写东西就需要时间，而这会影响演讲的流畅性。最后，如果挂图不翻到空白页或者书写板不擦除（这两项都会中断演讲），图上或白板上的信息就会一直可见，并会在听众的心中停留很久，进而分散听众的注意力。

鉴于这些限制，我们建议书写板和挂图只用于扩展介绍（例如讲座），或者小组形式的头脑风暴，例如整个小组必须把观点写下来，让观点具体化。

四、宣传册

宣传册在大学教室里非常普遍，同样宣传册也是商业和职场演讲不可缺少的一部分。宣传册可以总结信息，而且可以在演讲之后很长一段时间内为观众提供一个方便的参考指南。任何展示给所有观众的可视化素材都可以减少并体现在宣传册上。

如同在会场中传阅物体或者模型一样——宣传册会分散观众的注意力。有了宣传册，听众的思路可能会走到演讲者前面，因为他们看到的信息可能演讲者还没有介绍到；另一方面，听众也有可能因为停下来去关注宣传册的内容而错过演讲者传达的重要信息。因此，大多数商业演讲者推荐在演讲结束之后提供宣传册，而不是在演讲期间提供。如果必须用宣传册去解释复杂的问题，那么就只在演讲中的相关时刻提供宣传册，带听众浏览一遍宣传册，然后再继续下面的演讲。

五、图片

图片可以提高对复杂信息的理解和保留。正如之前介绍的一样，图片是方便观众观看的很大或者很小物体的良好替代品。数码照片很容易被纳入演示程序，例如幻灯片。

六、计算机生成的图表、曲线图和图像

我们相信计算机生成的图像程序是迄今为止最有意义和最先进的工具之一。但在大多数时间里，这些非凡的工具非常糟糕地被误用，令观众感到厌烦。我们会尝试着提高制作幻灯片的能力，使其更具吸引力。首先我们将讨论幻灯片的基本格式准则，接着讨论特殊种类的幻灯片，包括图表和图形、文本形式的幻灯片，以及创建好的幻灯片。

我们先讨论一些关于格式的指导准则。当我们使用幻灯片来把电子图片组合在一起时有几个规则要遵循：

- 挑选一个好的模板。
- 使用无衬线字体来提高可读性。
- 专业地处理图表元素。
- 为所有的幻灯片命名以示强调。

根据视觉沟通的专家威廉姆·厄内斯特（William Ernest）的观点，模板的选取应该

根据几个指导原则。首先，简单、明亮，且让幻灯片保持明暗程度一致的背景，这比复杂的、深色的或让整个幻灯片来回变换明暗程度的背景要好。尽管投影技术和能力在不断改进，但是明亮的背景始终比深色背景要好。其次，深色背景使得图片和剪贴画的插入没有强烈对比的边界划定，使得听众很难看出背景与插入图片间的边界，这个边界指的是背景在哪儿结束以及图片从哪儿开始。最后，整个幻灯片的明暗变化将会突出一些文字和插图等元素，并将其他另外一些文字或者图片部分隐藏掉。简单、明亮的模板，就像本章所列举的那些模板一样，相对于那些颜色更深或者更复杂的模板来说更受欢迎。

在幻灯片中，每种字体都有其展示字母和数字的特点，而且有些字体在字母和数字展示上比其他字体更有用。比如说：

例如，*Lucida Calligraphy* 这种字体最好用在请柬中，但是放在一张幻灯片上就容易造成阅读困难。

字体按照用途可以分为两类：有衬线字体和无衬线字体。**Serif** 这个单词指明的是一种在一个字母的主要笔画的结尾处有额外装饰的字体，而且笔画的粗细会有所不同。**Scans** 在拉丁文中是“没有”的意思，意思是这些字体主要笔画的结尾处没有装饰的字体，而且笔画的粗细差不多。检验下边的设置类型，哪一种是有衬线字体，并且注意在字母 s，r，g，a 中每一笔划结尾处的装饰。

Serif font Georgia

现在检验第二种字体，注意没有使用装饰曲线。

Sans serif font Tahoma

不论是有衬线字体还是无衬线字体，写在纸上供阅读都很好，但是无衬线字体在屏幕上比那些有衬线字体更容易阅读。我们在下边展示了几种有衬线字体和无衬线字体，可在自己的幻灯片中选择一种或者两种普遍的无衬线字体。

有衬线字体

Times New Roman	Aa Bb Cc
Bookman Oldstyle	Aa Bb Cc
Georgia	Aa Bb Cc
Century Schoolbook	Aa Bb Cc

无衬线字体

Arial	Aa Bb Cc
Arial Black	**Aa Bb Cc**
Tahoma	Aa Bb Cc
Verdana	Aa Bb Cc
Impact	**Aa Bb Cc**

第三个格式编排规则与图形相关，包括曲线图、图片和剪贴画。PowerPoint 无时无刻不在被误用，尤其是在实践中创建无穷无尽的没有剪贴画或图片的子弹点式幻灯片（文本幻灯片）。幻灯片是一种视觉媒介，需要图像元素的存在。如果要呈现数字，可以采用表格、图表或曲线图，而不要只使用文字和数字。我们发现在很多的演示中，如果要介绍数字在某些方面的增加或减少，那么这些信息用线形图或柱状图就可以更加明显地表示出来。而且，为了防止人们感到疲倦，幻灯片可以加入相关的剪贴画或图片。这些与幻灯片内容相联系的图像元素对于继续维持观众的兴趣是必不可少的。

最后，每一个图表或曲线图都应该包含一个标题，这个标题要传达和强调我们想让听众接受的观点，而不仅仅是图表所表示的东西。例如，观察图 8.1 中有两个饼状图，第一个图的标题只是“部门预算”，而第二个图的标题明确地解释了演讲者的主要意图，即与其他预算项目相比，重复预算占据了太大比例。确定标题时要明确地指出我们想通过图表或曲线图表达的意思。

a）无效标题　　b）有效标题

图 8.1　有效及无效的标题

讲解了基本的视觉要素后，我们将开始创建演讲所需的不同的幻灯片。

（一）图表和曲线图

图表和曲线图包含很多种二维的可视化素材，用于阐明复杂的统计或相关的信息。如本书第七章提到的，统计数据是一系列的个体案例的收集，这些个体案例通过原始数据或平均数显示出来，用于比较或对比两个或更多变量的性能。

1. 图表

图表特别适用于汇总统计信息。图 8.2 中的数据表明在一个假设的城镇中，每年由多种污染源排放的六种不同污染物总吨数。图中有很多的分类使得我们很容易比较各种污染源的排放量。

2006 排放详细目录（要点）

所有数据的单位为t/年

来源	PM10	PM2.5	SO_2	NO_x	CO	NH_3
化工厂	724.88	59.39	4164.86	1719.18	2156.47	1.01
炼钢厂	482.30	91.78	2554.51	755.79	181.75	132.91
水泥公司	65.43	29.71	48.00	377.00	510.20	0.00
铺路公司	35.46	11.63	15.34	3.49	0.32	0.00
铁路运输	34.19	26.97	54.17	286.14	88.02	3.20
装配厂	19.42	8.30	0.11	19.48	5.69	0.20

PM10=小于10μm的颗粒物质
PM2.5=小于2.5μm的颗粒物质

SO_2=二氧化硫
NO_x=氮氧化物
CO=一氧化碳
NH_3=氨气

图 8.2　汇总统计信息的图表

2006 排放详细目录（要点）

所有数据的单位为t/年

	颗粒物				气体	
来源	PM10	PM2.5	SO_2	NO_x	CO	NH_3
化工厂	724	59	4164	1719	2156	1
炼钢厂	482	91	2554	755	181	132
其他	163	65	117	654	592	3

PM10=小于10μm的颗粒物质
PM2.5=小于2.5μm的颗粒物质

SO_2=二氧化硫
NO_x=氮氧化物
CO=一氧化碳
NH_3=氨气

图 8.3　简化的图表

2. 曲线图

曲线图是一种用来展示一个或多个变量随时间变化的有效方法。图 8.4 描述了一个大城市在经历空气逆流的两天内所测量的颗粒物质含量。纵轴表示每立方米空气中颗粒物质的微克数，横轴表示时间的流逝。图 8.4 中清晰地展示了从 0 点至中午 12 点颗粒物质的浓度由 40μg/m^3 增加到 140μg/m^3。在接下来的 18h 中，颗粒物质含量有轻微的下降。

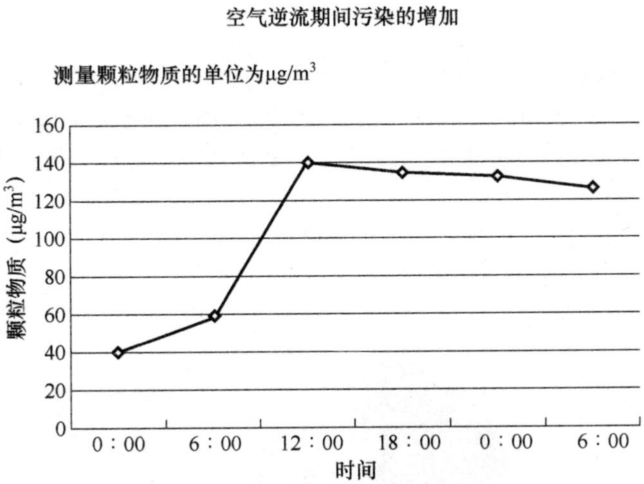

图 8.4　曲线图

创建曲线图的规则要比创建图表简单——保持信息简单化，因为太多表示不同变量的线会造成混淆。观察图 8.5 中的第一个曲线图，幻灯片显示了七个国家的国内生产总值百分比的变化，演讲者希望展示美国经济的衰退对全球经济的损害。但是如果演讲者算出欧洲三国和亚洲三国经济变化的平均数，这样就可以使幻灯片用更少的曲线传达相同的意思。改善后的图见图 8.5b。如果所有的线都是必需的，那么最好是一个接一个地单独展示。这就需要创建一些曲线图，在每个新的图上加入一条新的线，这样演讲者就可以分别对每一条线进行介绍，从而避免听众因曲线过于复杂而不知所措。

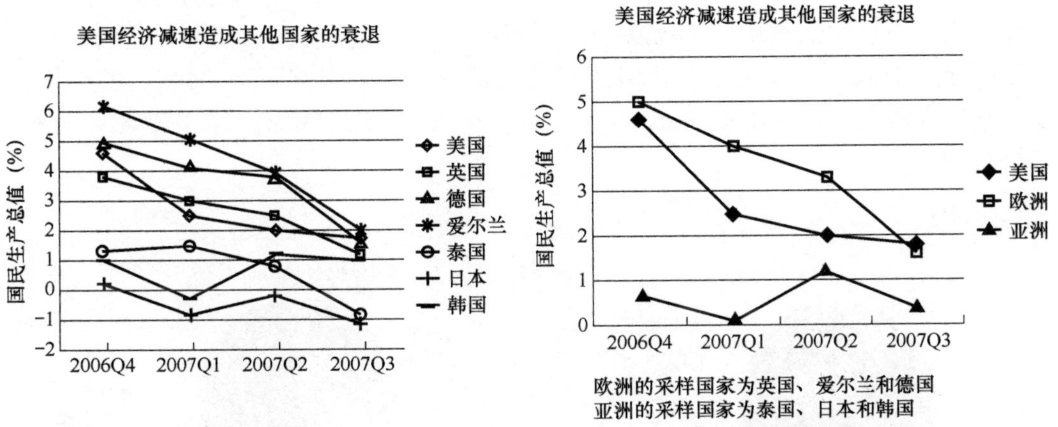

a）改善前的曲线图

b）改善后的曲线图

图 8.5　曲线图改善前后

演讲者应该将每一条线设置成不同的颜色，并清楚地标出每一种颜色的线所代表的变量，最重要的变量要使用颜色最深、线条最粗的线。与所有的可视化素材一样，曲线图应当只包含用于阐述的必要信息。

3. 饼状图

饼状图所展示的是不同部分与整体的关系。例如，图 8.6 显示了在假想的城镇中，不同的颗粒污染来源在总量中所占的比例。这个饼状图描述的是每年夏天排放到空气中的颗粒物的来源分布情况。饼状图提供了一个阐述各种污染源每年对镇中空气质量影响的生动方法。

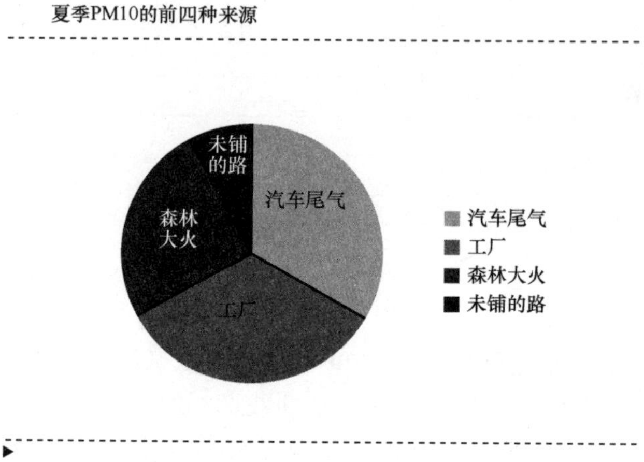

图 8.6　饼状图

创建饼状图时，应尽可能避免将饼状图分割的份数多于七块或八块。小的切块很难标注并且会使观众很反感，会对快速地理解每一切块所占的比例造成不良影响。图 8.7a 的问题就是切块太多。

图 8.7b 中的饼状图将一些非制冷相关用途（汽油、水和下水道）的费用结合到一起形成一个单独的切块，从而减少了切块的数量。如果演讲者需要突出这些费用，可以创建一个只关注公用事业费用的新的饼状图。由于带有图例的饼状图会使观众难于观察，因此可以使用 PowerPoint 中的文本框功能在饼状图上或在旁边进行标注（见图 8.7b）。

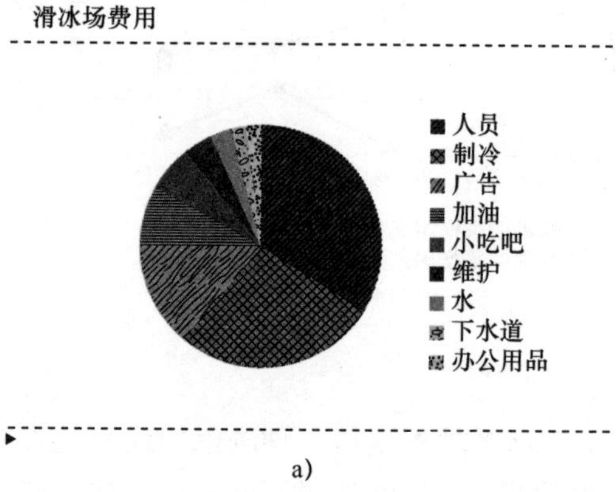

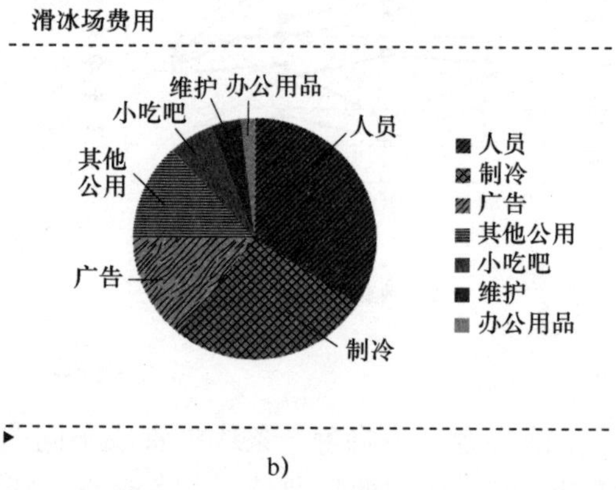

图 8.7　饼状图的切块和标注

大多数演示程序允许使用者将需要突出强调的切块与饼状图上的剩余部分相互分离，如图 8.8 所示。Terri 认为公司在产品的售后服务上花费过多（图中的“服务”切块），而在研究和开发方面投入过少。她使用分离功能来强调适当切块。

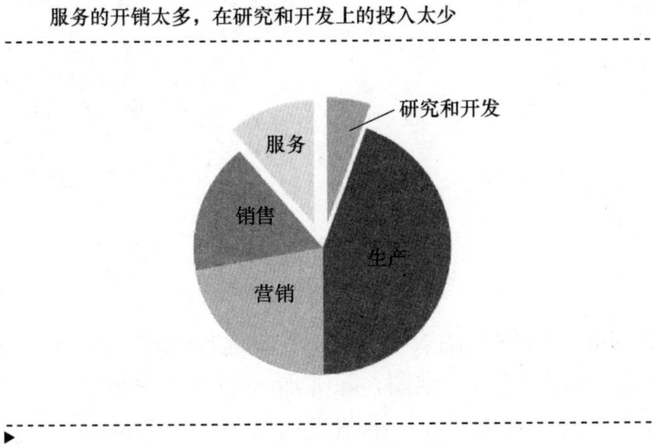

图 8.8　突出切块

4. 柱状图

最后，**柱状图**是一种比较大小的有效方法。如图 8.9 所示，可以观察到一个用来比较五个公司在研究和开发方面开销的柱状图。从这个图中很容易看到，公司在研究和开发方面的开销处于上升趋势。演讲者应当控制条柱的数量，并使用不同的颜色表示不同的变量。如果需要很多的条柱，就使用动画功能来逐个展示每个变量的条柱。

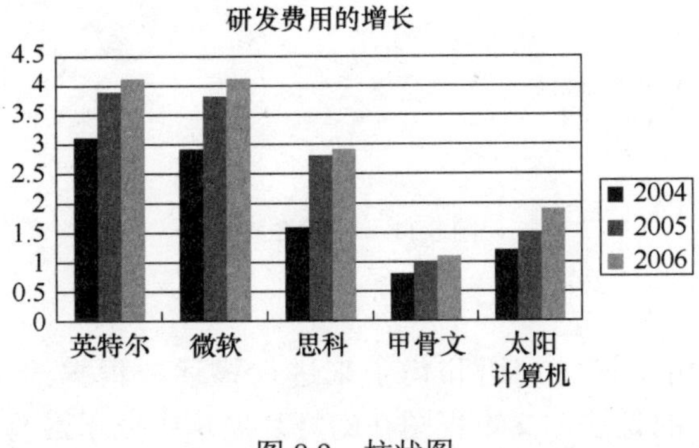

图 8.9　柱状图

与曲线图和饼状图类似，柱状图也是比图表更加有趣和更有影响力的展示信息的方法。观察图 8.10，图 8.10a 展示了新车买主在拥有所有权的前 90 天里所报告的问题的数量。虽然这个表格很精确也很易读，但是用图 8.10b 中的柱状图来表现这些信息将更加有说服力。应尝试将自己的图改造成最强有力的、最有效的和最有说服力的可视工具。

福特质量问题导致产业落后

汽车制造商	*每百辆车中出现的问题数*
丰田	115
本田	133
日产	145
通用	146
戴姆勒克莱斯勒	154
大众	159
福特	162

a)

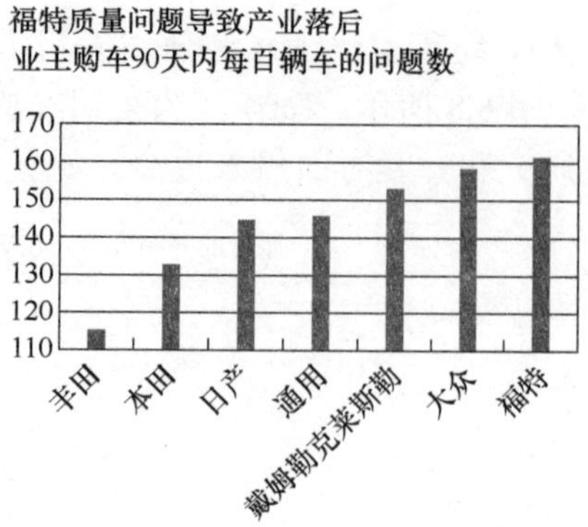

b)

图 8.10　更有效的柱形图

当使用 PowerPoint 曲线图或图表功能时，不要选择三维的曲线图、饼状图和柱状图。大多数的统计学家建议依然使用二维图，除非所要描述的数据是三维的。撇开这样的关系，对于演讲者所表达的内容来说，二维图更加简单：在 PowerPoint 中，三维图很难阅读。来看图 8.11，这些图是图 8.5 和图 8.9 的三维图。看看在三维图中要找到并理解信息有多困难。因此，除非是数据必需的，否则还是建议使用二维图。

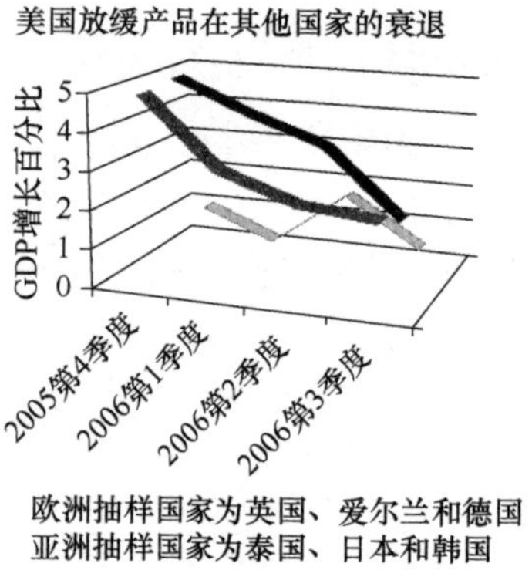

a)

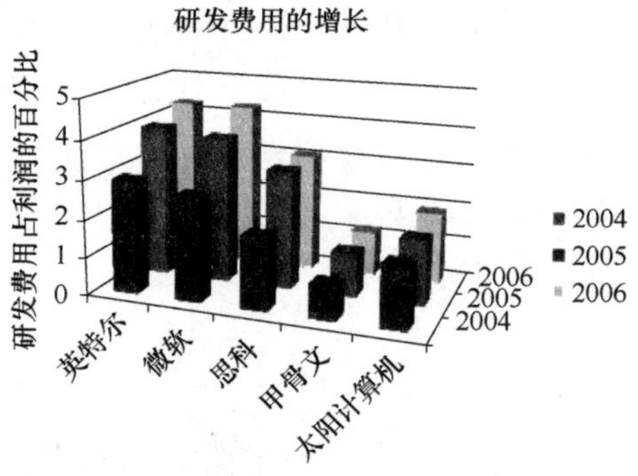

b)

图 8.11　三维图表

（二）文本视图

文本视图是指使用单词、词语和句子来进行描述。根据演讲顾问琼·卢·杜蒙（Jean-Luc Donumont）的说法，文本视图在幻灯片展示中属于最易被滥用的格式之一，因为人们总是会放置超出观众阅读需求量的文本在幻灯片中。

图 8.12 较好地说明了过多文本所产生的问题。“当看到的幻灯片中全部是文本时，我们就会陷入一种困境——是应该阅读这些文字，还是听演讲者说。我们不能一心二用，除非演讲者和我们一起阅读这些文字，但这样我们就会怀疑添加幻灯片或演讲者的存在是否有意义。”图 8.12 中第二张幻灯片就是将原文缩写成关键部分以便观众理解。

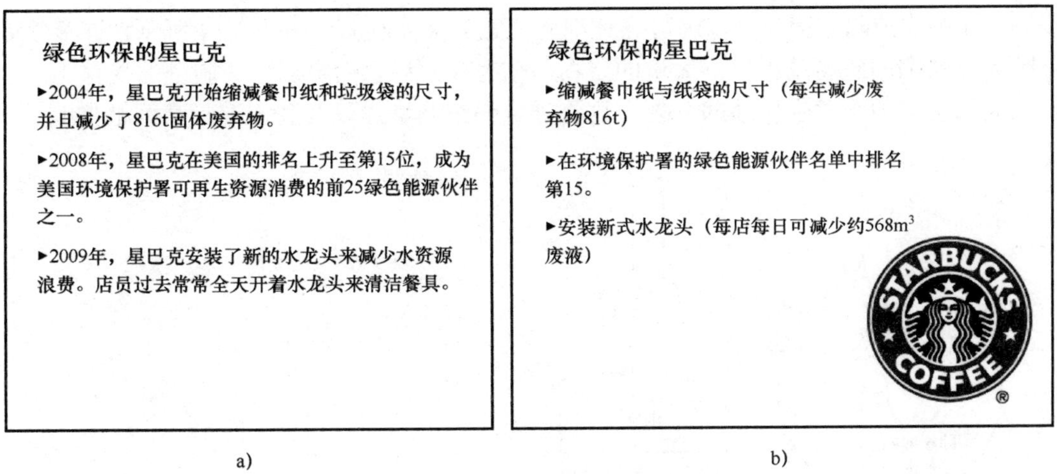

图 8.12　避免大量文本

为了制作有效的文本视图，威廉·厄内斯特提出了以下几点准则。首先，删除冠词、已知的代词，并用简单动词和不定式将句子缩写为关键词。其次，每张幻灯片的字数不要超过 40 个，着重号不超过 7 个。

（三）构建视图

构建视图是使用幻灯片中可用的简单图形、线条、箭头来展示复杂的观点或过程。在没有现成图片且无法从网上找到合适的图像时，构建视图是必要的。构建视图要求演讲者有一定的想象力和创造力，例如图 8.13 所示的两张幻灯片。

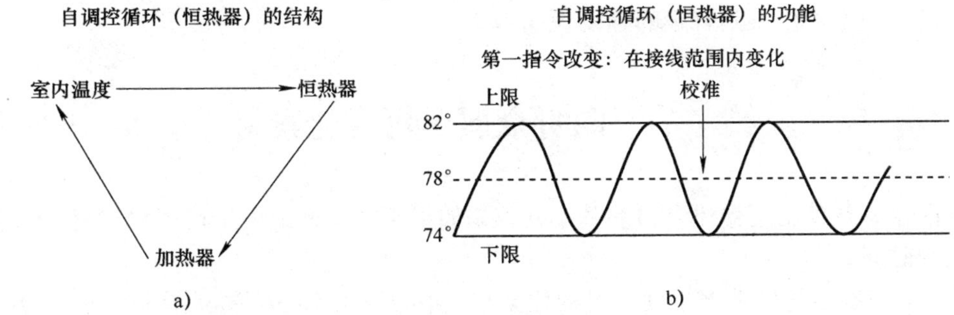

图 8.13　构建视图

图 8.13a 使用恒温器来展示简单的自修正循环是如何建立的。这张幻灯片使用了幻灯片绘图工具栏中的文本框按钮和箭头按钮，将单词与箭头进行简单结合，制作出演示图。图 8.13b 说明了恒温器是如何围绕标准值进行温度调控的。这张幻灯片也使用了文本框和线条。使用幻灯片绘图工具栏的自由曲线按钮可以画出临界限之间的曲线。

一个小小的创意就可以制作出更详细的视图来说明高度复杂的过程。图表 8.14 中的第一张幻灯片说明了一种实验性药物（IMC-C225）是如何阻止癌症扩散的。正常的细胞只有在机体需要时才会分裂产生更多细胞。这个过程是由致癌基因（此基因可使细胞复制）和肿瘤消除基因（该基因可导致细胞死亡）来控制的。如图 8.14 所示，许多癌症是因为有缺陷的致癌基因发出大量的蛋白质信号，并将它们附加至细胞壁的受体上，这会生成酶使得细胞发生快速的分裂。这将导致癌细胞增加以及肿瘤消除基因被抑制。

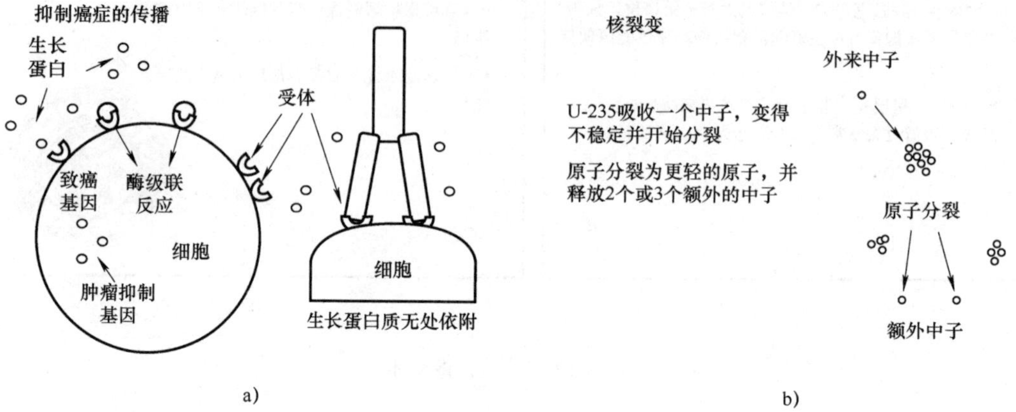

图 8.14 更多的构建视图

在这张幻灯片中，细胞、致癌基因、肿瘤消除基因以及增长的蛋白质是重复使用绘图工具栏中的椭圆按钮画出来的。受体是使用自由曲线按钮以及各种曲线和箭头画出来的。幻灯片右边是癌症治疗药物阻隔细胞受体部分的工作方式，这可以阻止增生的蛋白质黏附到细胞壁上，也能阻止失控的细胞分裂，即癌症病发。这些使用绘图工具中自由曲线部分制作出的丸状图形代表着癌症治疗药物。

图 8.14 中的第二张幻灯片展示了核裂变是如何发生的。正如图 8.14 所示，创造性地使用简单图形可以得到有趣的辅助说明效果。

第二节 向听众展示可视化素材

下面是有效使用可视化素材的基本建议。如果不能很好地展示可视化素材，创建它则是浪费时间。

第一，只在合适的情况下使用可视化素材，不要使用不必要的视图来“活跃”现场。空洞的活力和热情会分散或打扰那些保守的、有底线的职业听众的注意力。可视化素材有利于阐明信息，但是它们不能替代可靠的研究和精确的内容。

第二，如果决定使用可视化素材，就要确保所有听众都能看见。如果演讲中有大量精心准备的可视化素材，却无法看清楚，那将是十分恼人的。看不见的可视化素材并不能增加演讲的生动性、清晰度和说服力。

第三，要找准自己的位置，确保听众都清楚地看见可视化素材。不要让自己的身体挡住听众的视线。如果需要在视图上有所指示，使用激光笔可以避免遮住观众的视线。激光笔可以产生一个红点，是一种有效地指出重要信息而不会挡住听众视线的方法。

第四，只有当演讲者讲到相关位置时才能展示可视化素材，然后在开始新的信息之前应先将其关闭。持续展示可视化素材会分散听众的注意力，他们会继续观看而不再听演讲者讲下一点。当处于 PowerPoint 幻灯片放映模式时，单击 B 键是黑屏，单击 W 键是白屏，这个功能可帮助我们在移动和演示时中断幻灯片放映。再点击键盘上的任意键可以回到放映状态并且自动前进到下一张幻灯片。

第五，可视化素材应该向观众进行解释。就像第一章讲的那样，听众对可视化素材的自身想法与演讲者不一定相同。演讲者的目标是纠正读者的想法，这可以通过解释可视化素材中的所有关键部分，指出重要的统计例证或图标来实现。不要给听众任何溜号的机会，要按照我们的期望来引导他们。

第六，当我们解释可视化素材时，应使用与其中标题和标签相同的词语。使用不同的标签会使信息混乱、迷惑听众。从覆盖范围和语法形式两方面来说，平行语言对于彻底理解是至关重要的。

最后，我们的目标是与观众沟通交流，而不仅仅是要使用可视化素材。身体转向幻灯片时的扭转角度不要超过身体的三分之一。

小结

可视化素材应用得恰到好处可以增加信息的清晰度和说服力，还可以加强听众对演讲者的信任。实物和模型对于增加演讲的趣味性是极好的方式，所有听众都可以看到，但不要把实物或模型分发给观众。群体讨论时，黑板、白色书写板、挂图是记录想法的好办法。在演讲中，只有当听众需要时才分发材料，然后和听众一起深入理解材料。为了方便观看，可以下载一些图片来帮助理解。

图表适合总结统计信息。横轴显示变量随时间变化，纵轴显示整体分布比例。柱状图使不同变量之间形成比较，通过剔除或合并不重要的信息来简化图表。文本视图中用简短的词语或词组来显示关键信息。用简单的线条和形状构建视图效果来说明复杂的进程。

在恰当的时候使用可视化素材，并确保它们能被每一位听众看到。站好位置，以使全部听众拥有良好的视野。演讲过程中适时播放可视化素材，并且在完成演讲后移开它。还要将可视化素材中的所有关键部分解释给听众听。

问题与练习

1. 电视已经显而易见地证明了我们对视频材料的偏爱。电视是用哪种特殊方式影响我们对视觉形象的偏爱呢？你认为计算机是如何对这种视觉偏爱起作用的？除了电视和计算机，还有什么对视觉偏爱起作用吗？

2. 有既适应听众喜爱可视化素材，又不让演讲者成为图片解说员的方法吗？当我们的演讲没有吸引眼球的可视化素材时，怎么做才能保持听众的积极性和兴趣呢？并为语言信息使用过多，视觉辅助信息使用较少的演讲找到改进方法。

3. 找几份《今日美国报》，检查一下头版左下侧的翔实的图表和图形，分析影响清晰度的是什么？是否应用了绘制图表和图像的那些规则？演讲中为了清晰地向听众解释，在这些图表中你会做出哪些改变？

4. 观察当地的天气预报员在晚间预报时使用的可视化素材。天气预报员使用不必要的图像了吗？天气预报员使用了什么方法来避免遮住显示屏？每张幻灯片都显示得很清晰吗？讲解的质量如何？天气预报怎样解释才能够正确引导听众？

参考文献

1. Holcombe, M. W., and J. K. Stein, *Presentations for decision makers* (New York: Van Nostrand Reinhold, 1996), 95.
2. Mackiewicz, J., "Comparing PowerPoint experts and university students opinions about PowerPoint presentations", *Journal of Technical Writing and Communication* 38 (2008): 149-165.
3. Antonoff，M., "Meetings take off with graphics," *Personal Computing*, July 1990, 62.
4. Seiler, W. J., "The effects of visual materials on attitudes, credibility, and retention," *Speech Monographs* 38 (1971): 331-334.
5. Earnest, W., *Save our slides: PowerPoint design that works* (Dubuque, IA: Kendall/ Hunt, 2007).
6. Earnest, *Save our slides*.
7. 同上.
8. Clayton, J., "How to make a picture worth a thousand words," *Harvard Management Communication Letter*, October 2002, 3-5.
9. Doumont, J., "The cognitive style of PowerPoint: Slides are not all evil/5 Technical Communication 52 (2005): 64-70.
10. Doumont, "The cognitive style of PowerPoint," 65.
11. Earnest, *Save our slides*.

第九章

专业领域报告

专业领域的新的发展趋势让信息沟通比过去更加困难。《判断科学》的作者皮特·休伯（Peter Huber）曾写道："我们现代经济中的主要产业是在巨大的、迅速增长的系统化的基础知识上构建起来的。新科学、新技术、大型数据库、统计分析以及计算机模拟已经取代了以往碰运气的商业运作方式。"

逐渐地，每个产业领域的语言、方法和规则都沿着各自的道路发展，这些发展使个人成为多个领域的专家几乎不可能。专业化使人们进行跨领域沟通变得很困难。更严峻的是，专业化使得与非专业听众沟通，让非专业听众了解专业领域变得几乎不可能。

专业化使得沟通变得困难，联系日益紧密的社会却让非专业听众参与专业沟通的机会越来越多。私企、国企以及政府机关的管理者需要来自技术专家的意见以进行决策。由于社会团体会受到停工、工业事故及污染的影响，相比过去，他们需要更多的信息来进行商业决策。因此，组织必须向非专业人士提供与他们操作相关的专业信息。同样地，当公园、森林服务及环保局在政策上提出变革时，他们也需要向公众交流需要变革的原因。

这两种趋势已经造成了一定的沟通难题。一方面，日益专业化使得各行业之间的沟通越来越困难；而另一方面，管理需求和公众需求又让专业化沟通变得非常必要。大多数专业岗位都需要良好的沟通技能，大多数报告需要将专业信息传达给非专业听众。

专业沟通是指关于科学、工程学、技术、商业、监管部门、法律、管理或者社会科学信息的沟通。**专业报告**是具有一个或多个主题的有准备的正式报告。许多普通的报告都适合以专业沟通的名义进行，包括实验报告、可行性报告、进度或状况报告、调查报告、训练报告和商业报告。本章致力于提高大家的专业沟通能力。

专业沟通的两个目标是精准和共鸣。首先，专业沟通必须**精准**，这意味着内容必须正确、完整，并且足够详细，以满足特定听众的需求。本章的“专栏 9.1”探讨了与准确性相关的问题。准确性需要扎实的研究、仔细的阅读、认真的笔记和对所有事实的不断验证。

专业沟通的第二个目标是**共鸣——共鸣是这样**一种能力，即“以一种方式提供信息，听众在沟通过程中产生一种且仅有的一种理解——而这正是演讲者想要表达的意思”。换句话说，专业沟通是演讲者在自身的理解与听众对信息的新理解之间寻找一种密切的相关性。本章所提供的策略的目的是提高共鸣的可能性。

本章回顾了与专业报告相关的听众因素，还包含了使专业信息更清晰传递的一般准则，解释了如何克服产生共鸣的障碍，并回顾了如何做好结构化的专业报告。

第一节　了解想要获得专业领域信息的听众

战略性沟通需要了解不同观众的不同倾向。在本书第 6 章，我们讨论了分析听众的方法。听众分析清单提出了调查情况和听众特点的问题。下述的专栏 9.1 解释了如何适应不同的听众。

专栏 9.1

如何适应不同的听众

在高科技社会中，拥有大量专业知识的人才拥有做决定的权力。当少数参与者做决定时，参与度会受到威胁，商业组织的潜在利润也会减少。如果演讲者在安排和解释内容方面做得好，听众尽力去理解内容，那么演讲者和听众之间就有可能达成共识（见表 9.1）。即使进行专业沟通非常困难，沟通者仍要承担起解释内容的责任，这是因为在民主社会中人们有权参与制定影响他们生活的决策。专业沟通提供了一个更高的理想：授予人们参与决策制定的权力。

表 9.1　使专业信息适应听众的特征

听众问题	适应方法
被动听众：复杂的内容难以维持听众的兴趣	承认听众需要参与进来 应用丰富的可视化素材 应用有趣的案例 应用生动的表达
对演讲者的感知倾向：演讲者必须被看作是有资格的专家	按照第 7 章和第 10 章的方法，在报告前要建立信任
对主题的感知倾向：演讲者易于高估听众的知识水平	使解释、定义、例子、分析和可视化素材与听众的知识水平相适应

“准确”是有道德的专业沟通的特点。准确性是所提供的信息的正确性和完整性的程度。准确性涉及几个流程和承诺。

第一，精确的沟通需要较好的研究方法。粗略的调研、依赖单一的资源和编造例子都不利于专业报告的准确性。最好的专业沟通者不仅是所在领域的专家，更重要的是，他们是最勤奋的，他们的目标是把最新的信息传播给听众。

第二，有道德的沟通者会承认自己数据的不足和局限性。在一次针对特别排放物的法规提议会议上，一个流行病学专家提供了关于该污染对健康造成的后果的数据。尽管对自己提供的数据很有信心，但她仍提醒听众流行病研究只能看到相关性，而不能看到原因。因此，没有研究能够证明特定污染可以引起疾病或死亡。承认局限性便增加了可信度。当她承认自己的知识在某些领域存在局限性后，得到了来自听众的更多的信任。

第三，专家之间产生冲突和反对意见是很正常的。当涉及这方面冲突或反对意见时，专业沟通者不会掩饰反对意见或相反观点，而会在报告中把所有观点全部包含进去。

第四，有道德的沟通者会维护数据的完整性，拒绝通过简化和扭曲事实来对数据大放厥词。本章的策略是在不损害这些观点完整性的基础上沟通复杂的观点。

第五，有道德的沟通包括避免使用误导性的行业术语。误导性的行业术语是指没有必要使用的，阻碍非专业人员参与决策的晦涩的术语。行业术语常常会迷惑观众，隐藏真意或使行业外人士费解，这违背了专业沟通的最初目标。

最后，有道德的沟通者和本领域的其他专家一同确认事实。即使是在一个很小的专业领域中，也没有人是绝对正确的，更没有人可以了解一切。应和其他专家一起验证自己的内容，确保没有遗漏，保证竞争的公平性并且最新知识的精确性。有道德的专业沟通者致力于更高的目标和概要中的具体程序。

对于专业领域沟通，也应该考虑人们从我们的主要术语和概念中产生的心理意义。在我们把心理意义定义为个人赋予符号的联想。关于核电站辐射的专业报告必须考虑到人们联想到辐射时的心理恐惧。听众的心理作用会影响演讲者如何介绍和确定主题、建立信任和安排主体内容。

显然，大多数专家都知识渊博并且对专业很感兴趣，这使得他们很难站在普通听众的角度思考并迎合听众的需要，然而这却是专业沟通所需要具备的角色技能。高效的专业领域演讲者可以将自己充分融入听众，也会临时加入一些听众的观点，形成新的讲稿。接下来，我们将讨论能够让专业信息更加清晰的一般准则。

第二节　专业信息沟通的一般准则

下列准则可以应用于任意专业信息沟通。学习这些准则将提高演讲者和听众之间产生共鸣的概率。

一、选择恰当的词语

词语选择可以使专业信息更加清晰，选择不当却会使信息更加模糊，甚至难以理解。不要用不必要的复杂词汇来增加难度。运用复杂的词语在专业沟通上毫无益处。尽管我们有时候需要运用一些专业术语，因为没有一个更为简易的同义词（如光合作用），但总之演讲者应该尽量采用较为简单的词语。

在专业报告中，选择措辞时我们不可能不考虑行业术语。行业术语是指专门用于某一学科的专业性术语，但众所周知，它往往是不必要的、让人费解的术语。这种术语与其说是将事物表述清楚，不如说是让语义变得模糊不清并且阻碍外行人理解和决策。在许多情况下，行业术语旨在将一些具有负面意义的概念描述成具有正面意义的概念。例如，有人可能将从战场上撤退称为“战略调配”，使之听起来显得负面性少一些；或者将制造业工厂中的爆破称为“能源扩散”，使之听起来不那么剧烈。因为具有混淆性，所以我们应该避免使用这种类型的行业术语。

然而，这种行业术语与诸如 α 粒子、光合作用、晶体、可溶性、催化剂、毫雷姆、聚合物、阳极、阴极这些专业性术语是不同的，因为这些专业术语有且仅有一种含义。相对于一个具有多重含义的术语来说，运用一个有限定含义的术语有助于科学家、医生和工程师进行更为精确的沟通。专业性术语在一些专业性报告中是十分有必要的。

二、频繁使用例证和类比方法

正如我们在第 7 章中所提到的那样，**例证**即对阐述的观点进行具体举例说明。一个好的例子不仅比数页枯燥乏味的描述更为生动，而且有利于听众抓住理论信息。例如，我们可以举个例子来解释潜伏性病毒的活动。所谓的潜伏性病毒是指这样一种病毒：在人体康复期间它会隐藏起来，但它会继续存留在身体中数年，只有在随后才出现并导致疾病。水痘即是潜伏型病毒的一个典型例子：

在初次受感染之后，病毒是潜伏着的，存在于脊椎神经细胞的底部。在大多数人的身体中，这种病毒始终保持休眠的状态。随后，它可能再度活跃，导致出现一种后背疼痛起疹的疾病，即所谓的带状疱疹。

因为大多数人都知道水痘，而且他们的父母或祖父母可能都曾经患过带疱水痘，这个例子就为潜伏型病毒提供了一个实用的举例说明。

类比方法是进行专业信息沟通的另一个强有力的办法。**类比**是在两个事物、事件、实例或者人类之间进行比较，假设某一项是正确的则另一项也是正确的。在发表于《华尔街日报》的文章中，辛西娅·克罗森（Cynthia Crossen）这样解释道：做类比“可能是帮助普通人理解诸如因特网、基因组这种复杂无形体系的最好方式，而不是提及致命病毒和黑洞”。

为了让听众理解在一个原子中空隙空间的大小，物理学家约翰·格里伯恩（John Gribbon）做了如下类比：

想象一个直径大约为 1mm 的大头针的针头，处于圣保罗大教堂的中央，被一团极微小的尘埃包围着，它远离大教堂的穹顶，假设有 100m 远。而这个大教堂代表整个原子，大头针针头代表原子的核心，而尘埃代表着伴其左右的电子。这就是原子中空隙

的大小——而且就我们所知的所有的物质世界的固体物质都是由这种空隙构成的。

这一类比不仅清晰，而且相当生动。频繁使用举例和类比这两种方法有助于听众理解复杂的信息。

三、将测量标度转化成实用的类比

在有关科学的领域中使用的测量标度，对于非专业的听众而言理解起来是有困难的。1μm 的微粒有多大？说到人的身体中有 10^{28} 个原子意味着什么？我们在牙科检查中吸收了 0.1mSv 的 X 射线是多呢还是少呢？提及一个不为听众所知悉的测量标度时，我们应该对该标度作一个说明。例如，10^{28} 个原子到底是多少？演讲者可以将其解释为“1”后面有 28 个“0”。

然而，单纯的解释通常不足以帮助听众理解许多科学领域中常见的极大或者极小的刻度。讲到地球有 50 亿年的历史或者与最近的行星的距离是 5 光年是可以的，但是听众不能够真正地理解，除非我们针对这些数据提出判断的方法。例如，下面的转化方法能帮助我们理解天体的极大密度，如白矮星和中子星。

在白矮星中，其原子被挤压得很紧密，使得每个原子中的电子可能相互接触，其密度极高。白矮星的密度如此之大，以至于“从白矮星中取极少量的物质带到地球上来，它可能就有 100 万 t”！但白矮星的密度却不及中子星的密度。中子星的重力将其原子挤压得相当紧密，使得电子在原子的中心破裂。“中子星上糖块大小的物质可能达到 100 亿 t；如果它陨落到地球上，可能会立刻落入地球的地心。”

我们不能简单地用数学方式描述事物的密度，要用这些以地球为基础的重量测量标度，它帮助外行人理解密度的大小。

当我们讨论极微小的、原子大小的或者比原子小的测量标度时，如何判断其大小也存在同样的问题。例如，如果直接说 10μm 的颗粒，听众很难联想出该微粒的大小，然而，如果说 10μm 的颗粒是人的头发的 1/10，那这样的表述就能让听众将该标度转化成他们所能联系起来的事物的大小。我们也要注意到，转化测量标度涉及类比的使用问题。其实质是，我们要将测量标度与听众较熟悉的事物进行对比。

四、制作可视化素材

第八章中我们说过，研究表明可视化素材可以增强对复杂信息的理解。正因为如此，可视化素材是大多数专业报告的必要工具。在解释一个复杂的事情时，没有可视化素材来辅助说明是非常抽象、让人难以想象的。为辅助专业性报告而制作可视化素材时，可参考第八章中的建议。

接下来，我们将探讨产生共鸣的障碍，并为克服这些障碍提出一些解决方案。

第三节　克服产生共鸣的障碍

正如本章开头所述，产生共鸣是专业沟通的目标。进行专业演讲的挑战之一是要分析所讲述的话题中存在的主要理解障碍，并设计演讲内容来克服这些困难。普渡大学教授凯瑟琳·罗恩（Katherine Rowan）提出了理解信息情报内容的两个主要障碍：难懂的概念和难懂的结构或程序。

一、难懂的概念

一些专业信息理解起来十分困难，因为它涉及令人**难懂的概念**。例如，人们或许对比例税制度和累进税率制度的理解存在困难；PM10（直径小于 10μm 的颗粒物）污染的概念让人难以理解，因为我们通常不把烟雾当作颗粒来看待；在理解核废物处置时也十分困难，因为人们并不知道废弃物共分为五类。在这些情况下，听众对专业术语缺乏认知是获得共识的一个障碍。

为了理解专业性术语，人们会努力辨别一个概念的**本质特征**，将其一般情况下表现出来的特征与其**相关特征**区别开来，并区分通常表现出来的特征和非必然存在的特征。例如，在试图辨别比例税制个人所得税和累进税制个人所得税的差异时，听众需要明白累进税制个人所得税（收入越多的人需缴纳更大比例的税款）的基本特征和比例税制个人所得税（每个人需缴纳相同比例的税款，不论其收入多少）。尽管很多实行比例税制的建议方案扣除了育儿费用、医疗费用和个人爱好支出费用的应纳税额，但这并不是比例税制个人所得税的基本特征，其基本特征是：无论收入多少，每个人均需缴纳相同比例的税款。

当试图理解粗大颗粒污染与细微颗粒污染的区别时，听众必须明白其基本特征是颗粒的大小，而不是颗粒的成分。大的颗粒物是指大于 10μm 的颗粒，而小颗粒物是指等于或小于 10μm 的颗粒。PM10 可能是一种颗粒，也可能是一种液态的小水珠，或者是以上二者的结合物；因此，物质的组成成分是颗粒污染的相关特征而不是其基本特征。我们可以通过定义、典型例证、各种各样的例子和非例子的方式来阐明一个新的概念。

（一）提出定义并列出本质特征

可以运用下定义的方法来阐述一个概念的本质特征。以下几种下定义的方法对专业信息沟通大有益处。

1. 逻辑定义

界定概念最重要的方法是逻辑定义。进行逻辑定义包括两个步骤：将概念归入一个总的类别，然后阐释这一概念区别于同类别其他概念的特征。例如，对共同基金可做如下的逻辑定义：

第一部分：共同基金是投资股票市场的两种方式之一。

第二部分：共同基金投资者不是购买单个股票，而是将他或她的钱款交给共有基金经理，即通过买卖单只股票使财富增长的拥有监管责任者。一些共同基金的筹办是为了购买和出售某一特定商业领域的股票，如生物科技或高科技公司的股票。

一些专业报告的演讲者会忽视将概念归入一个总的类别这一步骤。一个原子核反应堆的演讲对核裂变的定义如下：

核裂变发生在一个大的原子核分裂成两个小的原子核的情况下。

这一定义不能帮助没有背景知识的听众理解其内涵。逻辑定义的第一个步骤则为听众提供了这种上下文环境。

核反应是原子核分裂或结合所产生的反应。核聚变是两个原子核的结合，而核裂变则是一个原子核裂变成两个更小的原子核。

进行逻辑定义要确保包括以上两个步骤。逻辑定义是帮助听众理解概念本质的最好办法。

2. 操作性定义

操作性定义可以解释事物是怎么运行的。例如，对于定义大脑是如何被分成两个半球的，即右半球和左半球，演讲者可以这样说：

右脑半球大体上负责整体情况的观察，而左脑半球负责线性的、分析式的思考。

很多操作性定义可用于解释某一程序的步骤。

在任意一个数据列表中，你可以通过识别出现最频繁的数字而找到“规律”。

操作性定义在阐释概念的本质方面几乎具有与逻辑定义一样有力的作用。

3. 词源性定义

界定科学性概念的另一个常用方法是解释该词语是如何从历史事件或其他语种中演变而来的。例如：

“*塑料*”（*plastic*）一词来源于希腊语“*可塑的*”（*plastikos*），意为“适于塑造。”

尽管词源性定义很有意思，但它应与其他定义方法结合起来使用以达到最大程度的阐释效果。

下定义的方法能帮助我们将一个概念的基本特征与它的相关特征区别开来。

（二）为概念或观点举个典型例子

阐明复杂概念的第二个方法是列举一个**典型例子**。所谓的典型例子是指在事物整体中具有代表性的例子。一个关于投资股票市场的演讲，列举了如下这个“共同基金”的例子：

共同基金的一个典型示例是塞利格曼通信与信息基金。该基金经理被授权使用投资者的钱款来买入或卖出各种通信公司的股票，如美国 Verizon 公司或者美国电话电报公司的股票，此外还包括各种信息公司，如英特尔和微软的股票。共同基金的目标是以低价买入这些公司的股票，并在这些股票价格上升的情况下卖出以获得收益。

（三）提供一系列相关的例子

专业报告演讲者应该提供相关的例子来帮助听众提高辨别某一概念与可能产生混淆的其他事物的能力。例如，一个关于 PM10 污染的演讲列出以下项目来区别各种各样的颗粒（见表 9.2），有的直径大于 10μm，有的则小于 10μm。

表 9.2　各种颗粒大小的比较

病毒	直径 0.01～0.1μm
杀虫剂粉末	直径 1～10μm
细菌	直径 1～25μm
花粉孢子	直径 10～100μm
烘烤的面粉	直径 25～50μm
海滩沙	直径 100～500μm

专栏 9.2 中的“关于 PM10 污染”的演讲稿反映了一个专业报告首要的难题是难懂的概念。很多人错误地认为从机动车和工厂中排放出来的烟雾完全是由有毒气体组成的。虽然这些气体的确是一个问题，但是科学家和立法者在探讨空气污染时，通常提及的是直径小于 10μm 的颗粒物。专栏 9.2 演讲稿中的数据界定和解释了 PM10 污染的概念。我们要仔细查看报告中有关定义、例证和非实例的使用情况。

专栏 9.2

关于 PM10 污染的演讲

主题：颗粒污染

具体目标：让听众理解什么是颗粒污染并明白为什么颗粒污染是一个难题。

主要观点：本报告将涉及颗粒污染的三个主要层次：首先，界定颗粒污染的概念；其次，阐释小于 10μm 的颗粒污染为什么如此重要；第三，解释为什么这些颗粒对人体是有害的。

引言

一、假设一个鱼缸代表霍尔堡（Fort Hall）地区的波特纳夫（Portneuf）流域。里面的水则代表我们周围的空气，鱼缸壁代表围绕着这一流域的三面环山。在逆风的时候，一股冷气流会将鱼缸中的空气封锁住，使污染物围困在鱼缸中。假设这杯牛奶是源于工业和个人排放的污染颗粒。在这些条件下，我们的空气看起来就像这个（倒进鱼缸里的牛奶）。我们将会看到和呼吸到这股气流，直到逆风向中断为止。

二、污染关系到我们这个流域中的所有人，不管我们是住在霍尔堡（Fort Hall）、查伯克（Chubbuck），还是住在波卡特洛（Pocatello）。

1. 有很多污染方式是市民和立法者所关心的：气体污染如二氧化碳（一种温室气体）或二氧化硫，机动车排放导致的污染（一度排在不加铅汽油之前引起极大的关注），还有通过不同燃烧方式所形成的臭氧浓度都是污染的各种形式。

1）但是，在我们的流域中最重要的一个污染是 PM10 污染——来源于大自然和人类的各种各样的细微粉尘颗粒。

2）尽管在冬季逆风期，PM10 的污染也特别明显，但是污染物在接近此流域地面时，在一年中的每一天它都存在于我们的空气中。

2. 我今天的目标是让大家更好地理解什么是颗粒物污染，以及为什么我们的流域如此关注它。

三、我叫 Jim Disanza，在爱达荷州立大学通信系任教。在过去的 3 年里，我担任了波特纳夫流域社区咨询小组的协作员，这是一个由来自霍尔堡、查伯克和波卡特洛的志愿者市民组成的小组，他们指出美国富美实公司和美国辛普劳公司存在包括空气污染在内的各种污染问题。

1. 作为波特纳夫流域社区咨询小组的协作员，我跟该小组成员一起花了 3 年的时间研究各种空气污染问题。

2. 我听取了来自工业代表、爱达荷环境质量部门成员和美国环境保护机构有关颗粒污染的报告。

3. 为了完成这个报告，我采访了在环境质量部门下属的波特纳夫办公室工作的奥德丽·柯尔，并在爱达荷州立大学图书馆阅读了关于这个主题的一些书籍。

4. 报告中所呈现的信息已通过了环境质量部门爱达荷分部成员的仔细核实。

四、我想从以下三个方面来谈及颗粒污染的问题：第一，界定颗粒污染的概念；第二，解释为什么这些微小的颗粒对污染专家来说是重要的；第三，阐释为什么这些颗粒对人类健康有害。

（过渡：那么，我将以定义颗粒物污染的本质来开始这个报告。）

主体

一、这次演讲的第一部分，我会通过颗粒污染的本质和来源来下定义。

1. 首先，空气污染以固体颗粒，小液滴或气体分子的形式存在。（幻灯片 1）

（1）诸如二氧化碳（被认为是一种温室气体）或者二氧化硫均为气体，并非颗粒物。

（2）然而固体物质以及小液滴则因为它们的化学结合方式而被认为是颗粒。

1）在人口密集的诸如洛杉矶那样的大都市，空气都存在着严重的颗粒污染，而这种污染一方面会降低能见度，另一方面也会引发人体的健康问题。

2）在波特尼夫山谷，尽管在某种程度上存在以固体颗粒及小液滴形式的颗粒污染，但只有在空气逆流时期这种污染才会显现出来，并会在数天之内将颗粒物束缚在山谷中，污染现象更加显著。

（3）因此，包括固体物质和液滴在内的微尘污染粒子是悬浮于大气中的。

2. 第二，颗粒污染来自于人类及自然界。

（1）自然来源包含冷凝水、花粉传播、生物有机物、各种各样的真菌及霉菌、沙尘、森林大火、火山喷发以及其他多种地热源。

（2）另一方面，人类来源包含：

1）第一，燃烧产生的烟尘，主要来自供暖烧煤，机动车、重工业以及自家取暖等。

2）第二，化学反应之后的烟尘，比如熔炼或提炼。

3）第三，生活中不计其数的来源，包括：①工业生产，如化肥工厂、铺路公司以及水泥厂。②非工业生产，比如农业耕种、修路，甚至汽车轮胎以及刹车磨损。

4）第四，飞沫、水蒸气冷凝所产生的雾。

（过渡：现在你已经对颗粒污染有了更多的认识，下面有必要来说明一下为什么微粒的尺寸至关重要。）

二、为了弄清楚为什么颗粒会引起大气污染问题，你首先需要明白这种污染颗粒到底有多大，并且是如何被科学地区分出来的。

1. 首先，颗粒污染如此细微以至于我们只能通过微米（μm）这样的单位来衡量。

（1）（幻灯片2）1μm 等于 1mm 的 1/1000。

（2）人类头发的直径是一个 10μm 量级颗粒的 10 倍。

1）正如你在上面看到的，一个 10μm 量级的颗粒是非常细微的。

2）而只有当颗粒超过 50μm 量级，才能用肉眼看到。

（3）（幻灯片 3）为了做比较，看看以下内容，这些都是用微米计量的、可以在家中或附近发现的多种粒子。

2. 其次，根据颗粒的大小可以将颗粒污染分为两类：大颗粒和小颗粒。

（1）大颗粒是指直径大于 10μm 的污染物。

1）这种较大的污染颗粒相对来讲比较重，如果他们通过燃烧或者被风携带进入上层大气，那么很快就会因为重力而沉到地表。

①组成沙包的沙粒一般能够达到 100μm 大小。

②观察一下丢出沙包的时候，沙粒下落的速度。

2）因此，只有在距离污染源非常近的位置，大于 10μm 的颗粒污染才会引起严重的问题。

（2）相对应地，小颗粒是指直径不足 10μm 的污染物。

1）这种微粒一般相对很轻。

①一般来说，我们用来烘焙的面粉颗粒的大小为 25~50μm。

②我之所以这么说是因为我没办法向大家展示 PM10，因为它太微小了，只有在显微镜下才能看到。

③注意观察，当我把它扔向空中时会发生什么。

④注意它在空中能停留多久，会不会比沙子停留的时间更长。

2）由于体积小、重量轻，因此 PM10 会比大颗粒在空气中停留更长的时间，而这也就是波特尼夫山谷，甚至是整个地区的污染问题的根源所在。

①（幻灯片4）需要记住的是，直径大于 10μm 的大颗粒并不是污染的源头。

②相反，PM10 的颗粒则会使人们对严重污染产生担忧，由此可见 10μm 是重要的分界线。

（过渡：现在你了解了为什么直径小于 10μm 的污染物会引起严重的问题，下面让我们探讨一下这种污染会给人们带来的健康问题。）

三、正是颗粒的尺寸才使得 PM10 显得十分危险。

1. PM10 的小尺寸使它变得十分危险。

（1）首先，当物质被分解为更小的颗粒时，更多的原始颗粒表面直接暴露在空气当中。

1）此种环境下，颗粒更容易吸附有毒物质。

2）有毒物质，如硫或氮的氧化物，可以覆盖在颗粒的表面并随之在大气当中传播。

（2）似乎这还不够糟糕，粒子越小就越容易深深地嵌入人的肺中，使有毒物质完全包缚肺的表面。

1）直径介于 4 ~ 10μm 之间的微粒很容易被鼻腔的黏膜吸附，从而不容易深入我们的肺部。

2）然而直径小于 4μm 的微粒则很容易突破鼻腔黏膜这道屏障而直达肺部。

①这些微粒会进入肺部，并将有毒气体如二氧化硫或者二氧化氮也带入其中。

②因此，这些微粒为部分有毒物质沉积入我们的肺部提供了一条便捷通道。

2. 因此，吸入直径小于 10μm 的颗粒，特别是 4μm 以下的，很容易患上各种急性或慢性呼吸系统疾病。

（1）悬浮颗粒与儿童或者老年人的呼吸问题都有直接关系。

（2）已经证实这会引起肺组织损伤。

（3）而且它与其他多种疾病都有直接关系，比如哮喘。

（过渡：简单总结一下，由于这些微小的颗粒会随空气传播，并携带致病的有毒物质并深入肺部，因此会对人们的健康造成很大威胁。）

结论

1. 为了证明我的结论，之前我已经对颗粒污染做了定义，阐述了为什么颗粒的尺寸至关重要，并且讨论了颗粒污染对人类健康造成的影响。

2. 请记住 PM10 颗粒污染，直径小于 10μm 的颗粒，是地区乃至全国的主要污染源。

3. 下面的内容会向你提供更多关于 PM10 的信息。

（1）首先，来自爱达荷州环境质量分局的奥德丽·柯伊会探讨一下波特尼夫山谷中 PM10 污染颗粒的多种来源。

空气污染

固体物质　液体液滴　气体

微粒污染

微米有多小？

1mm

·

1μm 是 1cm 的 1/1000

人类头发的直径 10μm

微粒大小比较

• 病毒		0.01～1μm
• 杀虫剂灰尘	10μm	1～10μm
• 细菌		1～25μm
• 花粉孢子		10～100μm
• 面粉颗粒		25～50μm
• 沙子		100～500μm

（2）然后，迪恩·黑曾作为国家气象部门的员工以及我们社区咨询委员会的成员，将会向大家解释空气逆流是如何捕获颗粒物的。

（3）最后，CAP 会协同 FMC 的成员以及 J.R.Simplot 公司一同探讨山谷的颗粒污染问题。

（4）我们希望此次演讲能够让您轻松愉快地获取相关知识。

二、难懂的结构或程序

一些专业信息让人难以理解，因为它涉及复杂的结构或程序，而这些程序或结构对听众来说又难以想象。微光束是怎么产生的？微芯片是如何制造出来的？病毒是如何致病的？DNA 是怎么影响人类的生长和发展的？在这些话题中，达成共识的难点就在于其主要成分或过程的复杂性。演讲者可以通过给出图表模型和有组织的类比来让听众构想出其整体情况。

（一）提供操作流程图

能够最直观地将信息呈现给观众的方式之一就是提供一个**流程图**。例如，FMC 初级磷工厂鼓励人们参观厂里的巨大设备。在参观各类生产区域之前，参观者会驻足于一间会议室，会议室内有一张巨幅海报，上面展示了整个磷加工的过程的流程图——从原矿石进入工厂，到为燃烧矿石做准备的冶炼炉，再到加热矿石的熔炉，直到液态磷被装上火车运往东部的生产设备。这一流程图如图 9.1 所示。而在参观的过程中，工作人员时常返回图中来提醒大家我们现在到了生产过程的哪一阶段。该流程图能够快捷直观地将整个操作过程展示给人们。参照第八章所述的建议，准备一份自己的流程图。

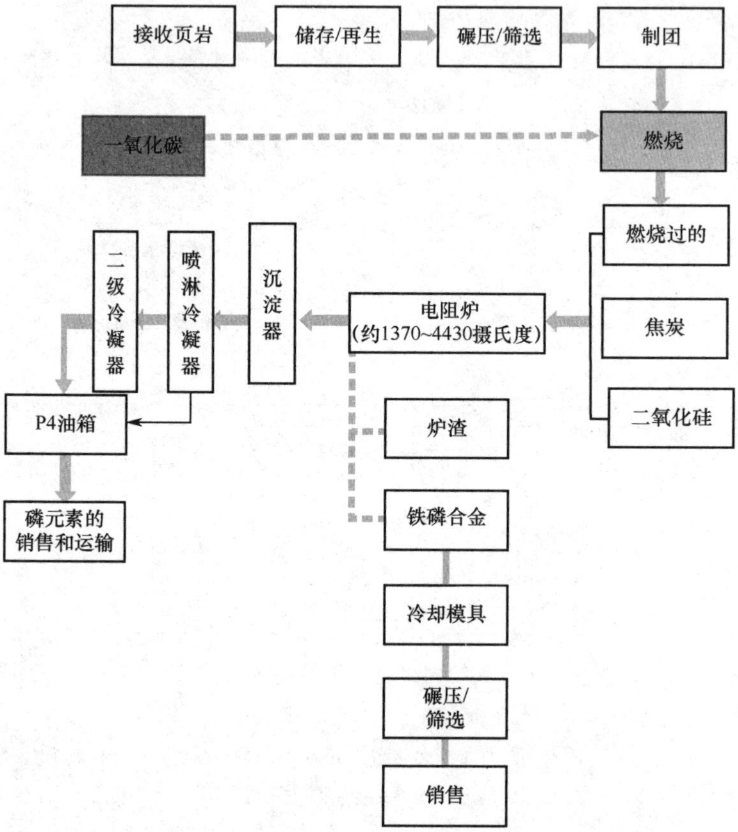

图 9.1　磷加工的过程

（二）运用组织类比

组织类比可以将某种结构或者流程直观地呈现出来。请阅读以下组织类比：

原子类似于一个小*太阳系*。

当所有波段的光波*依序排列之*后就可以产生激光。

我们通过*煅烧*（原文为“cook”）含磷的原矿石并利用*蒸汽*来获取液态磷。

病毒通过*占据*细胞来引起疾病。

组织类比可以将不易理解的情形变得通俗易懂，并附加上更多的细节说明。表 9.3

提供了一个对复杂问题的简单化的专业报告样本。读者可以留意这篇报告中关于定义、可视化素材和组织类比的运用。

理解专业内容的主要障碍可能在于新概念或者复杂的过程。例如，理解 PM10 的主要障碍在于接受新的概念。因此，作者将主要精力都集中在区分概念上。在晒伤这个问题的阐述上，主要障碍在于这是一个很复杂的过程。因此，作者将注意力集中在流程图（通过创建多种可视化 PPT）和可靠的组织类比上。阐述清楚一个囊括了新语言和复杂过程的主题需要一套很明确的策略，分析主题所面临的障碍，并相应地调整内容。

专栏 9.3

关于晒伤的演讲

来自：塞尔·克里斯多（Kristal Searle）

主题：晒伤

具体目标：能让观众理解人体机能自主修复晒伤皮肤的过程。

主要观点：本次演讲我会主要论述皮肤的组成以及在晒伤之后的第一反应，另外我会解释为什么日光灼烧会使得皮肤变红、疼痛甚至脱皮。

引言

一、晒伤会发生在我们所有人的身上。你在海滩度过了一个惬意而又温暖的夏日午后，回来美美地睡上一觉，而第二天早晨起床之后，则会觉得全身酸痛。当你去冲凉的时候，会觉得水花如同成千上万的细钉刺入皮肉当中。这说明你已经被晒伤了。

二、晒伤之后，在接下来的 24 个小时里，会有很明显的变化发生在你身上：你的皮肤会自主愈合并修复。

1. 人类皮肤有一个非常高效的自我修复系统。
2. 我们大多数人都曾经历过晒伤，因此我们大都知道自己的机体会进行自我修复。
3. 此次演讲结束时，每个人都将会了解到晒伤后，我们的皮肤是如何自我修复的。

三、我是 Kristal Searle，曾经对晒伤做过大量研究。

1. 这个发生在人体内的过程非常奇特且引人关注。
2. 我曾经通过在当地图书馆中阅读皮肤科的相关书籍来研究晒伤。
3. 我也曾经涉猎过几部比较著名的解剖生理学课本中的部分章节。

四、今天我会跟大家探讨三个主要问题：

1. 首先，我会介绍一下皮肤的层次以及组成部分。
2. 随后，是皮肤在面对外界伤害时的本能反应。
3. 最后，我会解释一下细胞繁殖如何引起晒伤症状。

（过渡：现在我来介绍一下皮肤的层次。）

主体

一、这次讲座的第一部分，我会介绍一下皮肤最主要的两层结构。

1. （幻灯片 1）我们可以设想自己的皮肤就如同一个大厦。每一座大厦都拥有自己的地基，而且每一座大厦都拥有自己的房顶。
2. （幻灯片 2）而我们皮肤的里层就像这个大厦的地基，我们称之为真皮。

（1）真皮层包括汗腺。

（2）真皮层包含毛囊。

（3）真皮层里包含毛细血管。

1）毛细血管就如同微型的血管。

2）毛细血管内含有氧气、白细胞、蛋白质及其他细胞繁殖所必需的营养物质。

3．正如大厦的顶棚可以保护下层建筑一样，皮肤的外层结构也保护着内层的结构。而这个外层结构则被称为表皮。

（1）表皮的最外层是角质层。

1）角质层由坏死的细胞组成。

2）观察一下你的手掌，你所看到的就是角质层。

（2）表皮的内层叫作马氏层。

1）马氏层由活细胞组成。

2）马氏层是新细胞生成的地方。

3）（幻灯片3）当皮肤过度曝光在紫外线下时，位于马氏层内的细胞受到损伤，导致色斑产生。

（过渡：现在我们已经熟知了皮肤的分层和组成部分，接下来我将讨论身体对皮肤损伤的本能反应。）

二、身体对皮肤损伤的本能反应是尽可能快地开始修复损伤。

1.（幻灯片4）身体的自我修复系统可以看成是一座大建筑中突发火灾。

2. 如果建筑中突发火灾，将有一系列连锁反应发生：

（1）烟雾检测器会检测到火灾的烟雾。

（2）火灾警报会提示居民离开建筑。

（3）最后，启动洒水装置并开始灭火。

3. 当紫外线毁坏活皮肤细胞时，体内将产生如灭火过程的处理步骤：

（1）就像火通过释放烟来发出警报并触发洒水系统一样，大脑从皮肤的受损部分检测到皮肤的疼痛信号。

（2）信号一旦被大脑接收，就将向身体各处的腺体发出警告。

（3）腺体释放叫作炎症递质的化学物质。

1）洒水系统开始灭火。

2）炎症递质开始修复皮肤损伤。

（过渡：现在我们熟知了身体对皮肤损伤的本能反应，接下来将要解释增加的细胞如何导致晒伤的症状。）

三、增加的细胞导致出现晒伤的症状。

1.（幻灯片5）每天我们都有一部分细胞死亡，同时又有新细胞生成。

（1）（幻灯片6）当你被晒伤时有大量细胞被损坏。

（2）不像建筑需要外界的帮助来修复，我们的皮肤可以依靠自身从内部进行修复。

（3）当你被晒伤时，皮肤内部一定发生物质改变，以使得细胞产量增加。

（4）这些变化需要炎症递质。

2.（幻灯片 7）炎症递质使真皮层内的毛细血管扩张并且增大渗透力。

（1）炎症递质使毛细血管扩张。

1）当毛细血管扩张时，或者说当毛细血管的直径变大时，更多的血液会流向受损区域。

2）这些血液中含有氧气、白细胞、蛋白质和其他生成新皮肤细胞所必需的营养物质。

3）正如灭火管可以比园艺水管装载更多的水，这样才能有效灭火，扩张的毛细血管也比平常的毛细血管携带更多的营养物质，这样才能有效地修复细胞损伤。

4）更多的血液流过毛细血管使得受损部分的细胞比正常细胞更红、更热。

（2）炎症递质同时增加了毛细血管的渗透性。

1）（幻灯片 8）当毛细血管的渗透性增加时，附加的氧气、白血细胞、蛋白质和其他的营养物质也会离开毛细血管并进入马氏层的组织，并在那里生成新细胞。

2）当这些营养物质离开毛细血管后，毛细血管内外的浓度将不再平衡。

① 毛细血管外层浓度远高于毛细血管内层。

② 为了恢复平衡状态，毛细血管外部需要水分。

③ 当水分移到毛细血管外部时，组织膨胀，引起炎症递质膨胀。

④ 这种膨胀刺激神经并产生疼痛感。

3. 炎症递质促使皮肤细胞的产量增加。

（1）（幻灯片 9）毛细血管扩张和增加的渗透力使得皮肤细胞的产量增加。

（2）如果建筑和人的皮肤细胞修复具有相同的模式，那么就相当于新的木材将在建筑物的墙壁内产生，迫使旧的烧焦的木头移到建筑的外面。

（3）新皮肤细胞数量产生的速度比通常要快，老的细胞以快于平常的速度移到角质层并脱落。

（4）当我们看到死去的细胞从皮肤上脱落时，我们称它为“脱皮”。

（过渡：总而言之，我们认为晒伤的症状是炎症递质促使细胞产量增加的结果）

结论

1. 此次演讲，我阐述了三个主要观点：

（1）讨论了皮肤的分层和组成。

（2）讨论了机体对皮肤损伤的本能反应。

（3）讨论了细胞产量的增加如何导致晒伤的症状。

2. 所以当你在遇到这种情况，某天大太阳晒得你的皮肤疼痛，那么你的这种红热、疼痛和剥落的皮肤实际上是你机体自我修复的一种表现。

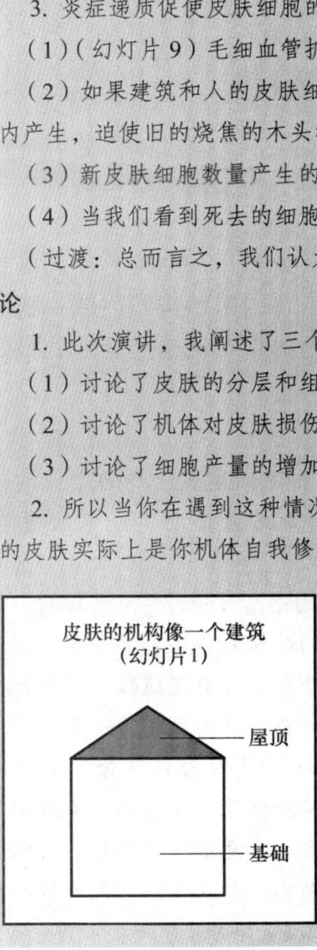

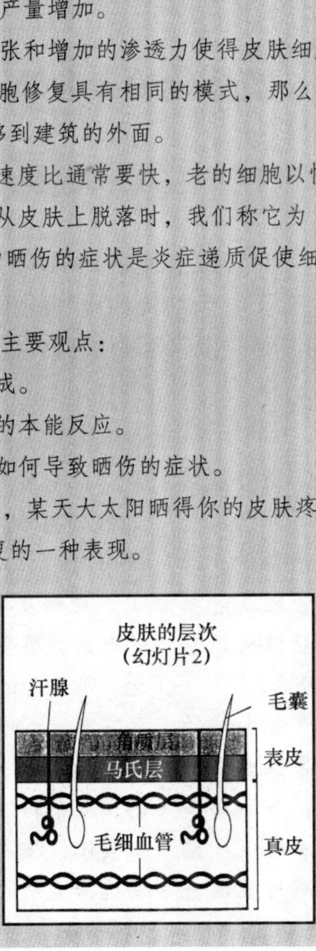

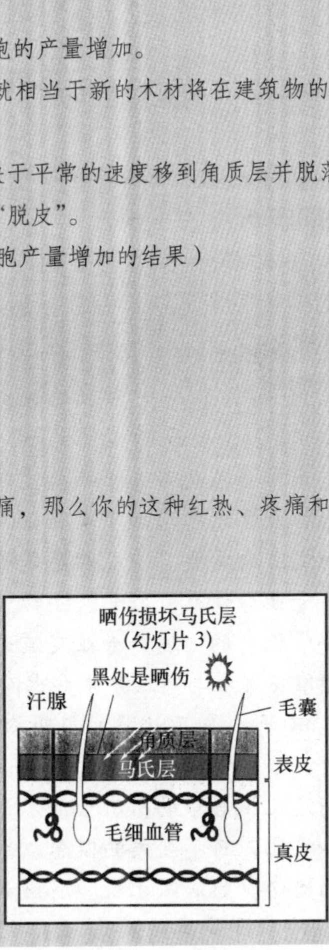

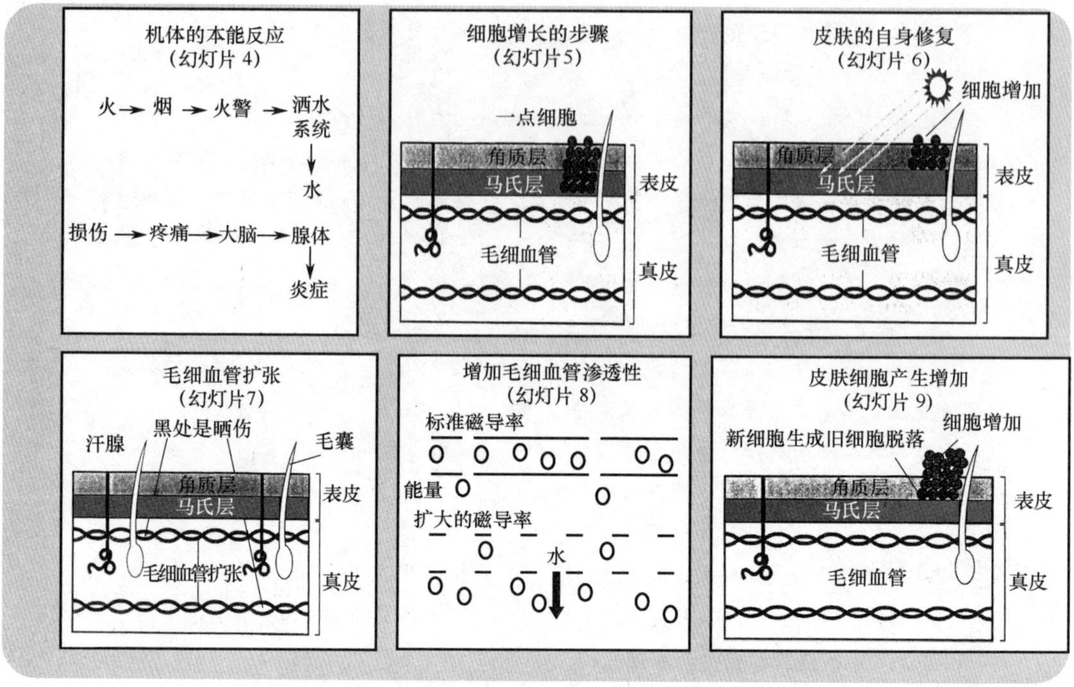

第四节　结构化的专业领域报告

研究表明，清晰的结构信息比无序的信息更加易懂易记。第七章中讨论的每一个结构都可以用于专业报告。

在本章中，专栏 9.2 的内容主要分成了关于 PM10 的三个观点，结构紧凑，这种简单的结构完全适用于专业报告。对于复杂结构和程序的报告，因果结构和问题—解决结构可能有效。无论选择什么结构，专业报告都必须拥有清晰的组织结构才能达到最好的展示效果。

小结

虽然专业化带来了一些困难，但管理需求和公众需求都增加了专业信息与外行人员之间交流的需要。专业沟通是关于科学、工程、专业、商业、监管、法律、管理或者社会科学信息的沟通。专业交流者应该为信息的精准传递和与听众产生共鸣而努力。

以下方法可以增加与听众产生共鸣的机会：依靠简单的语言，避免误导性术语和清晰定义报告中的所有专业术语；多运用举例和类比，将不熟悉的概念、想法与观众熟悉的概念、想法做比较。演讲者同时应该将一些科学计量单位换成可类比的人们熟悉的单位来展示自己的观点。好的专业演讲应该借助可视化素材来帮助听众掌握复杂的概念。

理解复杂的信息有两种常见的障碍：难懂的概念、难懂的结构和程序。为了阐述新的概念，演讲者的介绍应该有逻辑性、可执行性和语言可定义性，典型范例，以及一系列实例。有些信息很难理解是因为它包含了很难感知的、复杂的结构和程序。通过加入流程图和组织类比，演讲者可以克服这些困难。沟通者需要选择清晰的结构，并且这些结构要符合自己所要解释的观点。

问题与练习

1. 重读关于PM10污染的专业报告，理解专业内容的主要困难之一是难懂的概念。这些演讲有用定义和典型例子去克服语言障碍吗？如果有，标注出来哪里运用了这些技巧。解释这些结构如何产生共鸣。演讲是有效的还是无效的？你还能做出什么改变使专业报告更加有效？

2. 下面是一些专业主题。对于每个主题，找出对于听众来说主要的理解困难。

互联网如何发送邮件？

阿司匹林如何缓解疼痛？

细菌如何侵入肉类食品？

科学家如何给抗虫植株植入转基因菌株？

电视屏幕如何产生图像？

什么是激光？

什么是辐射？

参考文献

1. Huber, P.,"Tires, bees and expertise,"*Wall Street Journal,* April 1, 1999, *All.*

2. Alvarez, J. A., *The elements of technical writing* (New York: Harcourt Brace Jovanovich, 1980).

3. Barnette, G. A., and C. Hughes, "Communication theory and technical communication," in *Research in technical communication,* ed. M. G. Moran and D. Joumet (Westport, CT: Greenwood Press, 1985), 40.

4. Alvarez, The elements of technical writing.

5. 同上.

6. Satchell, M., "Could you, er, say that again?" *U.S. News & World Report*, April 20, 1987, 71.

7. Eisenberg, A., *Effective technical communication* (New York: McGraw-Hill, 1982).

8. Zimmerman, B. E., and D. J. Zimmerman, *Why nothing can travel faster than light. . .* (Chicago: Contemporary Books, 1993), 272.

9. Crossen, C, "Analogize this: A is to B as C is to . . .? The correct answer is more vital than ever," *Wall Street Journal*, August 22, 2000, AI, A10.

10. Gribbon, J., *In search of Schrodinger's cat: Quantum physics and reality* (Toronto: Bantam Books, 1984), 31-32.

11. Zimmerman and Zimmerman*, Why nothing can travel faster than light. . .*,76-77.

12. Rowan, K. E., A new pedagogy for explanatory public speaking: Why arrangement should not substitute for invention, *Communication Education* 44 (1995): 236-250.

13. Merril, M. D., and R. D. Tennyson, *Teaching concepts: An instructional design guide* (Englewood Cliffs, NJ: Educational Technology, 1977).

14. Sprague, J., and D. Stuart, *The speakers handbook* (Fort Worth, TX: Harcourt Brace, 1996).

15. Zimmerman and Zimmerman, Why nothing can travel faster than light...

16. 同上., 258.

17. Rowan, "A new pedagogy".

18. 同上.

19. 同上.

20. 同上.

21. 同上.

22. Barnette and Hughes, "Communication theory".

第十章

说服性报告

建议报告是许多专家经常使用的报告形式。请看下面的例子：

- 马瑞尔拥有一家生产天线的公司。然而，他所在公司的产品比竞争对手的产品要贵，因此他必须说服客户花更多的钱来购买他的产品。
- 拉蒙发现了公司中的旅游授权工作有一定的问题，他的解决方案会和公司的政策存在冲突。
- 安丽娜负责公司本年度的联合竞选活动。她要如何鼓励捐赠？
- 塔瑞所在委员会将会申请政府补助金为当地的学校购买新的运动设施。
- 托尼建议市议会与他的公司签订合同，委托他的公司来回收城市居民的垃圾。

为了解决以上问题，相关人士必须做出有效的**建议报告**。一个商业提议应该通过说服听众创造共鸣，无论我们提供什么（一个想法、一个设计、一个项目、新的设备或者一个新的过程），都是针对听众所面临问题的最好解决方案。建议报告对于公司和专业组织来说是日常运作中的一个重要环节。研发公司靠给其他机构提供建议报告来营利。对于社会服务组织而言，给基金会和政府机构提供的建议决定了这些组织的生存与发展。在大公司里，给政府合同提供的建议可能会决定该公司未来5年的发展方向。

本章将论述建议的步骤。在讨论相关的听众之后，本章将概述不同建议报告的结构。由于在本章开头已介绍了建议的重要性，所以接着将讨论逻辑论证的构建和评价，最后再讨论演讲者的可信度和情感号召。考虑到建议对很多机构的重要性，我们有理由相信拥有说服他人的能力对我们的事业成功与否十分重要。

第一节　说服性报告的听众分析

按照惯例，听众是在报告中首先被考虑的因素。只有当我们了解了受众之后，才能够帮助我们进行策略选择，包括结构、逻辑论证、可信度和情感号召。一家培训开发公司的董事长认为有效的建议所关注的问题“对于参加会议的所有人都很重要，但往往很多说服性报告忽略了这一点。”

在第6章中，表6.4介绍了听众分析清单，列举了一系列引导听众分析的问题。作为说服性报告，演讲者必须强调所有分类包括情况分析（场合、组织文化、环境和时间），以及听众分析（人口特征资料、是否被动、对演讲者和主题的感知倾向）。一旦我们知道了听众的知识水平和对主题的理解，就可以刻画出所面对的听众的态度：赞成、冷漠、中立、积极或是敌对。请依照表6.1的指导来调整说服性报告的内容、结构以及向特定听众传递信息的方式。

第二节　说服性报告的结构

在本书第七章，我们认为说服性报告的结构具有引导作用。演讲者通过控制听众和向他们传授关于思想、产品和服务的倾向性解释来引导他们。加里·布莱克是一名写作顾问，他认为如果准备说服性报告时没有组织好思想，就如同一个飞行员起飞时连飞行计划都没有一样。加里·布莱克认为，说服性报告中对于商人来说最头疼的问题就是缺乏组织性。这部分是对第七章所讲述的演讲结构的拓展，引入了一些仅适用于建议报告的结构。

虽然我们通常认为报告内容是影响报告说服力的主要因素，但是结构也可以提高或降低说服力。同一份报告的不同结构能够凸显报告内容的不同侧重点，将报告的结构与听众关注点进行策略性的匹配，能够让我们突出最适合听众群体的内容、报告顺序和说服性的号召。由此看来，结构与内容是同等重要的。

下面就如何组织有说服力的观点提出四种策略：发现问题—解决问题结构、门罗动机序列、N-A-R 结构和平衡结构。我们应该根据对听众的和主题的理解来选取合适的结构。

一、发现问题—解决问题结构

在**发现问题—解决问题结构**中，演讲者将阐明公司存在的问题，并为解决问题提出建议。当雷蒙与同事商量旅行授权问题时，他的建议是遵照发现问题—解决问题结构给的。他这样描述这个问题：由于不正确地预订、报告和执行旅行授权，公司每个月都要亏损 10 000 美元。解决方案如下：员工旅行由采购部门指定的专人进行预订并支付，同时员工需在旅行结束后的 3 天内上交信用卡账单。如果听众没有意识到报告中所提问题的重要性，我们就应该给予问题和解决方案同样地关注；如果听众意识到了这个问题，那么我们就应简单地回顾一下问题并重点强调解决方案。发现问题—解决问题结构的基本框架应该遵循如下格式：

引言
1. 获得关注
2. 说明主题
3. 建立可信度
4. 预览主要观点
（过渡）
主体
1. 问题描述
（过渡）
2. 解决方案
（过渡）
总结
1. 回顾
2. 呼吁行动

由于这种结构简洁而高效，因此受到大多数商业人士的认可和喜爱。

二、门罗激励序列

由阿兰·门罗（Alan H.Monroe）教授提出的**激励序列**与发现问题—解决问题结构相似，但不同的是添加了几步以使听众参与进来（所以被称为激励），并推动他们按照建议来实施行动。当听众对按照演讲者提出的建议采取行动存有疑虑时，这种策略很有效。

激励序列的步骤是关注、需要、满意、可视化和行动。门罗知道有效地说服必须先抓住观众的注意力。在第七章讨论过的技能，包括提问、加强语气的反问句、令人惊讶的陈述、引用，或是给出案例，可以被应用到吸引注意这一步来抓住听众的注意力。

与发现问题—解决问题结构中的问题步骤相类似，门罗激励序列模式中的**需求步骤**帮助找出听众面临的问题。商业演讲者应该详细说明量化的问题，如错过了最后期限、质量不合格、盈利能力下降或客户服务不周。激励序列包括四个步骤来阐述问题：①陈述具体的问题，②举例说明这一问题，③通过额外的举例与统计数据来强化问题，④通过向听众展示这个问题如何与他们自身相关来"指明"这个问题。

在向员工筹集公益金时，安妮娜构建了她自己所需的步骤。

问题是我们社区缺乏针对长者的节目。

A．在星期六早上，我们社区中心有一个为长者准备的节目。

1．确实是这样的！

2．每个星期六有超过50个老年人来到中心，他们很高兴有一个可以用于社交的场所。

a. 这是莎拉·约翰逊一周里心情最好的时候。

b. 她说，"我在一周里太孤单了。我痛恨自己成为家庭的负担。我希望我们能够拥有其他的几个为老年人准备的项目。"

B．即使现在情况已经很糟了，但是这个问题在将来只会变得更糟糕。

1．每年，我们社区的老年人数量以12%的速度在增长，或者说是增加120个老年人。

2．将会有更多的人无处可去。

C．我们的调查显示在下一年，将会有超过半数的员工将面临这样的问题。

1．他们有感到孤单的父母。

2．当明年退休时，他们当中可能就会有一些被统计进那些数据里。

注意，在这个例子中，主要的观点在阐述问题：子观点A说明了问题，B进一步强调了问题，而C则指出问题与听众之间的关系。

解决步骤回答的是"我们如何去解决如上问题"。解决步骤分为两个阶段：①提供**支持**性证据来证明我们的计划将会解决这个问题；②**处理**针对计划的异议。安妮娜的解决步骤包括了许多支持性的材料。

公益金是解决我刚才所描述的问题的方案。

A. 为今年活动所募集到资金用作老年关爱中心的专项经费。

1. 这个中心对老年人的开放时间是上午9:00—下午9:00，在此期间，可以做手工、练习舞蹈或者其他锻炼，并且提供健康的饮食。

2. 其他的支持性材料。

B. 对于建立老年人关爱中心最大的障碍是需要经费来修建该中心。

1. 但是，在我们的案例中，解决方案是很简单的——将这个关爱中心建在一所旧的小学里，这样设施就齐备了。

2. 联合方式只需要20 000多美元来完成改造和装修工作。

C. 不必担心维持这个中心所需要的额外的花费，因为它自身可以维持下去。

D. 去年我们公司募捐了17 825美元公益资金。所以我们需要做的就是每月再多募捐10美元，这样我们就可以在社区拥有一座崭新的老年人关爱中心。

观点B、C、D讨论了这个计划实施的障碍。接下来我们还会提出集中解决这些障碍的几个策略。

激励序列的第四个步骤是**可视化**，在此步骤中，演讲者将会假设计划被采纳，绘制一幅栩栩如生的未来生活图景。使用形象的语言描述及可视的图片、图表和曲线图，这些都能够清晰地图解计划。安妮娜的可视化步骤包括了两种规划：在这个关爱中心，老年人能够参与丰富多彩的活动，描述将会受益于这座中心的人们。可行的方案和具体的实例能使听众更愿意接受演讲者的建议。

行动步骤将推动听众去落实所提出的建议。行动的感染力要尽可能地表现得更直接、更具体，举例如下：

今天早上你们每个人都会在薪水支票上收到公益金募捐卡。

A. 如果你需要另一个卡，请举手，我现在就会交给你。

B. 在标有“募捐数额”的空格处，考虑写下每月 20 美元还是一次性捐献 240 美元。

C. 比起去年平均每月捐献数额仅仅多了 10 美元。

D. 填好这张表格然后明天交还给我，有任何问题都可以询问我。

激励序列建议结构的框架应该使用如下基本格式：

引言

1. 获得关注
2. 证明主题
3. 建立可信度
4. 预览主要观点

（过渡）

主体

1. 需要步骤

（过渡）

2. 满意步骤

（过渡）

3. 可视化步骤

（过渡）

总结

1. 回顾
2. 落实行动

三、N-A-R 结构

N-A-R 结构起源于古希腊，由它的三个关键构成部分而得名：陈述、论证和反驳。像其他的结构一样，N-A-R 结构也应该获得关注，因为它有助于可信度的建立。然而不同的是，引言中不应说明主题和预览主要观点。预览会因为消除惊喜因素而破坏这种模式的效果。

很像一个法庭律师的公开声明，**陈述**环节向人们讲述一个故事，它强调演讲者对一个事件或情景的演绎。大多数人们都会对故事感兴趣，因为故事描绘了主人公、反面人物及情节发展。建议报告的描述部分用演讲者带有倾向性的演绎描述事实。比较以下两个故事：

1. 孩子们上小学的操场没有玩耍的设施。因此他们就会玩儿一些没有教育意义的，甚至有时还有些危险的游戏。

2. “操场”是一个又大又空旷的场所。这里没有为孩子们准备的游乐设施，劳萨在一个没过脚踝的泥塘里用一个小棍在画画，乔伊在向米奇和山姆扔泥巴，这三个孩子就站在离交通繁忙的街道不到数米的地方。

尽管第一个讲述者准确地描述了现状，但还远远不能表达出对于所看到的事物产生的忧虑。第二个故事也是很准确的，但是它在细节上更好地表达了演讲者的意图。通过细节描述、生动的语言和有力的表达方式，我们可以在陈述中强调自己的意图。因为假设性陈述很容易被否认，所以要使用真实的、有资料证明的故事。

N-A-R 结构的第二个步骤是**论证**环节。论证是一系列演绎和归纳的推理过程。下一部分将说明如何构建和加强论证。第三，论证之后是**反驳**环节，反驳强调的是对演讲者的建议的反对态度，后面将会详细说明。

在总结部分，悬念早已没有了，所以我们可以回顾主旨。除此之外，结论部分应该呼吁采取行动。

由于包含了叙述的内容，因此 N-A-R 模式适合于包含戏剧化材料或经历的报告。故事叙述的潜在情感促使持中立态度的听众接受这个建议。而且，论证和反驳部分允许演讲者证明自己有理并回答主要的异议。使用 N-A-R 结构的建议，其框架应该遵循以下格式：

引言
1. 获得关注
2. 建立可信度
陈述
（过渡）
论证
1. 讨论 1
（过渡）
2. 讨论 2
（过渡）
反驳
1. 反驳 1
2. 反驳 2
结论
1. 回顾
2. 呼吁行动

四、平衡结构

有些说服性报告要求我们说明相关的、具有竞争性的解决方案，并且解释为什么我们的解决方案有优势。对于这些报告，听众虽明白问题的本质，但是对于解决方案却犹豫不决。例如，一个零售公司可能同意当前的天线供应者不能完成工作，但是对于是找另外一个供应商还是自己生产天线，这家公司就不能肯定了。

当演讲者的建议被采纳时，平衡结构淘汰了所有的竞争方案。平衡结构的引言应该吸引听众的注意力并为主题做铺垫。依据听众情况而定，有时证明演讲者可信度的内容也应包含在内。在主体部分，演讲者应首先承认其他解决方案的积极属性，毫无疑问，每一种解决方案都有优点。承认积极特性证明演讲者客观（就像这种结构的名称一样，代表了演讲者观点的平衡）和友好的态度，当积极特性被认可后，演讲的大部分时间就应该用来说明解决方案的不足之处。

一旦提出并说明了各种解决方案之后，演讲者就可以立刻提出自己所倾向的解决方案了，并通过列举论据的方式尽量展示这一方案的优势。而听众不会知道这是演讲者的建议。接下来，提出一些缺点来，以平衡自己的陈述。最后，陈述其他的原因和证据来支持自己的建议。为有效起见，演讲者必须清楚地反驳其他所有的解决方案。一家电子零售连锁店要想成为手机和 CB 天线的新供应商，那么其报告中就必须明确说明并排除其他供应商。在引言部分，该连锁店演讲者简单地重申了这个问题："你们当前的供应商是不合适的，供应时间持续拖后，产品质量差，并且退货严重"，然后他继续排除选项，并最终以他自己的选择作为结果。

主体

（一）一个选择是停止继续使用这个生产线。

1. 这能很好地解决供给和退货问题。

2. 然而，这么做的代价是每年净利润损失超过 300 000 美元。

3. 此外，需要这种产品的顾客将不在你们的商店购物，顾客可能选择其他销售商。

（过渡：我已经和你们公司里赞成其他解决方案的人进行了谈话。）

（二）你可以得到一个新的、可信赖的国外供应商。

1. 这个解决方案是可行的，给出外币兑换汇率，说明这个产品会比目前的供应商更便宜。

2. 然而，来自大部分国外供应商的货物交付相对于你们现在的供货商来说，更加缺乏可靠性。

3. 来自目前国外供应商的产品的质量控制也不比现在的供应商好。

（过渡：因此，寻找国外供应商不是一个可行的方案。有什么其他可行的方案吗？）

（三）有一个新的、可行的供应商，既可靠，又能保证质量。

1. 我是值得信赖的供应商，这一点我的客户可以证明。

2. 我的产品有优良的品质。

（1）在提高天线覆盖范围方面，我们在其设计上拥有专利权。

（2）在允许可调方面，我们对其方法拥有两个专利权。

3. 尽管我的天线成本有点高，但实际上出售我的天线会增加你的利润。

（1）天线的质量优于市场上的其他任何同类产品。

（2）我以往的信誉能保证你们会满足顾客的产品需求。

平衡结构的框架应遵循以下格式：

引言

1. 获得关注
2. 证明主题
3. 建立可信度

（过渡）

主体

1. 选项 A

（过渡）

2. 选项 B

（过渡）

⋮

结论

1. 回顾
2. 呼吁行动

第三节　构建有说服力的论证

如果想要听众认同并接纳我们的建议，那么必须要有充分的理由和证据。根据制造商顾问瑞克·吉尔伯特（Rick Gilbert）所说："在行政报告中，行政管理人员和其他专业人士更注重内容，也就是他们更看重翔实的支持性内容、清晰的思维、精辟的分析和数据的支撑。"优秀的建议报告会使用大量的既具演绎性又具归纳性的推理论据来支持每一个观点。

一、演绎论证

观点是演讲者希望让听众接受的特定解释。这些观点必须有理由支持，否则是不会被接受的。**论证**是一系列演绎或者归纳推理的过程，这可以追溯听众原始的思维过程并回答"为什么听众应该接受我的观点呢"？**演绎论证**从普通的规则到在具体情况下这些规则的应用。如果我们知道两个术语以及概念、事件或特点是如何联系的，我们就可以发现其他隐含的逻辑关系。我们在下文将讨论三种类型的演绎推理。

（一）因果推理

因果推理连接着两个事件和观点，其中第二个事件的产生源于第一个事件，例如：

利率增长导致住房和汽车购买力下降。

沙特阿拉伯恐怖袭击和政治不稳定导致油价飙升。

低利率导致大件物品消费的增长，如住房和汽车。

因果推理不应该仅仅陈述事件之间的关系，也应该解释因果连接的方法。例如，第三个例子中的因果联系如下：

利率降低减少了借钱的成本，这使得人们更可能投资到需要贷款购买的产品中。

有三个测试可以检测因果推理的有效性。在进行报告之前，使用这些检验来评价和强化我们的推理。

首先，演讲者应该问“因果关系是否真的存在？”一件事先于另一件事，这并不意味着第一件事引起了第二件事。例如，“我洗了车，所以下雨了”是无效推理，因为洗车不会引起下雨。

第二，演讲者应该问“带来影响的理由是否充足？”，两件事之间的关系应是非常重要的。“做薯条的土豆价格的增长导致全国性的通货膨胀”这个观点就是无效推理。

第三，演讲者应该问“这种效应是由其他干扰原因引起的吗？”尽管一些事件是有联系的，但干扰原因也与这种效应有关。因此，尽管当地医院缺少心脏病设备导致社区中由心脏病引起的平均死亡率更高这是个事实，但是死亡率高也和这个社区的饮食、锻炼习惯、个体遗传、高血压或年龄有关。死亡不仅仅是因为设备缺乏，当演讲者证明这个原因对这个结果有显著作用的时候，他们就强化了论点。

（二）标志性论证

标志性论证基于这样一种想法：当我们看见某件事的时候，我们就会联想到曾经发生过的一些事。但是，它不像因果推理，来自标志的推理不需要假设两件事的因果关系，只需承认两者有关联就可以了。例如，发红色的、带有白色斑点的发炎的喉咙，这就是一个细菌感染的标志。请看下面这些例子：

延期付款、沟通差和更高的客户退货率这些标志会使马里奥推断出：当前，天线供应商对于服务小客户不感兴趣。

杰基看见有人为了喝咖啡而开车 15 分钟去乡下，她就会推断出人们会支持在当地开一家新咖啡厅。

如果标志总是代表一些事情，那么标志与这些事情之间的联系就是肯定存在的。但不幸的是，情况不总是这样。人们开车到乡下喝咖啡并不意味着他们会支持在当地开一家咖啡厅，可能是因为乡下咖啡厅与工作相关的站点更近，或者是因为他们想去离办公室远一点的咖啡厅。可使用下面三个测试来加强标志的论证。

首先，是否有其他的解释使得事件之间的关系更可信？当杰基认为开车到乡下意味着人们会支持她的决定时，她会迅速做结论。对于这个标志如果有其他合理的解释，那么这个观点就失去了效力。

第二，标志是否充分？标志往往是集群的，所以各种标志必须保持一致来表示事情或事件之间的一种关系。如果只看到很少的标志，则代表并不是存在某种关系的信号。看到零售商店的货架上只有少量天线可能并不是供应商的问题，也许只表明零售商该实行“适时制”运货管理了。额外的标志，如质量差的服务、不充足的货物供应和高收益率，这些标志强化了关于供应商的结论。很明显，支持观点的标志越多，论证就越有力。

第三，是否考虑了有矛盾的标志？矛盾标志降低了结论的强度。例如，马里奥可能错误地考虑了天线的受欢迎程度，以及所有的生产商都不能满足当前的需求。一名演讲者通过考虑矛盾标志能够很好地测试论据的强度。对于因果论证、标志性论证和演绎论证的测试总结在表 10.1 中。

表 10.1 对于因果论证、标志性论证和演绎论证的测试

因果论证的测试
1. 因果关系确实存在吗
2. 原因能够足够充分地带来结果吗
3. 这些后果是否是其他干扰因素所导致的
标志性论证的测试
1. 是否有其他的解释使得事件之间的关系可信
2. 标志是否充分
3. 是否考虑到了矛盾标志
演绎论证的测试
绝对演绎
1. 有且仅有三个术语可以呈现
2. 每个术语必须使用两次
3. 中术语必须使用其普遍或无限制的意义
4. 中术语必须在前提中被使用第二次
5. 至少有一个前提是确定的
6. 如果一个前提被否定的话，那么结论就是否定的
7. 大前提和小前提必须是准确的
假设演绎
1. 小前提必须确认前提或者否定结论
2. 如果小前提否定了前提或者确认了结果，则不能从演绎推理得出逻辑结论
3. 大前提和小前提必须是准确的
分割演绎
1. 大前提必须包括所有合理的可能性
2. 可供替代的选择必须相互排斥
3. 小前提必须排除其他的选择项，只剩一个选择项
4. 大前提和小前提必须是准确的

（三）演绎论证

演绎论证包含引领听众由一般原理出发推导出关于个别情况结论的三项陈述。这些陈述是指大前提、小前提和结论。

大前提：所有管理者都需要增强时间管理技能。

小前提：奥利维娅是一名管理者。

结论：奥利维娅需要发展时间管理技能。

大前提基于一个假设或者一般原理，小前提将一般原理应用于特殊群体、特定个人或特定事件，结论通过说明大前提适用的说法，小前提也同样适用，从而将大前提和小前提联系起来。总的来说，陈述源于一系列清晰和令人信服的推理。

由于缺少完整的数据，领导们通常是基于各种假设做出决定，这些假设通常是演绎推理的大前提。演绎推理的强度依赖于前提的确定性程度。如果听者接受前提，那他们也就接受结论，问题是大多数商业前提并不确定，听众可能不会接受。当他们提出一些可能而非确定的解决方案时，演绎就会失去一定的说服价值，但不会失去全部说服力。演讲者可以将推理建立在听众所认可的某些假设上，从而提高推理的可信度。因此，充分地了解听众对于逻辑推理至关重要。学习以上演绎论证的三种陈述方法，有助于让我们成为具有严密思维的听众和有理有据的演讲者。

（四）绝对演绎

绝对演绎推理的大前提不用分类，而且使用如“所有”、“每个”、“没有”或者“不是”这些词来表达。例如，马里奥建立了如下的演绎结构来销售他的天线：

大前提：任何拥有专利的公司都表明马里奥公司的产品具有优越的工程技术水平。

小前提：10Com 在这种天线方面有一些专利。

结论：任何拥有专利的公司都表明 10Com 的天线具有优越的工程技术水平。

为了对绝对演绎推理进行评价，确定大术语、小术语和中术语是很重要的。**大术语**是大前提的谓语（该术语的作用），它通常是大前提中最后一个术语（“具有优越的工程技术水平”）；**小术语**是小前提的主语（“10Com 公司”）；**中术语**是大前提的主语（“任何公司”）。为了测试绝对演绎，可应用表 10.1 中的七个标准。

在表 10.1 的那些标准中，第三条是最令人困惑的，使用一项术语的普遍意义意味着两点：

首先，这个术语必须包括它所涉及的所有成员。一个逻辑性的演绎不会由下面的中术语建立：

大前提：一些商人是不道德的。

小前提：约翰是一个商人。

那么约翰是有道德的还是不道德的商人呢？我们不知道。因此，中术语必须覆盖所有成员。

其次，中术语必须准确描述每一个成员。

大前提：所有的商人都是不道德的。

小前提：约翰是一个商人。

结论：约翰是不道德的。

尽管结构正确，但中术语不能准确描述商人中的每一个成员。为使结论有效，中术语的普遍陈述必须是精确的。

（五）假设演绎

假设演绎推理的大前提通常关注不确定的或条件性的例子，而且使用像*如果*、*当*、*假设*、*或者在*……*条件下*这些词汇。在第五章，我们强调了如下的假设演绎推理：

大前提：如果你的简历有语法和排版错误，你可能不会被雇用。

小前提：汤姆的简历有语法和排版错误。

结论：汤姆不会被雇用。

测试假设演绎推理涉及两个术语。 先行术语是“前面术语”，经常和“如果”“假设”或者“在……条件下”这些词联系（“如果你的简历有语法和排版错误…”）。随后术语是“后面术语”，描述了在先行术语发生的前提下将会发生什么（“你不会被雇用”）。

为测试假设演绎推理的有效性，使用表 10.1 中描述的关于假设演绎的三条标准：

只要违背前两条标准中的任一条，我们就会遇到问题：对于结论来说，条件是必要的但并不充分。测试如下的演绎推理：

大前提：如果你的简历上有语法和排版错误，你可能不会被雇用。

小前提：汤姆的简历没有语法和排版错误。

结论：汤姆会被雇用。

小前提否定了先行术语，因为小前提说简历上没有语法和排版错误。但是结论并不源于这一推理。一份没有语法错误且格式正确的简历对得到工作来说是必要的，但并不是充分条件。

（六）分隔演绎

分隔演绎推理的大前提呈现了可选择性，通常伴随“*或者*……*或者*……”、“*既不是*……*也不是*……”“以及……但是……”这样的术语。托尼建议将该城镇的居民垃圾回收责任交由他的公司来完成，包含如下分隔演绎推理：

大前提：你们或者请私人垃圾回收公司，或者继续维持大额赤字。

小前提：与我们公司签订居民垃圾回收合同。

结论：你们就不会有赤字了。

为测试分隔演绎推理的有效性，使用表 10.1 中描述的关于分隔演绎的四条标准测试如下分隔演绎推理：

大前提：你或者得到大学文凭，或者成为一个一无是处的流浪汉。

小前提：你曾说过你不想读大学。

结论：你将成为一个流浪汉。

这一演绎推理存在一些问题。首先，不是所有合理的可能性都包含在内，因为除了上大学和成为流浪汉之外还有许多其他的生活方式。而且，可供选择的项目不是互斥的。一些上了大学的人仍是流浪汉，而没有上大学的人却成了百万富翁。

在组织和个人之间的相互作用中，推理演绎经常呈现为**实用性推理演绎**。在实用性推理演绎中，前提或者结论之一并没有被呈现出来，是空缺的。然而，推理的过程是明晰的，听众可以自行得出空缺信息。这样的论证非常有效，因为使听众参与到了推理过程中。例如，马里奥可能遗漏了他的推理的大前提，而假设听众已经接受这一假设：

10Com公司有几项基本电台天线专利。因此，我们的基本电台天线具有优越的工程技术水平。

听众可能假设：任何持有专利的公司的产品都有较好的工程技术水平。其他的推理演绎能够被缩写成实用性形式：

- 应该执行这些节约成本的策略，因为它们可以省钱。
- 如果你让我们公司进行居民垃圾回收，就不会持续赤字。
- 因为约翰的简历有错误，所以他是否会被雇用是不确定的。
- 如果油价继续升高，人们就会开始寻找替代能源。

然而，如果对听众是否接受了我们的假设存在疑问，就需要在演绎推理中陈述所有的前提，并用合适的证据去支持每一个前提。当听别人论证时，应注意他们在推理过程中使用的假设，这些假设中含有一系列组成演绎的前提。此外，应用测试来检验推理过程也是很有必要的。

二、归纳论证

归纳论证是通过特殊的观察得出一般的结论。因此一个报告可能引用如下发现：

在对 20 家大公司的个人工资审计中发现，男性会计的工资要比其女性同事平均高出17%。

演讲者使用这一陈述来推断：许多公司支付给男性职工的工资高于女性职工。归纳论证根据证据得出一个可能的结论，目标是收集足够的个案来建立一种模式。归纳论证的检验描述在表 10.2 中，我们将讨论四种归纳推理。

表 10.2　归纳论证测试

类比测试
1. 比较情况基本上一致吗？
2. 在类比时，比较特征准确吗？
案例测试
1. 案例典型吗？
2. 案例和这种说法相关吗？
3. 有足够的案例来支持这种说法吗？
证言测试
1. 当局是否具有这个学科领域的专业知识？
2. 当局是否存在偏见？
统计
1. 统计的来源是否是近期的，是否有效？
2. 统计是否基于足够多的样本？

（一）类比

类比就是比较两个相似的事物、事件、案例或者人，以表明适用于其中一个的也适用于其他。如果听众接受了相似性，那么就会接受结论。例如，一位顾问建议银行经理杰弗里在高峰时段雇用兼职柜员来销售银行产品和服务。

根据以下类比分析，这位顾问坚持自己的建议：

> 国家银行和杰弗里所在的银行几乎在任何方面都是类似的。它们拥有相似的分支机构、相似的规模以及相似的产品和服务。去年，国家银行雇用柜员在高峰期销售产品和服务，取得了非常大的成功。这个过程会对杰弗里也有帮助。

使用表 10.2 所示的标准来测试我们的类比推理，应务必确保在最关键的特征上对比双方具有的相似性。在之前的类比中，杰弗里必须考虑到这两家银行是否真的一样。这位顾问并没有提到这两家银行必须在一个重要的方面保持一致。如果同其他银行的柜员相比，杰弗里所在银行雇用的兼职柜员具有明显低的训练水平和积极性，就会损坏类比的强度，并且使人们难以判断这个措施是否会起作用。

比较的准确性也是非常重要的。如果杰弗里银行的产品和服务相较于其他银行更加复杂或是对顾客没有更多的帮助，那么对于柜员来说，销售这些产品就是相当困难的。

（二）案例

案例是用来说明更大要点的具体实例。利用具体的实例来论证，可以对一个更大的事件或范围得出结论。在《华尔街日报》中有一个报道，用了几个实例来说明美国公民现在比过去更加热衷于“高雅文化”。

> 自 1980 年以来，美国已经成立了超过 110 个交响乐乐团，其中包括新奥尔良的路易斯安那州爱乐乐团和西雅图附近的西北交响乐乐团。
>
> 公共广播电台所广播的异域风情交融的古典音乐在数量上已超过了 1980 年的三倍之多，达到将近 700 首。

使用表 10.2 中的问题来强化案例。

第一，这个案例典型吗？典型的案例表现出更大范围或类别上的特征。案例不能是特殊的，而是应该反映出普遍趋势，具有典型性和充分性的资格条件。这两个案例中所包含的原始统计资料的内容有助于确保他们的典型性。

第二，案例和前提相关吗？案例必须被包含在前提所涉及的范围内。因为体育赛事并不被认为是高雅文化，所以这样的案例无法支持美国公民与过去相比更加热衷“高雅文化”，引用得再多也是无用的。

第三，是否有足够的案例来支持这种说法？为了支持前提，《华尔街日报》列举了许多其他的例子，从参加戏剧表演到图书销量等都有涉及。

（三）证言

证言是直接的信息，它可能来自证人的证词、专家的提示或者其他知情人士的透露。

证言假设一个观点是有根据的，因为它得到了相关领域权威人士的支持。托尼利用证言来支持他对住宅垃圾收集的观点看法：

根据费尔菲尔德地区附近的市长——勃兰特·布朗的说法，"通过委托托尼的公司收集我们的垃圾，我市多节省了 25 000 美元"。

证言测试可以在表 10.2 中看到。正如表中所示，想要资源有效，必须具有与话题相关的凭证，而引用一个没有私人垃圾收集经验的市长是没有意义的。

在证言上引用自身利益也涉及其中的当局的观点是非常重要的。来自自家公司首席执行官的积极评价并不会强化说法，由于身在公司，因此他只会做正面的评价。另一方面，不情愿的证词是指在一些少数情况下，某人的证词对自己的利益具有负面影响，证词并非是为自己谋求利益，因而不情愿的证词往往被认为是具有说服力的。

由于环境治理是城市卫生官员的职责所在，当卫生官员认为委托托尼的环境治理公司可以节省资金时，卫生官员的证言并非是为了谋求自身利益，甚至对自身利益有负面作用，因此他的证言被认为是非常有力的。

（四）统计

统计是以原始数据或平均数据传递信息的个体案例的集合。根据统计数据，我们可以假设这些统计到的真实数据足以推测出那些相似环境下无法收集的数据。托尼可以使用这些统计数据来量化节约量，而这些节约量是市政厅与他的公司通过签订合同可以达到的：

根据我在这两个相似社区所做的工作，我们可以让你们每年节省 12%～20%的花费。

与"数字可以说话"的一般公理相反，数字实际上并不能说话。正因为如此，我们才必须向公众解释统计资料所包含的信息。托尼可以把数字转化为具体的语言，向公众展示他预计的节约量究竟有多大。

这意味着，每个人的账单平均每个月将会减少 12.5 美元，它说明每户每年将节省 150 美元。我相信大家都会认为这样做具有重要的意义。

表 10.2 中有关于统计证据的检测。正如我们所看到的，统计数据必须是最新的和有效的。专业领域发展很快，统计数据很快就会过时。引用统计资料的来源和日期，并且使用最新信息，可以避免削弱我们的观点。

统计数据还必须依赖充分的样本，学习如何收集样本与样本数量同样重要。在托尼的描述中，他引用的样本量是两个城市。

有效的报告可以支持我们的观点。如果认为自己的建议是最好的——可以增加盈利、减少开销，以及更好地促进劳资关系，那必须用好的论证和证据来说明。强有力的建议也可以预见和反驳公众的反对意见。

三、反驳策略

反驳是一种论证，它可以解决和消除别人提出的反对观点。可使用听众分析清单

（表 6.4）中“意义”中的问题来了解公众的反对观点。

通过表达出公众的反对观点，把公众引导到辩驳中，然后引出自己的回应。例如：

1）我知道，你们的大多数人都抵制城市购买自动垃圾回收车的建议，因为它太贵了，但这种想法是不正确的。

2）我知道，一些人对于扩大我们公司经营范围的建议是持反对意见的，他们认为因为这对周围社区的健康存在风险，但是我保证这些风险极小。

有许多方法可以用来处理反对意见，我们将介绍四种最常见的策略。通过说“它不是真的”来否认，这种**否认**可以反击反对意见。在拉蒙的改变旅游审批程序的提案中，他预料到了反对他的建议的关键要点，并且说明“一些人担心这个想法会需要更多的书面工作，这不是真的”。

最小化战略要求说明抗辩是真的，但是它涉及其他事件的意义是微乎其微的。例如马里奥通过展示自己公司的天线在质量和可靠性方面的优势来说明天线稍高的价格是合理的，以此来反驳这些反对意见。

一个非常有力的反驳技巧是**揭露反对者不一致的陈述**、追求或行为。不一致的表现会削弱反对派的可信度，从而提高我们的可信度。人们相信，言论和行为应该是一致的。例如，安妮娜可能会指出，虽然她的同事嘴上支持社区，但是捐款的下降反映出了冷漠。真正关心老年人福祉的人应该在公益捐款上贡献出更多。

扭转局面显示出，虽然反对意见很明确，但它实际上是支持而不是反对我们的建议。这个营销人员说“的确，凌志和宝马都是昂贵的汽车，但是这就是使它与众不同的地方”。就这点而论，成本成为产品吸引力的一部分。

把每个反驳策略作为观点的标签，像每个观点一样，它需要在归纳和演绎推理中得到支持。在一次报告中，通常不可能解决掉所有的反对意见。反驳弱的反对意见是没有说服力的，因为公众仍有很强的理由来反对你的建议。因此，应选择两三个最强烈的反对意见来进行处理。

第四节　概述观点的逻辑关系

构建论点是很具有挑战性的，因为有很多不同的方式可以用来概述一个论点。有时候主要思想是一个由单一推理思路来支持的单一的观点。例如，用激励序列来测试以下的观点：

1. 你应该备有 10Com 公司的 CB 天线，因为它们展现出优质的工程技术。

（1）拥有产品专利的任何公司都会展现优质的工程技术。

（2）10Com 公司拥有 CB 天线的多项专利。

1）专利的例子

① 演绎或因果推理的专利优势

② 演绎或因果推理的专利优势

2）专利的例子

① 演绎或因果推理的专利优势

② 演绎或因果推理的专利优势

③ 10Com 公司的 CB 天线具有优质的工程技术。

在这个例子中，主要思想形成了一个单一的观点，这三个分论点构成了一个实际的推论，来支持这个观点。

在其他情况下，这个主要思想形成多种观点，而这些分论点分别支持每个观点。

2. 你应该支持 10Com 公司的天线，因为他们有优质的工程技术和过硬的质量控制，并能保证快速、准时交货。

（1）10Com 公司的 CB 天线具有优质的工程技术。

（2）10Com 公司对 CB 天线实施过硬的质量控制。

（3）在 10Com 公司，我们保证快速准时交货。

在这个例子中，主要思想形成三种观点，一个分论点支持一个观点。

如果支持观点的推论需要大量的解释，那么每种观点需要使用一个中心思想。

1. 10Com 公司的 CB 天线具有优质的工程技术。

（广泛的辅助材料）

2. 10Com 公司实施过硬的质量控制。

（广泛的辅助材料）

3. 10Com 公司保证快速及时交货。

（广泛的辅助材料）

最后，观点通常是在理由和证据之前被阐述出来。随着争论步骤的呈现，以及证据和理由的补充说明，听众很容易迷失方向。为了避免混淆，每个观点的论据阐述结束时，应重申一下观点：

10Com 公司对 CB 天线进行过硬的质量控制。

（用广泛的演绎和归纳推理来支持）

*内部总结：*就刚才提到的理由，10Com 公司对 CB 天线实施过硬的质量控制。

逻辑性的组织结构有助于引导听众正确地理解，并且增加了产生共鸣的概率。一旦论证的逻辑被充分理解，并明确地表达出来，那么听众就开始考虑演讲者的可信度了。

第五节　构建有效的信誉诉求

听众不仅对演讲的论据做出反应，也会对对演讲者产生反应。如果听众不相信演讲者，那么即使是最好的论点也是无济于事的。**信誉**是听众对演讲者能力、可信度和活力的感观，**能力**是听众对演讲者在主题方面所具有的能力和经验的感观。如果听众不清楚演讲者的能力，更糟糕的是，他们认为演讲者信誉不佳，那演讲者就必须在演讲过程中或在此之前采取措施改善听众对自己的看法。有人会在介绍演讲者时夸赞自己的经验和专业知识，或在介绍过程中利用信誉来提高自己的竞争力，主持人也会通过展示演讲者的学科背景和研究成果来突显演讲者的能力。当有人质疑拉蒙提出的改变旅游审批程序的成效时，拉蒙能提供信誉良好的会计师事务所证明自己的建议的有效性。这些证据能够增强听众对拉蒙能力的认可。只能引用那些听众认为具有可信度的资源。在专栏 10.1 中，多里·詹森的演讲对增强听众对他能力的认知起到了作用。

专栏 10.1

报告样本

消费者保护和承包商许可证

来自：多里·詹森

主题：承包商许可证

主要目标：说服

具体目标：说服听众支持承包商许可证法

主要思想：我会说服听众相信持有公共工程的许可证可以保护消费者，并且不会再对许可证的合法性有异议。

引言

一、在爱达荷州，据说只要你有一条狗和一辆卡车，你就可以成为一名承包商。承包商资质问题已经成为爱达荷州立法机关多年来持续争论的问题。波卡特洛和爱达荷福尔斯是仅有的需要许可证的城市。我提议，参与新建或改建工作的人员必须具有公共工程承包商许可证。公共工程承包商许可证可以保护消费者，并且可以让建筑行业受到尊敬。

二、我叫多里·詹森，我从事建筑行业工作已经超过 20 年。

（一）我们公司的名称是詹森兄弟建筑商。

1. 我们每年建设 10～20 座住宅。

2. 我们每年有 150 万～200 万美元的营业额。

（二）我担任爱达荷州东南部建筑承包商协会的主席一职，并且是 1995 年国家建筑者协会的年度奖获得者。

（三）为了准备这篇讲话，我拜访了前任司法部长戴夫·勒罗伊、爱达荷州建筑承包商协会国家代表戴维·威尔逊、我们的区域参议员埃文，以及当地的不动产律师杰克·罗宾逊。我查阅了许多来自伊利诺伊州立大学图书馆、马歇尔公共图书馆的文章和书籍，还阅读了许多相关行业性杂志。

（过渡：请让我为大家讲一个小故事，这是个关于一个家庭想要从事住宅建设生意的故事。）

故事

这个家庭决定开始一项新生意，这个目标包含了他们对美好生活的希望和梦想——他们想成为原木屋的经销商。他们的计划是：原木房屋代理商提供原木，他们完成建造，再寻找愿意并且能够完成房屋建造的承包商。

他们找到一个人，这个人在 1995 年 5 月份开始建设第一个木屋，并且承诺在 10 月份完成。但是 10 月 31 日，这个房子离完工还有很大差距，而且在对这个未完工的房子进行粗略检查时发现了许多缺陷。12 月中旬，这个承包商在门上留下一张纸条，说他们退出了。这个家庭里的母亲告诉我，她觉得她好像被这个承包商耍了。

除了进行银行信用卡贷款外，他们还向别人借了 50000 美元才完成了这个房子的建造，因此作为总承包商，他们宣布破产了。

历时两年的时间和花费了超出预算的数万美元，这家人终于搬进了他们的第一个原木屋。公共工程承包商许可证可以避免这种情况，因为缺乏合理资金偿付能力的承包商会被取消对原木屋工程投标的资格。许可证可以避免这种尴尬境地和项目主的惨重损失。若在住宅建设方面具有关于承办商许可证的立法，这家人便不会雇用没有许可证的承办商，也不会让自己的梦想被缺乏合理技能、资历和资金支持的人所破坏。（24）

（过渡：主要有两个论点支持在住宅建设方面使用现有的公共工程承包商许可证法。）

论证

一、公共工程许可证通过文件形式记录承包商的能力、资历、经验、财务责任,以此来保护消费者。

（一）许可证颁发给那些在同行业、银行和担保公司中具有良好信誉的承包商。

（二）许可证是分等级颁发的，等级依其资金偿付能力而定，通过确保雇用的人能够负担赔偿金来保护消费者。

1. 承包商被允许投标的金额取决于其财务报表。

2. 法律允许承包商最高拥有 30 万美元的资产净值和 6 万美元的流动资产，最少是 1 万美元的资产净值和 2000 美元的流动资产。

（三）许可证需要审查，以确保承包商了解这项法律以及违法后应承担的处罚。

（过渡：许可证不仅可以保护消费者，还可以保护承包商。）

二、公共工程许可证可以保护进入这个行业的小型承包商。

（一）建筑业是个非常复杂的行业，承包商需要具备非常丰富的专业知识才能生存。

1. 我们会允许某些不会加减法的人来计算宇宙飞船的轨道吗?

2. 在一个复杂的行业里，一步一个脚印地学习这些业务是必需的，不能一蹴而就。

（二）我们必须通过创建一种分级体系（资格证书、声望、技巧和知识）来进行管理。

（过渡：因此，如果许可证可以保护消费者和帮助平凡人物成功，这个建议又有什么问题呢？）

反驳

一、第一个反对许可证的理由是因为它增加了政府管理，但实际上并非如此。

（一）爱达荷州要求，在修筑任何公有财产之前，必须有公共工程许可证。

1. 如果公有财产需要许可保护，市民的私有财产也需要许可保护。

2. 民用建筑住宅建设也需要许可证。

（二）专业的基金经理，如股票经纪人、银行家、房地产经纪人及保险经纪人，必须被许可。

1. 如果让建筑工人管理一大笔钱，他们应该得到许可。

2. 这让我想到《现代房地产实践》中的一段话：“买房子通常是一个人生命中最大的一笔财务交易。房子购买者付出更多的现金、承担更多的债务，并在这项交易中掺杂了比在其他任何交易都更深的个人兴趣”。正如我们所看到的，承包商许可证与管理公款或大量他人钱财的人所需持有的许可证一致。

（过渡：增加了政府的管理是对许可证建议的一项反驳，也有其他反对的声音。）

二、其他人说这个限制阻止了普通人进入建筑行业；我认为实际上这些限制将帮助普通人。

（一）公共工程许可证依据赔偿损害的能力限制普通人进入建筑行业所承担的工作。

1. 许可证可阻止普通人进入得太深、太快。

2. 法律通过鼓励普通人在能支付损失的情况下开始来创建一个松散的学徒制。

3. 随着偿付能力的增加，权限也会增加。

（二）将竞争限制为能够承担损失的商业活动并不是坏事，因为它保护普通人免于承担风险无法赔付的工作。

（过渡：因此，如果我们同意许可证可以保护普通人，我们需要看看这个过程的花费。）

三、第三个反驳是建立新的代理机构和新法律的成本，但是用现有的法律和代理机构能够降低成本。

（一）修改公共工程许可证法来适应住宅建设者十分简单且便宜。

（二）公共工程许可董事会已经存在，并且可以调整住宅建设承包商许可。

1. 董事会仅仅需要额外的秘书来帮助处理增加的许可量。

在公共工程许可董事会上，盖洛德湖告诉我们，他正在努力让这项法律得到修改。

2. 这个城市和国家建筑部门已经在为许可收集信息，并且愿意增加一条规定：一个承包商在购买建筑修建权的时候，必须出示其许可证。

（过渡：如果我们回顾了对许可证的反对意见，我们会发现这些反对意见是没有说服性的，修改公共工程许可证是解决无信用承包商问题最有效的办法。）

四、最后，一些人说行业不支持许可，这是不准确的。

（一）爱达荷州建筑承包商联盟中有超过1500名企业成员，从10多年前便已经开始撰写、支持及游说颁发许可证的事宜。

（二）行业里全职的、合法的承包商看到不熟练的、没有经验的及资金不足的兼职承包商出现问题，强烈要求建立规则和进行立法。

（三）当我访问戴夫利、威尔逊和艾凡时，他们说反对许可证的人主要是兼职承包商。他们是需要被保护的人，而且消费者也需要在这些承包商那里得到保护。

（过渡：当我们回顾反驳许可证建议的理由时，我们会看到它们不具有说服力，并且修改公共工程许可证对不可靠的承包商来说是一个有效的解决方案。）

结论

一、为消费者生命中所做的最昂贵的一次购买创建规程是明智的。

（一）这个规程不会阻止新从业者进入这个行业，但是会强制这些人进入一个他们能承担赔付的工作水平，并保护消费者。

（二）实施这项法律的成本不高，也不困难。

（三）全职的、合格的、知识渊博的、有经验的及财政上有支付能力的承包商都支持这项法律。

二、我们决不允许发生在波卡特洛家庭的悲剧再次发生在爱达荷州任何其他人身上。

分割演绎

大前提：我们或者花钱建立一个新的代理机构执行法律，或者使用现有的代理机构来节约成本。

小前提：建立一个新的代理机构太昂贵。

结论：我们应该使用现有的代理机构。

绝对演绎

大前提：我们应对那些从事管理市民私有财产这一复杂工作的人进行约束。

小前提：承包商的工作是复杂的，他们掌握大部分市民一生中所创造最大资金的最大部分。

结论：因此，承包商应该被约束。

假设演绎

大前提：如果州政府意识到应该保护个人的财务免于受到没有经验且没有赔付能力的承包商的伤害，那么市民就应该得到保护。

小前提：州议会已经制定了法律来保护市民免于受到没有经验且没有赔付能力的承包商的伤害。

结论：应该制定法律来保护市民免于受到没有经验且没有赔付能力的承包商的伤害。

（一）可信度

可信度是听众对于演讲者的诚信、客观、公平和关心度的看法，可信任的看法可以通过与听众达成共识来提高，让听众成员了解演讲者分享他们的价值观并理解他们的目标。信任度也可以通过表现自己的客观态度来增加，集中在多种资源而不是一种资源上；使用无偏见的权威意见，并且承认其他方案的益处。

（二）活力

活力是听众关于演讲者的能量、自信和热情的看法，尽管好的倾听者关注讲话内容，但听众很难被一个单调乏味的演讲所吸引。听众把有活力的演讲者视为热情的、坚定的和自信的。当说服听众接纳我们的意见时，如果我们用有活力的展示风格来表达自己的承诺，就会更容易成功。

第六节　构建有效的情感诉求

有效的建议包括情感诉求，情感诉求鼓励活跃的倾听，使倾听者更愿意完成实践演绎，一个有说服力的建议或希望能唤起许多情感：

嫉妒	自豪
害怕	恐惧
同情	生气
羞耻	安全
承诺	挫败

这些情感决定我们想要从听众那里得到的情感回应，可用下面的技巧强化这些回应。

唤起情感可以通过情感例子和有效的传递，用生动的故事帮助听众认识主题。艾丽克·西斯用下列例子让她的听众在情感上承诺把钱捐出来用于她所在的医院引进心脏病治疗新型设备。

一个人真的能在社区里创造影响吗？苏·芬奇做到了。苏·芬奇代表了我们许多人的意愿，她是一个在帮助别人过上更好生活的人。她在当地的流浪汉之家从事志愿工作，在法庭诉讼中为儿童权益发言，并加入了乐观派俱乐部（该俱乐部致力于为大学的新生提供奖学金）。苏·芬奇在

8月1日过完了她的44岁生日后，于8月5日因心脏病不幸去世。真正不幸的是，如果我们社区有一个心脏导管插入机器，她的死就可以避免。但是我们没有，苏的死十分无助。无独有偶，每年在我们社区总共有75人死于相似的心力衰竭。有了大家的支持，我们便可以挽救大量的生命。

艾丽克·西斯用服务和志愿精神的情感塑造了一个良好的、道德的社区成员形象，接着她用**鲜明的语言**，如“悲剧”、“无助”等词来强调死亡的悲伤，苏·芬奇奉献的**细节描述**则更有力地提升了情感意识，并且把听众带入悲剧氛围中。

小结

有说服力的报告通过劝说听众相信我们提供的是最佳解决方案，从而在听众中产生共鸣。发现问题—解决问题结构及门罗激励序列首先告知需求或问题所在，并提供具体解决方案。在N-A-R结构里，需要讲述一个故事，它强调演讲者对问题、难题或情景的用意，论证和反驳提供对建议归纳和演绎的支持。平衡结构的结果去除了竞争解决方案，直到仅剩下演讲者的建议。

观点可以是一名演讲者想要让听众接受的任何看法，论证属于演绎或归纳推理过程，演讲者将自己的原始思维过程呈现给听众。因果关系论证连接两个事件，并声明第二个事件是由第一个产生的。当我们推断一个事件代表其他事件的发生时，我们可从标志上进行论证。演绎论证包括三种陈述，把听众从总的观点引到具体事例的总结，绝对演绎不用进行分类划分，假设演绎关注不确定或有条件的实例。分割演绎是有选择性的，有一个选择将被排除在外。

归纳论证是从特殊现象到形成一般结论；演绎论证不需要证据，可直接得出结论；类比法是关于两个相似的物体、事件、实例或人的比较，并且认为对一件事情是正确的东西，对另一件事件也是正确的。案例是阐明一个更大的观点的实例。证言是一个引证或目击者、专家或其他消息灵通人士的解释。统计是以原始数据或平均数据传递信息的个体案例的集合。反驳策略说明并排除了反对意见。四种类型的反驳分别是否认、最小化、暴露不一致的陈述和扭转局面。

可信度是听众对演讲者能力、可信任与否及活力的看法，可用案例、生动的语言、细节描述及有效的传递来提高听众对建议的情感支持。

问题与练习

1. 你会用本章开始时描述的结构（发现问题—解决方案、门罗的动机序列、N-A-R及平衡）中的哪种做建议报告？在每个报告中考虑主题、听众及论证的类型。

2. 描述仅包含一种论证（即从标志性论证或因果论证）建议的优点，依靠单一的论证有什么缺点？

3. 描述演绎推理优于归纳推理的地方，为什么构建良好的演绎推理比归纳推理更有说服力？什么能避免演讲者在劝说中只依靠演绎推理？

4. 从古到今的许多理论，认为可信度是最重要的一种有说服力的诉求，你认为正确吗？为什么？

5. 阅读下列实践演绎的例子：①构建一个陈述实现完整的演绎；②鉴定演绎的类型；③应用合适的测试来决定它的有效性。

- 当然，他支持低税率，他来自共和党。
- 如果你的专业是会计，你毕业后保证会从事这类工作。
- 如果一个公司的产品线极差，它将会破产，Tec ware 的产品线就极差。
- 黑客给你的计算机系统造成的损失说明计算机存在缺陷。

- 产品流通是经济的生命线，如果物流因货车司机罢工而切断，经济就会崩溃。
- 比起解雇员工，我想我们更应该为其提供工作所需的培训。
- 地方长官是不道德的，因为他在有关政策措施上极力欺骗公众。
- 劝说别人的能力在你的职业生涯中很重要。

6. 在表 10.3 演讲例子中寻找实际的演绎，可以通过浏览假设找到（通常是一个演绎推理的大前提）或做出的总结找到。通过写大前提、小前提和结论拟定整个演绎，把你的演绎和作者在演讲结束时拟定的三个进行比较，你发现有附加的演绎吗？应用本章中所描述的逻辑测试的演绎，说说它们有逻辑和说服性吗，为什么？

7. 研究表 10.3 中展示的因果论证，从迹象中论证，以及从类比、统计资料、证言及案例论证的演讲，每个论证都有说服力吗？为什么？总而言之，你被展示的论证说服了吗？为什么？

8. 研究表 10.3 中演讲的可靠性诉求。多种多样的可靠性诉求怎么影响你对演讲者的能力和可信度的看法？你认为演讲者是可信赖的吗？为什么？

9. 研究表 10.3 中演讲的反驳策略。标记出演讲者所用的每个反驳策略。这些反驳是如何具有说服力的，为什么？

参考文献

1. Rosenbaum, B. L.，"Making presentations: How to persuade others to accept your ideas," *Supervision,* May 1992, 9.
2. Blake, G., "It is recommended that you write clearly,"*Wall Street Journal,* May 3, 1995, A24.
3. Ryan, H., *Classical communication for the contemporary communicator* (Mountain View, CA: Mayfield, 1992).
4. Gilbert, R., "Content outshines speaking skills in the boardroom,"*U.S. Business Review,* November 2007, 12.
5. Sprague, J., D. Stuart, and D. Bodary, *The speaker's handbook* (Belmont, CA: Wadsworth, 2008).
6. Ziegelmueller, G. W., and J. Kay, *Argumentation: Inquiry and advocacy* (Boston: Allyn & Bacon, 1997):
7. Sprague, Stuart, and Bodary, *The speaker's handbook.*
8. Ziegelmueller and Kay, *Argumentation.*
9. Blackmon, D. A., "Forget the stereotype: America is becoming a nation of culture," *Wall Street Journal*, September 17, 1998, Al.
10. Sprague, Stuart, and Bodary, *The speaker's handbook.*

第十一章

营销报告

没有营销，企业终将关门。营销报告有很多形式，广播、电视、报纸和互联网上的商业广告等都属于营销报告的范畴。零售业，从小鞋店到大的汽车经销商，都需要营销报告写作技巧。企业需要通过营销报告获得业务，如一个洗衣店获得一份清理一家大型连锁酒店的床单合同。

因为商业广告是一个专业的领域，故在本书中不做考虑。代表非正式人际沟通的零售也不在本书的考虑中。我们强调组织间的**营销报告**，组织里的营销人员劝说另一家企业购买自己使用的产品和服务或将这些购买来的产品和服务最终销售给零售客户，这样的报告需要呈现给负责公司采购的团队和个人。营销人员的目标是与听众产生共鸣，以便听众接受演讲者对产品或服务的解释，这需要选择深思熟虑的战略和战术来实现。

本章一开始将介绍营销报告在商业和职业中的重要性，接着讲述营销报告的听众分析。在第一章中，我们提到有效沟通需要适应听众的需求，这在销售中显得更为重要。营销报告的内容必须在逻辑上有说服力、拥有可信度且富有情感。最后，我们将讨论营销报告所要求的演讲质量以及符合营销情境的特定演讲结构。

第一节　营销报告在商业和职业中的重要性

营销人员每天都要对各行各业做无数个营销报告，大的制造供应商要听很多报告，这些报告鼓励他们购买原材料和制造设备、办公设备或咨询服务。其他情况下，营销人员试图说服批发商和零售商购买他们的产品。例如，贺曼和无线电广播室必须购买他们自己不生产的货物。城镇上小型的零售商也要听许多来自于行业供应商或零售商品和服务的供应商的营销报告。就连政府机构和社会服务组织也越来越以客户为导向。城市的水利部门和公共卫生部门可能与其他营利组织一起为城市服务而竞标。

各个城市、国家和地区为了争夺新的制造厂，或说服组织在自己所在社区安排会议而激烈竞争。举个例子，玛茜是得克萨斯州格雷普韦恩旅游局的营销经理，主要职责是招揽组织来格雷普韦恩召开商务会议。玛茜所做的一个典型营销报告的对象是美国执法人员培训协会，她需要将小镇作为会议与培训地点推销给协会。因此，营销报告对当地政府和州政府是非常重要的。

营销有两种类型。在**一次性购买**中，公司或政府机构准备做一次大型采购（如采购新软件、大型计算机或者整个工厂的制造程序），列出潜在的供应商，想听一听他们的竞标报告。展示团队必须包括营销人员、市场部门和工程师以及其他技术支持人员，竞争通常是非常激烈的，需要几个月的调查和准备。

当公司购买零件或每天生产所需的原材料时，他们进行**持续性购买**。制造厂需要原材料(如铁、天然气或者碳酸钙)来生产他们的产品，于是制造汽车和飞机的公司将会与外面的零件供应商订立合同，来完成自己的产品制造；而且每一个组织都需要桌子、椅子、计算机、复印机、传真机和基本的办公设备来维持公司的运转。如果购买额小（如许多办公用品），营销报告就会通过电话或者网络进行。采购机构不会在货物的交付和产品的品质要求上浪费过多的时间；相反，价格是他们最为关心的问题。然而，对另外一些购买，双方已经有过多次合作，因此交易不依赖于营销报告，而是有赖于营销人员与客户建立的信任关系。在今天，生产过程被安排得如此紧密，以至于延迟运送货物就会使生产陷于停顿。劣质材料将会导致存货积压，让公司蒙受巨额损失，甚至还面临产品召回。当采购员从一个供应商转向另一家时，会面临很大风险，因此他们绝不会轻易更换供应商。

获得采购员对营销人员的信任通常始于第一次的访问或者营销人员向潜在客户拨打的一个电话，这是为了找出谁对此次购买有决定权，并至少简单地会见一下这个人。

专栏
11.1

创建客户数据库

关注所认识的顾客和潜在顾客的最好方法就是创建计算机客户数据库——很多描述性文件的集合，使得我们能够时时跟踪客户的产品需要、人员信息和顾客的决策制定风格。营销经理可以利用数据库让最优秀的员工服务于最有利可图的潜在客户。营销和市场主管可以利用这些信息制定关于产品线、价格政策和销售战略的最有效的决定。最后，营销人员可以利用这些档案来调整营销报告，以及与客户建立强有力的关系。

一个客户档案就是一个充满问题的文件，也充满了回答这些问题的空间。一些组织可以利用客户关系管理（CRM）软件，它包括所在销售行业的客户档案模板以及那个组织的关键决策制定者。然而，小规模的或中等规模的公司不用这个软件，而是通过文档处理器或电子表格来创建他们自己的客户模板。对每一个客户简介来说，要创建三种文档：①组织文件，聚焦独特的产品或服务需要；②一系列的人员档案，包括 5~8 个控制购买决策的关键人物；③关键决策制定者的人员档案，并描述他偏好的决策制定风格。每一个文档所需要的信息描述如下。

组织文档所需要的关键信息：

- 详细描述公司提供的产品和服务
- 自己试图卖给他们的产品或服务
- 客户机构的关键要求，例如价格、质量、配送方式、技术要求等
- 关键竞争者的优势和劣势

人员档案所需要的关键信息：

- 适合这个人的决策制定链在哪里
- 个人曾经在哪里上学
- 他所属的组织

决策制定文档所需要的关键信息：

- 关键决策制定人使用五个决策制定风格中的哪一个（参阅“营销报告中的听众分析”下面的讨论）

不要太急于创作完美的模板，最开始使用时，可以逐步精修并完善这个模板。数据库的创建可以帮助营销人员与客户建立紧密的联系，并完善营销报告中有效的战略和战术选择。而且，当营销人员离开现在的岗位时，数据库有助于接替者全方位接手客户资源。

来源：Adapted from Kahle, D., “Knowing your customers,” *American Salesman*, January 2008, 13-19.

在给潜在顾客进行陌生电访时，营销人员一定会遭到很多拒绝，有些甚至会非常不友好。但是，即使是世界上最成功的营销人员，也会受到比订单多很多的拒绝。“对我们不友好的人都是不需要我们所营销的东西的人，所以为什么还烦恼呢？”

如果我们所销售的产品是日用品，通常采购部门的某一个人可能就可以决定这次购买。另一方面，如果产品是有严格技术要求的企业的高科技产品，工程师或其他技术人员通常会做出购买决策，还有可能是工厂经理助理或采购经理。

在拨打陌生电话之后，营销人员的目标是迎合决定购买的人，并让不重要的人对购买持有积极的态度，或至少要保持中立。如果营销人员知道并了解每一位客户或潜在客户，就更容易做到这点。建立并保留关于购买信息的最好方法就是计算机数据库。利用数据库中的客户信息，可以更容易说明我们的产品或服务如何能够满足潜在客户最迫切的需求，同时与购买者建立牢固的关系。本章的访谈内容讨论了与客户建立关系的重要性。

当营销人员和采购部门建立关系时，需要偶尔利用电子邮件或电话来保持联系，并提供产品的最新信息。营销人员也应该在购买过程中让潜在的持反对意见的人转为中立。如果在工厂安排了产品试验或产品检测，请务必让购买的关键决策者知道。如果我们表现得过于情绪化或者未能保持信息畅通，即使采购部门中职位最低的员工也能破坏我们的营销计划。

在当今这个全球竞争的时代，与客户建立关系比以前更加困难。因为对于许多持续性的购买而言，从一个供应商改为另一个供应商需要付出很大的代价，因此营销人员通常不会为了蝇头小利而用自己的职业生涯去冒险。营销人员必须证明他们的产品确实相

当优越，但让客户与销售人员主动联系是很困难的。公司裁员、解雇意味着许多经理做的工作在 5 年以前需要由 2～3 个人完成。另外，公司极度保护他们的客户基础。如果另一个公司知道他们正在对一个销售客户进行特价销售调查，这家公司可能会立即降价，与客户签署长期合同，或者进行质量改善来维持生意。因此，在今天向客户说明我们所营销的是真正有价值的产品比过去更难。本章我们所描述的技巧，就是为营销人员在竞争日益激烈的环境下所提供的竞争武器。

专栏 11.2

访谈：

托尼·西恩帕（汽车行业的全球市场经理，罗德公司，伊利湖，宾夕法尼亚州）

（罗德公司为航空航天业、工业及商业设备制造提供涂层产品，以及震动和噪声控制装置）

关于营销过程的介绍

营销过程有两个基本部分。第一个就是营销前的准备，包括准备所要表达的内容，包括文献、小册子或者幻灯片。大部分为产品做案例的材料都要符合专业规范。

如何使报告适应顾客的需要？

为了满足客户的需要，必须进行调查，询问潜在客户产品应满足哪些技术参数。可以要求客户将样品送到我们的实验室中进行检测，以探明我们的产品将如何与其他的材料共同协作。这需要在公司技术人员的陪同下进行，以便让客户了解公司所生产的零部件或产品是如何在制造过程中发挥作用的。

这些信息在公司是现成的吗？

有时候，这些信息是预先就有的。当我们向客户咨询信息，他们将提供我们所需的所有信息。然而，在一些行业中，比如汽车行业，相对更加保密一些，由于拥有更为发达的程序和革命性的技术，他们不希望将这些创新信息透露给竞争者。这些公司知道我们与他们的竞争者也有生意上的往来，所以无论我们怎样对保密进行承诺，他们还是会担心这些保密信息仍会被透露给竞争者。在这样的情况下，营销人员应提出选择性的问题供客户回答。例如，我想要了解我的黏着剂要达到什么要求，我可能会问："这是一个短循环的干燥期吗（高温，干燥时间短）？还是一个长循环的干燥期（低温，干燥时间长）？"用这样一种方式，客户会给我一个具体的解释，而不会透露太多重大过程。

这些问题能够让我们了解潜在客户的需求吗？

是的，对营销人员来说，理解客户需要对于增加产品的价值是非常重要的。你需要了解客户关键的需求是什么，他们关心我们在产品生产过程中持续进行的质量改善吗，公司是否采取措施让自己的产品更加环保，他们是否需要一个全球公司来供应产品，无论生产点坐落在哪里。如果这些是公司所需要的价值，那么销售者就必须把这些公司或产品的元素推销给客户。

营销过程的第二个组成部分是什么？

第二个部分就是人的因素。我们必须与客户建立信任关系。如果不能首先推销我们自己，那我们所推销的产品也会十分糟糕。我们可以通过保持联系来建立信任。若告诉一位客户我们正在做产品检测，会在 10 号把检测报告发给他，如果检测有所推迟（请不要忽视这个问题），我们应给客户打电话，告诉他：我们承诺 10 号把检测报告发给他，但是由于实验有所停滞，需要推迟几天。这是客户希望知道的信息。营销人员必须避免对配送或科技问题进行过多的承诺。一旦我们做出了承诺，却没有得到履行，我们与客户之间的信任关系就将会受损。

另外，我们应花些时间去了解与我们合作的客户，这是非常重要的。他们结婚了吗？他们有什么爱好？如果我们在飞行中正好读到一篇与客户兴趣相关的杂志，请将这篇文章复制下来并发给客户，友善地提醒客户我们记得他们的兴趣，这篇文章对他们而言可能很有趣。我认为，生日或周年纪念日的电子卡片是保持联系的好方式。一些人可能会说这些东西过于虚假，但是如果我们长期这样做，就会让我们变得很真诚。当然，无论我们与客户之间有什么样的关系，如果不能为客户解决问题，那我们就不会得到订单。

能给出一个您经手过的大额销售订单的例子吗?包含营销过程的这两个部分吗？

在汽车行业，汽车门都是由金属片制成的。车门底部的外层环绕内层并被包裹起来，这两层会在车门底部被焊接起来。焊接有几个关键问题。首先，即使是最好的机器人所做的焊接工作也不是一致的；其次，每一个焊接点都很容易遭受腐蚀；最后，不能焊接铝和复合材料，使用它们会降低车的重量。我们接触了美国三大汽车行业之一，试图让他们对用黏着剂代替车门焊接感兴趣。我们花了几年的时间进行研究、试验、数据分析、努力说服他们花费千万美元在机器人、安全的设备以及对雇员所采取的健康措施上。今天，这个制造商仍然使用我们的黏着剂。现在，其他的两个公司也开始使用相同的方法了。这就是我们公司一年六七百万美元的营销额。

当年轻人学习营销时候，他们所面临的最大问题是什么？

很多年轻人从来不要求订单。他们到最后用尽了所有的方法，感觉很好，他们说："我一周以内给您打电话。"当他们打过去的时候，客户说，"我们已经开始用竞争者的产品了。"相反，营销人员需要问"我们什么时候开始运送这个产品？"营销人员必须记得主动得到承诺并进行跟进工作。

第二节　营销报告的听众分析

米歇尔·施略内克（Michelle Schoenecker）在杂志中写道，"营销建议就是满足客户需要，我们的建议不应该聚焦于为什么自己的公司是行业内最好的，而是为什么我们的产品满足了客户的需要。"不能分析客户的特定需要就会导致营销展示不适合客户。

这就是总部位于芝加哥的贝尔&豪厄尔文档管理产品公司的营销和市场部的副经理琼马里·安尼安德鲁所犯的错误。在她的第一次报告，她把在营销学校所学到的各种知识，包括样本、详细的图表和具体的产品质量描述等都用了进去。尽管客户很感谢她做了一个全面的营销报告，她仍失去了这个订单，因为客户没有看到产品是如何满足公司的具体需求的。

建筑行业面对面营销的研究表明，当营销人员能够采用不同的营销报告去迎合建筑行业所服务的三类顾客群体——政府机构、大型私人开发商和私人购买者时，这些营销人员比那些仅运用固定的营销报告去迎合每一类客户营销员更加成功。作者总结道：

> 似乎没有什么可以代替具备良好适应性的营销人员。这些营销人员对不同的购买环境很敏感。他们从买者那里寻找线索，调整自己的营销行为，不具备这种适应性的营销人员不可能有这种敏感性。

分析和调整适应听众需要的能力是做营销报告中很重要的一个部分。在这一部分中，我们将会提供两种方式来判断听众是否对营销报告感兴趣——询问问题和聆听隐喻。同时使用这两种这些方法将会洞察到听众的需要和兴趣。然后我们将讨论如何迎合关键采购部门所偏好的决策制定风格。

一、询问问题

正如我们在第六章听众反馈中所了解到的，询问问题是了解和适应听众的有效方式，这种直接的方法将会通过以下两种形式来帮助营销人员。首先，直接的问题会帮助营销人员发现**有资质的客户**——有需要、兴趣和财力资源购买他们产品或服务的潜在客户。尽管访问没有资质的客户未必就是浪费时间（不同的商业环境可能会改变客户的需要），但是有资质的客户是大量营销订单的来源。表 11.1 提供了筛选客户的部分问题。如果通过询问问题，营销人员能了解到客户的公司并不熟悉他们所销售的产品，那么营销人员的任务便是使客户知道这个产品能够解决具体的问题。另一方面，如果组织需要产品，但是从几个竞争品牌中选择，营销人员的任务就是将自己的产品与竞争对手的产品区分开来。

表 11.1　筛选客户的营销问题

1. 你的需要和问题是什么？
2. 你的公司考虑过我们提供的产品或服务吗？
3. 为什么考虑（或不考虑）这个产品或服务呢？
4. 产品或服务要达到什么标准？
5. 这个产品或服务需要什么样的操作水平？
6. 什么标准最倾向于影响决策者？
7. 自从上一次我们讨论之后，有什么变化吗？

在筛选客户之后，听众分析并没有结束。营销报告必须分析环境特征和听众对产品的喜爱倾向。可利用表 6.4 的听众分析清单来使报告迎合听众的需要。

二、聆听隐喻

询问问题需要与潜在客户进行公开的互动，而**聆听隐喻**是以更加隐蔽的方式洞察听众的想法。**隐喻**是指用一种事物暗喻另外一种事物；例如，“美国航空是非常准时的机器”。尽管美国航空并不是一台实实在在的机器，但是这个隐喻鼓励我们将航空公司想象成一台机器。通过使用这个隐喻，公司希望能够用机器的可靠性和准时性来说明美国航空公司也具备同样的特征。隐喻帮助人们认识自我和周边的环境。

根据营销专家罗伯特 • 布泽尔（Robert w.Boozer）、大卫 • 怀尔德（David C.Wyld）和詹姆斯 • 格兰特（James Grant）的观点，商业中所运用到的隐喻反映了商业或行业里所存在的竞争意识。例如，一个行业可以看作是一个战场（我们需要夺得市场份额和收复失地）、一个游戏（我们需要在没有损失的情况下迅速结束这一局的比赛）、一台机器

（由故障问题而引起的配送问题）、一条渠道（信息流在营销中并不充分）。

聆听隐喻是“用客户语言进行表达”的基础。如果客户正在战争中，那么我们的产品或服务就是武器；如果组织是一台机器，那么我们可以修理破坏的部分。通过技巧性地运用直接提问或留意隐喻，营销人员就可以找出有资质的潜在客户并了解他们的需求、兴趣和公司运营的理念。迎合客户的需要和观念是有效营销的核心。

三、适应不同的决策风格

由于某些决策者对采购过程具有最大的决定权，因此适应他们的决策风格是非常重要的。《哈佛商业评论》发表的关于采购决策的研究表明，人们在进行采购时，呈现出的决策风格往往分为以下五类：**超凡者**、**思考者**、**怀疑者**、**追随者**和**控制者**。关于每种模式的描述、典型特性和适应策略请见表 11.2。

表 11.2　适应五种决策方式的方法

	超凡者	思考者	怀疑者	追随者	控制者
描述	容易被新想法所吸引，但做出决定时仍然基于可靠的信息而不是单凭冲动	他们是最难说服的人群。他们希望获得由数据支撑的论据。讨厌冒险，做决定很缓慢	对于所呈现的数据持高度怀疑的态度，尤其是当这些数据挑战与他们的观点相左的时候	基于以前做过的决定或是值得信任的人曾经做过的决定来进行决策。趋向于风险规避	厌恶不确定性和模棱两可的回答，关注事实
典型特征	热情 迷人 健谈 占主导地位	理智 聪明 逻辑性强 有知识的	苛求 打断他人 不友好 难控制的	可靠 谨慎 追随品牌 善于讨价还价	逻辑性强 不冲动 理智 注重细节 善于分析
调整策略	报告的重点放在结果上，使争论变得简单坦诚，使用可视化素材来表达重要特征和利益。使用平衡结构来说明并消除较差的选项	提出明确想法。用归纳和演绎推理来支持每个想法。用归纳和演绎推理找出缺陷。检查所有类比确定他们是可用的	获得决策者所尊敬的人的支持，从而建立起信誉。让所有的信息来源变得可信。随时准备应对反驳的观点。反驳观点时应较为客观	解释以前的工作状态使冒险的感觉减到最小。提供相关机构的推荐书，用类比来说明产品或服务是如何良好工作的	论证一定要有条理和逻辑。提供大量细节性的证据来支持的观点。在报告中包含大量信息而不是用强势的态度说服听众。期望客户能自我说服

来源：Williams, G.A., and R. B. Miller, *“Change the way you persuade,”* Harvard Business Review, May 2002, 65-73.

如表 11.2 所示，在对决策者的风格进行归类之前，我们需要花些时间与他们建立联系。客户信息数据库应该包括个体决策风格的信息，这些个体往往是在购买过程中拥有最重要决定权的决策者，决策风格信息能帮我们更好地调整自己的营销言辞。

第三节 营销报告的内容

由于营销是一种说服性的产品推销，因此，相对于图像而言，营销报告的内容更为重要。第十章中的沟通技巧适用于大多数营销报告。

在这一部分，我们将探讨增加顾客信任感（或营销人员信誉）的一些技巧，并讨论一些关于营销的特定沟通方法。

商业周刊的作者米歇尔·尼克尔斯（Michelle Nichols）说："如果营销人员因没拿下他们认为属于自己的大订单而感到悲伤，往往是由于他们的顾客更信任其他卖家。"尼克尔斯与顾客建立信任关系的五种方法见表 11.3。

表 11.3 建立信任关系的方法

方法	如何奏效
建立客户对公司的信任	保存组织所取得的证书、许可证、奖励证明，并在介绍中展示出来
建立客户对产品和服务的信任	把推荐信或视频放进营销报告中，描述问题是如解决的，或所提供的产品或服务是如何使营销额增长的
建立客户对营销人员的信任	会议准时，当场满足沟通和交货期限，提供所承诺的产品或服务，快速有效地解决问题，对因错误而造成的问题表示歉意（见第 13 章）
建立客户对营销的信任	不要在营销报告中夸大产品或服务优势
建立客户对相关行业的信任	留意在知名媒体上宣传相关行业的文章，在营销报告中将这些文章展示出来

在营销报告中体现出清晰而具体的目标是很关键的。就像在第七章中读到的，报告的目标往往不是报告的主题，而是演讲者希望让听众记住的东西或是报告所想达到的效果。许多营销人员的报告以失败告终，原因在于他们的报告是以对公司历史或产品发展的详细阐述这些无关紧要的信息作为开始。组织顾问詹姆斯·卢卡谢夫斯基（James E.Lukaszewski）鼓励人们"必须把交流的目的或是相关信息放在第一位，然后用适当的附加信息和细节来支持这个目标"。

营销报告的本质体现在其据理力争的辩论中。纽约出版商的代表性企业 Gordon & Associates 的主席乔什·戈登（Josh Gordon）认为，能够用论据证明自己观点的营销方式往往会获得成功。当然，这种证明包括第十章中描述的充分演绎和归纳的推理论证。

卢卡谢夫斯基建议演绎论证要避免只是列举产品或设备的**特点**，而应该包含这些产品或者设备能给消费者带来的**好处**。关注消费者的利益有助于营销人员针对潜在消费者选择合适的论证方式。

有三种不同的必需品是公司或政府代理机构需持续购买的，而且每种必需品都满足了不同的需求。正如之前所述，供应商所提供的**日常用品在**本质上是没有区别的。营销人员利用的唯一营销优势就是低价。不幸的是，日常用品的价格在通货紧缩的压力下已经触底，每家公司都在缩减流程以降低价格。因此，制造和营销日用品是现代商业中最有挑战性的工作之一。

专业性产品从技术上来说不同于竞争对手的商品。这种产品往往易于营销,因为营销人员能从不同的方面（如价格、质量和技术优势）来说明自己的产品，从而与竞争对手产品区分开来。如果这些特质很重要，那么客户可能愿意为产品付出更高的价钱。为了营销专业性商品，营销人员必须把产品的核心优势与客户的需求相结合。

最后，**系统性产品**要求组织不仅要花钱购买产品，还需要购买特殊的装置和设备来与产品配套使用。例如，在本章的访谈中，罗德公司出售生产黏合剂的自动生产线，但若要运用好该生产线，制造商还需要在机器人、安全装置、工人健康测试方面增加额外投资。为了卖出系统性产品，营销人员必须能够展示出产品和配套装置将在买方的生产过程中做出可观的改进。

案例是对于营销报告来说是很有价值的归纳推理工具。案例中不仅会涉及其他客户购买产品或服务的经验，还包括营销人员对产品优势的介绍。在营销报告中讲**故事**是很有价值的案例形式。故事往往和电影或小说一样引人入胜。演讲者的叙述中应有一个正面角色来激发客户同情，同时还要有与之斗争的负面角色和必须战胜的环境。由于结局尚未确定，所以故事中的冲突很容易产生悬念。为了让客户产生强烈的回应，故事应注重人物的行为和情感。

路捷快递公司刊登在华尔街日报上的广告，描述了一家家具店的经理必须要前往堪萨斯城参加一个交易会，同时还需要接受急性阑尾炎切除手术。在这个例子中，紧急的时间和经理的健康问题被看成是该公司员工必须战胜的“敌人”。广告中还贴出了家具经理和路捷快递员工的合照，这让人们更加认同了他们的正面形象。在演讲报告中，故事不仅能吸引听众，还为营销人员提供了展示自身人格的机会。

隐喻能帮助客户理解产品和服务无形的品质。例如，在路捷快运的广告里就有这样一个隐喻——“路捷再一次走在了时钟的前面”，图画里，秒表前面是一个半挂式卡车。读者会将商业联想成跑步或冲刺一样，时间是衡量成功的唯一标准。想要获得成功，隐喻就必须传递给顾客愉快而有吸引力的联想。

最终，多媒体帮助营销人员在设计、成本和效能上满足每一位客户。电子表格让客户审视各种运行方案以及生产率、能量成本、能源节省、污染减少等运行结果。这些适应客户需求的工具让营销报告更具说服力。

尽管错觉告诉人们商人是理性的，但情绪在营销沟通中却是一种强大而有说服力的影响因素。几乎所有组织的决定都包含了主观情绪，从愉快、自豪、满足、兴奋到焦虑、担心、惧怕和逃避。

根据德保罗大学的乔尔·惠伦（Joel D. Whalen）所言，高效的营销人员必须在顾客购买商品和服务之前减轻三方面的恐惧。人们担心他们无法得到承诺的东西，担心他们会花费太多，担心组织中的其他人会批评他们所购买的产品或服务。与客户建立一种牢固的个人关系能减轻这些恐惧感。相关的客观绩效数据和满意客户的名单同样能建立公司对营销人员的信心。第十章中的反驳策略可以用于减轻顾客对产品或服务的担忧。为了应对客户对批评的担忧，惠伦建议给客户“灌输”反驳的观点来对抗来自他人的批评。如果被批评了，客户会产生一系列的争论。

第四节 构建营销报告

许多顾问认为大部分有说服力的营销报告首先是发起一个问题，描述一种需求或呈现一种令人不太满意的状态，接下来的一步（通过使用营销商的产品或服务）是解决问题、满足需求以及改变令人不太满意的状态。就像本书第十章讲到的，这种制造和满足需求的两步过程是一些模式的基础，这些模式包括发现问题—解决问题结构和门罗动机序列。同样，这也是许多营销报告的理想结构。当然，其他的结构也是适用的。N-A-R结构是在开头讲一个吸引人的故事，然后对客户灌输反驳来对抗异议。平衡结构则对那些熟悉问题的听众来说是非常有用的。

另外一种提出观点—证明观点的结构是由本书的一位作者提出。营销报告中每个主要观点都是对产品好处的描述，然后用归纳和演绎推理的方式来支持这个观点。例如：

Vuarnet 太阳镜比市场上其他任何太阳镜都更能保护你的眼睛免受阳光照射的伤害。

（1）太阳放射出大量短波射线和紫外线。

（2）紫外线比其他射线伤害眼睛的速度要快。

1）暴露在紫外线的照射下会造成暂时的视力损伤、白内障和失明。

2）根据加州大学医学院解剖学教授理查德·杨（Richard Young）的研究，我们应该选择对紫外线防护性最好的太阳镜。

3）为了保护我们的眼睛免受紫外线的伤害，我们眼镜的镜片应该消除380nm的紫外线。

（3）Vuarnet 太阳镜比其他太阳镜阻挡了更多的紫外线。

1）研究者发现 Vuarnet 太阳镜能防护470nm紫外线的伤害。

2）这比排名第二的太阳镜要高60nm。

（*总结*：Vuarnet 太阳镜比市场上其他的太阳镜更能保护你的眼睛。）

值得注意的是，这个例子的要点是如何大胆地陈述产品的优势。提出观点—证明观点的结构如下：

引言

主体

1. 关于产品的第一个观点

（1）支持论据

（2）支持论据

2. 关于产品的第二个观点

（1）支持论据

（2）支持论据

3. 关于产品的第三个观点

（1）支持论据

（2）支持论据

结论

结构对于任何营销报告来说都是很重要的部分。好的结构能够引导听众接受我们所希望的结论。

第五节　发表营销报告

热情的表达对高效的营销报告来说至关重要。在第七章中，我们强调好的表达取决于对听众尊重的态度和对主题的热情。这里有很多与营销报告直接相关的表述问题。我们在表 11.4 中列出了发表营销报告的技巧。好的报告方式是**即兴的**。与拿着手稿照本宣科相比，使用笔记或大纲的即兴演讲能够帮助演讲者迅速吸引观众的注意力，即兴的表达往往更加通俗易懂，而照本宣科则显得枯燥乏味。不论这个报告之前做过多少次，每一次报告都必须让人觉得这是第一次发表。

表 11.4　发表营销报告的小建议

1. 即兴表达，而不是朗读手稿
2. 制造即兴感，让客户相信这场报告是第一次进行
3. 适当走动，说的每句话都有特定的意义
4. 避免发声停顿
5. 引用共同的经历来建立与听众的共识
6. 直接一点，不要隐藏营销的目的

另外，在演讲模式中要避免发声上的停顿，如啊、嗯。发声停顿听起来令人恼火，而且表现了犹豫和缺乏自信。演讲者应在日常谈话中练习消除发声停顿，这有助于在正式报告时减少停顿的发生。

最后，不要隐藏营销产品或服务的意图，而要在演讲的开头和结尾使人明白自己的目的。结束营销报告时，可以劝说听众下订单。

小结

对于许多企业和政府机构而言，营销报告是非常重要的。营销情景可以分为两种类型：一次性购买和持续购买。隐喻是一种不明显的适应客户需求的手段。多媒体辅助工具的运用也很普遍，可能包括产品的背景信息、竞争力数据、价格表、交货时间表和产品规格，研究统计数据和电子制表数据，播放老客户表示满意产品的视频。良好的可视化素材并不会影响营销报告中的内容表达。

报告应该关注产品或服务的优点。日常用品营销者可以指出的唯一好处就是价格。

专业性产品或系统性商品是比较容易营销的，因为营销人员可以谈论产品的各种好处。来自老客户的推荐书会增加报告的影响力。故事是一些吸引人的案例，可以引起听众的兴趣和共鸣。隐喻可以帮助营销人员传达关于商品或服务的无形元素，而且软件能够为每个人提供量身定做的统计数据。

营销人员需要减少三种常见的客户担忧：一是担心他们得不到曾被许诺的东西，二是担心花费太多，三是担心别人会议论他们购买这种产品。良好的营销报告通常是即兴的，听起来就像是第一次做报告。在观点—证明观点的结构中，提出一系列观点，并且对每一个观点都带有具有说服力的推理支持。

问题与练习

1. 购买一辆车，带一个新的洗衣机和烘干机回家，购买一套最新的运动服，或者通过电话买一些东西，这些是否有吸引力？每个人都听过营销报告。在报告中讨论一些你最近听到的营销报告。你曾购买或拒绝过产品或服务吗？这种购买决定的来源是什么？是否辅以可视化素材，或者恰当的并具有说服力的营销报告？营销人员是否有效地采用了逻辑性强、具有较高信誉和情感呼吁的吸引手段？为了使营销报告更有效，你会怎么做？

2. 思考一下，最近你所听说的一次营销报告和拒绝购买的产品和服务。营销人员说了一些信息来诱导你购买某种产品或服务吗？你是一名潜在客户吗？描述一下可以成为潜在客户的具体要求。对没有资质的客户，最好何时停止营销的意图？

3. 思考一下可以推销给同事或同学的一件商品或一项服务。作为一个小组，提出几项拒绝购买这种产品或服务的理由。对上述每一项拒绝理由，用头脑风暴的方法收集可能的反驳策略。对上述拒绝理由，哪项策略最有效？

参考文献

1. Yarbrough, J. F., “Toughing it out,”*Sales & Marketing Management,* June 1996, 81-84.
2. Tate, T., “Cold calls: Don’t dread this effective sales tool,” *Sound and Video Contractor*, May 2004, 26-27.
3. DiSanza, *R. A.,* Telephone conversation with first author, September 3, 2001.
4. Schoenecker, M., “Best practices for developing sales proposals,” Intercom, November 2004, 14-16.
5. Marchetti，M., “That’s the craziest thing I ever heard, *Sales & Marketing Management*, November 1995, 77-78.
6. Withey, J. J.，and E. Panitz, “Face-to-face selling: Making it more effective, *Industrial Marketing Management* 24 (1995): 245.
7. Kennedy, D., “Screen test,” Entrepreneur, August 1996, 84-87.
8. Boozer, R. W,, D. C. Wyld, and J. Grant, "Using metaphor to create more effective sales messages,” *Journal of Consumer Marketing* 8 (1991): 59-67.
9. Koch, S., and S. Deetz, “Metaphor analysis of social reality in organizations,” Journal of Applied Communication Research 9 (1981): 1-13.
10. Boozer, Wyld, and Grant, “Using metaphor,” 62.
11. Nichols, M., “Five ways to build customer trust,” BusinessWeek Online, 2006, Academic Search Premier, http://search. ebscohost. com.
12. Lukaszewski, J. E., “Bridging the

communication gap," *Sales & Marketing Management*, August 1991, 62.

13. Gordon, J., "Making a sales presentation work," *Sales & Marketing Management*, March 1992, 91-93.
14. Lukaszewski, "Bridging the communication gap."
15. 同上.
16. Bormann, E. G, "Symbolic convergence: Organizational communication and culture," in *Communication and organizations: An interpretive approach*, eds. L. L. Putnam and M. E. Pacanowsky (Beverly Hills, CA: Sage, 1983), 99-122.
17. Boozer, Wyld， and Grant, "Using metaphor."
18. Whalen, J. D., *I see what you mean: Persuasive business communication* (Beverly Hills, CA: Sage, 1996).

第十二章

风 险 沟 通

根据美国环境保护机构（EPA）前任会长——威廉姆·拉克肖斯（William D.Ruckelshaus）所言，“美国公众及其民意代表最终必须放弃绝对安全这种不可能实现的目标，并且接受要做出艰难而痛苦的选择的责任。”食用肉制品、长期坐在计算机前、居住在大型制造工厂附近、岩石作业、开车、吸烟、吃受污染的湖里的鱼，都要承担一定程度的风险。

在充满风险的社会里，**风险沟通**是任何关于不确定的物质和环境危害的沟通，目的是帮助个体和组织管理这些风险。在沟通、公共关系、公共管理这些比较大的领域内，风险沟通领域已经发展为一个全新的沟通专业。就其本身而言，风险沟通由大型组织里的职员实施，例如环境保护机构的管理者，或者由各个层级的政府部门来实施。例如，休斯敦市的空气质量统计局采取了一系列新的措施，包括通信技术和公众参与策略，以此来报告空气质量，并且在管理条例的执行上增加公众参与度。另一个例子是，美国政府和卫生部门在 2009 年发布了大量关于 H1N1 病毒的信息，尤其是它对于青少年和年轻人潜在的致命危害。

风险沟通是一个快速发展的新领域。这个新领域为擅长呈现复杂技术信息的技术人员和能够有效领导小组的管理人员提供了很多机会。本章为以后的学习和实践奠定了重要的基础。学习风险沟通最好的方式是参与并成为公众中对此感兴趣的一员。因此，我们鼓励读者自己参与到社区的风险沟通中。

本章将首先介绍风险沟通在企业和政府中的重要性。然后，我们将简洁地解释风险分析的程序，重点分析其利弊。接下来，我们会检测导致公众害怕一些风险并忽略其他风险的原因。第四部分是介绍在风险活动期间，风险沟通必须要克服的关于可信度的挑战。最后，我们将讨论成功的信息化、劝说性沟通的具体策略，以及包含风险沟通的最佳实践方式。

第一节　风险沟通在企业和政府中的重要性

根据卡内基梅隆大学的摩根·格兰杰（M. Granger Morgan）所说：“现在的美国人民，比历史上任何时期都更长寿、更健康。然而，他们对于健康、安全和环境所面临的风险还没有足够的重视。”许多工业和选民代表认为公众具有大局意识，这促使工业和政府花费数十亿来减少极小的危害。但无论相信与否，人脑对危害的直接反应是害怕。研究表明，“我们不仅是先害怕后思考，而且害怕总是多于思考”。因此，我们的恐惧是生物固有的反应，并且对所面临的许多灾害的反应都是恰当的。

第一，我们面对的许多疾病比以往更令人恐惧。死于癌症既痛苦又悲凉，并且几乎没有人能避免因疾病而失去家人或朋友。一些不为人所知的疾病突然出现并且以惊人的速度传染，如甲型流感病毒 H1N1、西尼罗河病毒、疯牛病和高致命率的禽流感（H5N1）。更糟糕的是，医学界往往察觉不到许多疾病的确切原因，比如因癌症死亡的人是源于吸烟、饮食不健康、污染、氡气还是疾病的遗传基因呢？不知道确切的起因增加了我们的恐惧。

第二，作为地球村的居民，我们对危险的恐惧被彼此之间的互相联系所放大。互相依存意味着，某时某地发生的行为可以影响未来某时某地的其他行为。因此，在我们还不了解或者还没来得及采取措施时，我们的风险可能增加或减少，由此增加了我们的忧虑。

最后，科学技术的复杂性使决策变成拥有高科技的小部分团体所做的事情，而这些决定又将影响大众的生活。所有这些因素以及更多的因素自然而然地增加了我们的恐惧。

美国联邦政府意识到这些担忧，并且试图使之更容易为公众所理解。例如，1986年超级基金的修改和在授权法案中规定了“社区知情权”，命令受环境风险影响的各方要增加沟通。作为超级基金一部分的应急计划和社区知情行为，命令必须提供给社区公众关于危险化学品的信息，并且建立应急计划和通知程序来保护公众免受这些化学品泄漏的危险。最终，美国12898号行政命令“少数族裔享有环境公平正义”的执行，确保政府要认真考虑并向少数族裔和低收入人群报告环境风险和健康风险。

三种因素使得任何关于不确定的物质和环境危险的沟通都更加复杂。第一，不管风险评估学科的科学基础如何，风险沟通都是有内在价值偏向的。复杂的风险分析也许能够精确地估计核反应堆发生危机的可能性，但是没有科学的风险分析可以回答以下问题：对电力的需求是否真的足够大？我们对来自于火电站导致的污染和全球气候变暖的担忧是否足够严重，以至于有足够的理由建立更多的核电站？尽管对风险的科学分析包括**实际的问题**（一项活动带来的确切风险），但是决定哪种风险可以接受、哪种风险需要避免的行为也涉及**价值观**。

第二，因为我们都是带着自己的价值观来处理问题，所以风险沟通充满**冲突**。没有共同价值观的人是不能在处理或避免风险上达成一致的。例如，对于某些家庭来说，就业保障比免受制造业工厂带来的污染更重要，而其他人则拒绝遭受这种风险。事实上，当社区成员陈述他们各自不同的信念时，风险沟通活动完全有可能增加冲突。

最后，尽管风险沟通有产生冲突的趋势，但对于做出复杂的风险决定而言，一个开放的风险沟通程序仍然是最有效的手段。为了保证民主，社会必须找到能使科技信息服务于公众选择的方法。根据研究者的调查，最好的风险沟通方式是“在受到风险影响的各方之间强调对话、解决冲突、建立一致性”。然而，这并不意味着仅仅通知公众已经做出的决策。风险沟通领域著名的专家彼得·沙德曼指出，在进入研究阶段之前，在专家评估风险之前，当然也在任何完美的解决方法被讨论之前，社区必须参与其中。“这类真正的公众参与是市民的道德权利，这也是完善的政策。”当公众参与其中时，个体会表现出卓越的技术细节掌握能力，并且以恰当的方式工作。接下来将解释风险分析的科学性。

第二节　风险分析的科学程序

风险分析是一门新兴的学科，其目的主要是为了对由风险源本身和过程所造成的健康和环境风险提供定量的估计。这一部分，我们将首先解释风险分析的目标，然后提出该学科所具有的不确定性。

一、风险分析的目标

尽管解释许多风险分析中错综复杂的部分已经超出了本章的范围，但是学习风险沟通的学生必须要理解风险科学家是如何定量测量那些由特殊危险所造成的风险的，或是如何测量某个具体风险的成本和收益的。

许多有关风险的研究是首先将某种风险根据其暴露出来的程度进行赋值，然后在显示水平和影响结果之间画一个线性模型。例如，为了描述由吸烟所造成的癌症风险的上升，一个科学家将每天抽 10 根烟设为一个暴露等级，并且经过广泛的研究得出，这种等级使吸烟者患肺癌的可能性增加了 25%；而一个每天抽 20 支烟的暴露等级使吸烟者患肺癌的可能性增加了 50.2%。

另一项研究分析了大样本的集合风险。对具体人口的风险计算的基本框架是：

某一具体风险的效能 × 受影响的人数 = 风险

最后，风险分析还评测了减少风险的成本。例如，通过评价 EPA 所提出的臭氧标准，美国商业研究中心得出，1990 年颁布的《清洁空气法案》中提出的臭氧减少条款所带来的每 1 美元收益，需要消费者和纳税人支付 3.3～5.1 美元花在评价和监管上。

基于风险评估的研究，表 12.1 解释和评估了五种常见风险源的风险，并对每一种风险源及其所造成的风险都做出了解释。在最后一栏，将根据严重性和受害者人数，对个体将遭受危害并造成影响的可能性做出了相关的风险判断（低、中、高）。

表 12.1　常见风险的解释和评定

风险源	解释	风险	评定
转基因食品	将一些物种的典型特征基因插入其他物种中，不同物种产生出独特的结果。例如：将从比目鱼得到的一段基因插入草莓的基因中会使草莓更耐寒。把一种植物中的抗虫基因插入谷类的基因中可以减少农药的使用	插入基因会产生新的过敏源、毒素或蛋白质，这些可能对人的健康产生影响	在美国，被曝光的转基因食品已经普及，其对人体健康的影响没有确切的数据，但是在动物身上的实验表明几乎没什么可担忧的 可能性：低 不良后果:低
疯牛病（牛的海绵状脑病，或 BSE）	是一种发生在牛身上的神经性疾病，它的特征包括使牛变得莫名其妙的具有侵略性和摆出异常的姿势。传染媒介是朊病毒或畸形蛋白，通过牛的食料传染给牛群，这些食料也含有被屠宰的已染病的牛肉和骨头	朊病毒可以传染给食用了病牛肉的人，煮熟也不能消除这种病毒。被摄取的朊病毒会变种为雅克氏病，这种病会毁坏正常的大脑机能，是致命的	2000 年和 2001 年，在欧洲国家（主要是英国）有许多牛感染这种病。虽然在加拿大和美国只有很少的牛被诊断为感染了该病，但是美国政府还是禁止给牛喂食剩余的被宰动物的肉和骨头，从而阻止了这种病的传播 可能性：很低 不良后果:很低
太阳辐射	太阳光中的短波紫外辐射造成了三种皮肤病：基底细胞癌（侵略性最小的）；鳞状细胞癌，可扩散到淋巴结和内部器官；黑色素瘤，是最致命的，因为它会扩散到身体各部位	臭氧层的消耗，加上北美和欧洲人喜欢日光浴的习惯，使得紫外线辐射成为一个尤其严重的危险	太阳辐射每年造成 1.3 百万人患皮肤癌。在美国，每年有 7800 人死于黑色素瘤 可能性：高 不良后果:中等

（续）

风险源	解释	风险	评定
肥胖症	想知道是否超重的一个方法是测量腰围——简单但不精确。女性超过 90cm、男性超过 100cm 的腰围就是高危的了。环境对肥胖症的产生起很大作用，主要是看个体参与的体力活动量。超重并不只是由于习惯的问题，有人也可能是遗传性易胖，还可能是因为身体的正常代谢强度的高低不同而导致肥胖的形成	超重会使得很多原因导致的非正常死亡的可能性增加 50%～100%。肥胖会增加得心脏病的概率，会双倍增加得Ⅱ型糖尿病的风险。肥胖和糖尿病会增加患几种癌症的风险，还可能增加女性不孕的可能性	在美国，肥胖症是“头号杀手”之一。大约 30 万人死于多种多样的癌症、心脏病、中风和Ⅱ型糖尿病，这些病都与肥胖症有关。大概有 1/6 的美国人，或者说 4450 万美国人超重 15kg 或者更多。1999 年，6～19 岁的孩子里有 14%是超重的 可能性：中等 不良后果：高
水污染	地表或地下水供应可能遭受很多污染。农药和化肥可能来自田地，化学品可以是从工厂或地下水池泄漏出来的，雨水流经道路沾染污染物，垃圾填埋场会泄漏溶剂和日用化工品	水污染带来两个基本风险：致命细菌病毒，以及会导致即时效应的寄生虫等的生物危险。虽然二者都不会致命且影响时间短，但化学污染物会产生更长时间的危险，例如可能导致癌症或者婴儿先天不足	平均每个美国人 1 年用 202.5m^3 水，得益于广泛的公共健康监测和水处理，人们很少出现健康问题 可能性：低 不良后果：低
机动车事故	涉及多种机动车的大多数车祸，都是撞上固定物体或者撞死行人	酒精、年轻气盛和速度是明显的使机动车事故中伤亡率增加的原因	在美国，机动车制造的死亡率排行第 8。2000 年，交通意外使 42000 人死亡，另有超过 3 百万人受伤。平均每 13 分钟，就有一个美国人死于机动车事故 可能性：高 不良后果：中等

来源：Adapted from Ropeik, D. and G. Gray, Risk: *A practical guide for deciding what's really safe and what's really dangerous in the world around you* (Baston: Houghton Mifflin, 2002)

大部分关于风险的信息来源于三个主要的风险学科。首先是毒理学，它主要研究有毒物质对人体健康的影响。因为毒理学家不能在人体上测试，所以只能用动物代替。第二是流行病学，主要研究人群中正在流行什么疾病，并且试图弄清危害和暴露等级与各种负面影响之间的关系。例如，流行病学的大量研究检测了空气污染记录和各个社区住院病例的数据，研究发现，随着空气污染程度的上升，呼吸系统疾病的发病率也随之上升。通过这一发现，他们得出结论，污染可能会引起呼吸系统疾病。这个例子也表明了流行病学的主要局限性之一在于它仅仅能够提供明显的暴露风险会导致特定结果的因果证据。最后，为风险信息统计分析拣选现有数据。比如，通过政府事故记录数据可以提供关于多少人在机动车事故中受伤或死亡等细节信息，这些可以用来评估汽车和越野车相关死亡风险的预算。

然而，政府和企业的统计水平往往欠佳，不精确的数据很难给出清晰的结论。

二、不精确的科学——风险分析

虽然在过去的20年中，风险分析已经有了巨大的改善，但它依然是不精确的科学。在风险分析中有大量不完善的知识来源。首先，在当今美国，毒性研究还没有在大多数工业化学中应用，也没有足够的财政资源去进行所有需要的研究。第二，一旦开始一次特定的毒性研究，估算风险水平就将十分困难。在实验室测量风险大小很简单，而在真实世界中泄露的毒素通过空气、水、土壤和食物链传播。毒素与其他化学物混合生效，经过物理化学变化，可能会以不重要的比例分配稀释这种物质，使毒性降低或者联合其他物质使其变得更加危险。此外，一旦有风险的物质进入人体，就会发生一系列的化学变化，这种变化难以预测。因此，在风险分析中，推算出危险暴露程度就需要大量假设。

第三，对于特定物质的危险性估计是很难的。不能简单地把一些死亡或疾病归咎于单一的原因。更糟糕的是，大多数风险表明，负面效应暴露很多年以后，跟踪起来便十分复杂。最后，毒性物质在人体内不能被测试的这个事实使所有的估计都变得很复杂。科学研究要用动物和计算机上的试验来代替。虽然有多种多样的方法可以通过动物或计算机数据来推断出对人体可能的伤害，但每种方法都包括很多假设和优缺点。

被讨论后的问题表明，所有风险评价的特点是大量的不确定性。比如，美国核监管协会的研究表明，依据所做假设，估计核电站核心爆炸风险的概率在 1/10000 和 1/1000000 之间。

风险分析的局限为风险沟通者制造了一个道德危机。发言者应该关注风险研究最基本的结论，并忽略关于局限性的必要的复杂讨论吗？或者发言者应该冒着使听众困惑、分散听众对重要结论的注意力的风险来掩盖研究的局限性吗？专栏12.1将处理这个困境。

最后，无论科学分析多么精确，都会体现其内在的价值倾向。虽然科学家可能会得出这样的结论：为了解救2000个生命而减少颗粒排放，政府将花费230亿美元，但它取决于政府领导、工厂和公众对其成本和收益的衡量。下一部分，我们来看看听众对风险的认知。

专栏12.1

风险沟通的道德问题

正如我们在之前提到的，风险分析是一门不精确的科学。即使是误差最小且结论最确切的研究也是基于一系列有质疑的假设的。很多政界和工商界的人都试图去忽略风险研究是怎样进行的和对于科学数据的局限性的讨论，因为他们害怕这些细节只会迷惑大众。调查表明，这种做法是不道德且无用的。

掩饰风险评价的技术复杂问题和它们的局限性是不道德的。当风险沟通者掩饰风险分析的细节和局限性时，实际上，他们是将决策权留给自己而不是有影响力的听众。风险沟通应该提供所有可以帮助大众做出正确决定的信息。告诉人们他们不得不与风险相伴是不道德的，给人们选择的机会但封锁信息偷偷摸摸地决定也是不道德的。

相比于开放完全的风险沟通，隐秘的风险沟通除了不道德之外，效果也很差。大多数风险沟通都发生在有利益冲突和信息冲突的环境下。如果一方沟通者没有提出研究的局限性，具有利益冲突的另一方就将会雇佣科学家将前者没有提出的局限性公之于众。当局限性暴露之后，被攻击的公司或代理就将失去公众信任，因为它们似乎是在研究中掩饰缺陷，其在未来提出的信息也将不被接受。

明尼苏达州的一个县城用沉重的代价得到了教训。废物转成能量的焚烧炉计划通过了所有流程，并且公众参与到了广泛的风险沟通中，但却没有讨论与设施相关的最小风险。而对焚烧炉的反对意见最终还是出现了，这些反对意见主要是针对其潜在的危险。因为人们没有听说过这种风险，所以他们总结出这是该县的欺骗行为，并开始极力阻挠。参与明尼苏达州焚烧炉项目研究的玛丽·安娜·瑞兹，写到，

“如果县城从焚烧炉会带来的某种程度的风险开始来证明论点，就可以占上风。如果他们站在自己立场上争辩的同时公开承认存在的风险，就可以赢得公众的信任，从而创造长期的可信度。”

隐瞒研究的局限性有粉饰科学细节和次要风险的嫌疑，这是不道德且无用的实践。风险沟通者应该竭尽全力去传播并公开所有风险研究发现的局限性。

参考文献

Renz, M.A.,” communicating about environmental risk: An examination of a Minnesota country’s communication on incineration”, *Journal of Applied Communication Research*, 20(1992):9.

第三节　听众的风险感知

风险管理家和政府官员的观点经常被公众怀疑。公众认为，他们所关注的按照死亡和疾病统计的风险并不是真正的威胁，往往忽视主要的风险源。举个例子，《消费者报道》中提到，人们希望政府规定水果和蔬菜上的农药残留量，这会将健康风险降到最小。但实际上，大多数美国人还不能被说服去检测他们地下室的氡气，这个潜在危险大约每年害死 14000 人。

这就涉及风险感知问题，即人们对风险的感知水平。

研究人员已经发现了 20 种影响人们对风险认知的不同因素。一些因素被列在表 12.2 中。如果人们对风险的认知包括了表格左边的因素，将会更倾向于忽略风险。

第一，风险是**自愿**承担或**不自愿**承担，影响人们的关注水平。我们总认为一些其实很危险的行为不太危险，比如登山、暴晒、抽烟，因为这些是我们自愿做的。下一个因素是对于活动的**可控**程度。“讨厌坐飞机的人其实知道飞机是交通工具中最安全的。但缺乏对飞机的机械结构和运行方式的了解，使得他们很难忍受飞行带来的较小风险。”然而，人们会乐于接受更容易带来死亡或伤害的有较高危险性的机动车，因为他们已经掌握了机动车的运行方式。缺乏了解会增加人们对危险的担忧。

自然风险被认为比那些由人为制造的风险小。比如，虽然我们总想要政府去控制工

商企业在食品上的农药用量，但是我们总忽略食物本身的毒素。同样地，**熟悉的**风险远不如**不熟悉的**风险受关注，比如认为从不为人们所了解的制造流程生产出来的东西，比高浓度的家用农药和除草剂更加危险。

表 12.2 导致对风险不同程度的关注的感知因素

少关注	多关注
自愿	不自愿
可控制	不可控
自然	不自然
熟悉	不熟悉
不难忘	难忘
不可怕	可怕
公平	不公平

一件**难忘的**事故——如三里岛的核事故，比起**不难忘的**事件更容易让人联想到风险问题——比如肥胖症或每天都发生的交通事故。**可怕的**事件（如癌症）比**不可怕的**事件（如流感）更让人担心——事实上，流感每年也会造成成千上万人死亡。

最后，**公平**影响我们的担忧程度。经历风险的人可以获得什么好处吗？如果一个组织的成员相信他们承担风险而污染企业能获得巨大利润，那么关注污染的人就会增加。

要切记表 12.2 中列举的因素是合理的，这点很重要。相比于死亡统计来说，利益更能激发公众的关注，公众也有权在决定中带入自己的价值观。如果沟通者懂得听众担心的程度和源头，那么无论风险活动的目标是什么，都会更容易完成。

第四节 可信度和风险沟通过程

可信度是很重要的，因为如果大众不相信风险的来源，风险活动的目标就无法完成。关注风险沟通的几个特殊因素将比单调的说服性情境更加有可信度。

公众将忽略细节并基于来源的可信性来做决定。根据美国国际研究院所说：“就过去关于风险内容的准确性和过程发展合理性的记录而言，风险源的可信度，对公众看待特定信息的方式具有重要影响。”

虽然可信度对于风险传播是很重要的，但是由于多种原因，也很难实现。第一，从 20 世纪 60 年代中期到 80 年代中期，人们对于主要机构的信任下降，包括总统办公室、国会、实验室联会、大型公司、法律界人士、媒体、武装力量、大学、教堂和医药界。

最近，银行失利和自动化公司的抽资使公众对工业的信心严重下降。看看其他机构的趋势，对科学和技术的信任也已经下降，虽然不是急转直下。因此，风险沟通者将会面对一种信任危机，相比 30 年前，代表政府机构或者私人组织的工作人员的可信度也有所降低，并且风险分析的基础——科学，也变得扑朔迷离并且不可信。

第二个不信任的问题产生于不同的相关当事人（如工业从业者、联邦调解员、州和当地权威）提出的冲突信息。每个人都会获得一些偏见的信息，在这种环境下，对于政府来说，鉴定可信资源变得很困难，个体的可信度也变得难以分辨。

这一部分，我们将讨论建立和维持个体、过程、机构信任度的方式方法。

一、个体可信度

信息的来源对于公众建立和维持信任很重要。如第十章中描述的那样，个体可信度是指听众对演说者的能力、诚信和活力的感知。能力是指听众对演说者关于主题的知识和经验的评定。诚信是指听众对于演说者诚实、客观、公平的衡量。活力是指听众对演说者自信、能力和激情的感知。表 12.3 列举了增加或减少个体可信度的影响因素。

表 12.3　导致积极或消极个体信任度的因素

积极	消极	积极	消极
意图说明（如果有）	意图隐藏	直觉相似性	直觉差异性
内容客观	内容偏颇	引用信息来源	模糊或无来源引用
对反对观点公平	对反对观点不公平	清晰简洁	过度技术化
承认不确定性	绝对真理的维护	有条理的	缺乏条理性的
听众过去的教育和经历 对来源的熟悉程度	听众过去的教育和经历 对来源的不熟悉	使用隐喻和明喻	文字描述
		幽默	缺乏幽默
喜爱	不喜爱		

假如公众觉察到了隐秘的信息，他们会认为这个来源不可信并且不怀好意。因此，风险沟通者必须在一开始就使听众清楚说服的意图。当然，相对于**有偏见的**来源，**客观的**来源会更加值得信任。为了维护组织利益而歪曲信息经常有损信誉，应尽可能地避免。下一个因素——**公平**，可以弥补偏见。“即使人们觉察到沟通者有既定的利益偏向，并且看出沟通者以某一个特定的观点进行论证，但如果沟通者陈述的信息非常公平地对待反对意见，人们还是相信沟通者所传达的信息，并对他建立起信心。”相比于单边介绍，让反面意见服务于自己所倾向的观点更能够提高可信度。因此，用 N-A-R 结构或者平衡结构的风险信息更能提高听众对来源的信任和对良好意图的感知。

在风险沟通中，**承认不确定性**增加了公众对来源可信度的感知。采取忽视、纠正误传和展示**绝对真理**态度的演说者会减少公众的信任。

正如第十章中所提到的，当公众相信信息来源与身边的主题有**相关的教育**、**凭据**和**经验**时，就会增加自身对信息能力的感知。向公众传递信息来源的凭证时必须谨慎，以免让专家学者与受教育较少的民众之间产生心理差距。因此，我们应实事求是地陈述凭据。

再看表 12.3，研究表明，被公众喜爱会增加沟通者的可信度。受人喜爱表现在会议中与人为善、友好、对人善良等。表 12.3 同时指出，当沟通者展示与听众的相似性，而这种相似性与即将到来的风险有明显关联时，可以增加听众对信息源的信任度。一些不相关的相似性，例如我们都喜爱划船，对于听众信任度的建立毫无用处。然而，像“我知道，这种改变是强加于你身上的，很多人都特别关心这个问题，我也同样关心”这样的陈述，则能指出相似之处，并能增加可信度。

在内容方面，**引述信息来源**能增加对能力和可信度的感知，具体的引用相比含糊的引用（如“很多人认为……”）更能增加可信度。另外，清晰简洁的信息比繁杂、技术化的信息更能增加听众对能力的感知，**有条理的**信息比**没有条理的**信息更能增加听众对能力的感知（尽可能使用本书第七至第十章中介绍的结构来写作或者做演讲）。**隐喻和明喻**能帮助听众理解复杂的风险数据，它们的应用相比**文字介绍**更能增加听众对能力和信任度的感知（可遵循第九章技术报告中使用隐喻的指导）。最后，恰当并适量的**幽默**也能在一定程度上提高听众对个人诚信和活力的信任。

二、过程可信度

风险沟通的过程对信任度能有一定的影响。然而，不同于信息来源可信度，**过程可信度**不仅仅依靠单独的沟通者，更多的风险活动的过程由控制过程的大型组织或政府机构来管理。假如这个过程被认为是可信的，它就必须是公开的并且将公众公平地视为决策制定小组的成员。从表 12.4 中可以看出，有三个基础因素影响听众对过程可信度的感知。

表 12.4　导致对过程可信度积极或消极评价的因素

积极	消极
对过程较早且持续地公开	不公开（决定—宣布—防卫）
公开对待冲突	抑制冲突
允许情感表达	抑制情感表达

风险沟通实践的发展可以根据相对公开的程度粗略地分为三个期间段。在早期，风险沟通采取决定—宣布—捍卫的策略。在这个阶段，不管是问题的定义、风险分析还是决策制定，公众都没有参与进来。只有在决策制定后才让公众参与进来，而且让公众参与进来的目的也仅仅是想看看公众的反应。考虑到自己没有决定权的事实，公众的反应通常都很消极。中期，风险沟通相对公开，并且公众比过去更早地被邀请到过程中来。但是，为了减少人们的恐惧并说服他们按照专家的观点采取预防措施，重点仍然停留在制造并传递信息上。直到最近，风险沟通模型才开始强调对话、解决冲突、搭建共识，并在受危害方与危害管理方之间建立联系。

一些研究者指出，在风险决策中，公众的参与有四个阶段，包括信息、咨询、参与与合作。在一次全面且有趣的休斯敦城市空气质量控制案例研究中，米利亚姆 • 威廉姆斯和黛西 • 詹姆斯描述了这个机构是如何成功地将自己转化为公众参与模式的。表 12.5 概括了这四个公众参与阶段，并解释了一些涉及公众参与的步骤。一些机构和组织发现**公开**的过程可以缓解公众的愤怒和阻挠。

表 12.5　增加公众参与风险决策

公众参与阶段	增加公众参与的具体策略	范例与结果
信息阶段 • 该局试图通过改变许多技术交流实践来提高社区知识水平 • 以往那些将受教育程度较低或信息不足的公民排除在沟通之外的做法应该减少	• 最少化使用被动语态、首字母缩写、技术术语 • 使用第一人称或第三人称 • 使用在线地图来描述属性和功能 • 使用谷歌地球导航照片来描述属性和功能	• **以往的报道方式**："没有令人讨厌的情况。" • **新的报道方式**："2007 年 5 月 3 日，星期四，我前往被举报的地方，这个地方因为气味、灰尘和烟雾而被投诉。到达现场之后，我并没有发现不同寻常的气味，基于现场勘查，我并不能确认这些投诉的真实性。"
咨询水平 • 该局收集公民对感知到的环境危害和其对健康影响的反馈意见	• 一项研究发现了两个社区遭受的健康问题和环境问题，需要该局的干预和公民的参与 • 与邻居们召开会议并进行调研	• 员工与公民开展了面对面会议，讨论与环境相关的健康问题 • 将这些印有环保和健康相关信息的小袋子分发给回答者或挂在门上。 • 客服通过电话的形式联系那些投诉空气质量的居民，看看他们的投诉是否进行了有效的处理和解决
参与阶段 • 该局每月都与附近居民召开环境会议	• 该局每月邀请最活跃的居民与局内员工进行交谈 • 鼓励每月参加会议的居民发表他们对环境的担忧 • 设立小组会议来强调和解决环境担忧问题	• 结果是该局员工与最为活跃和最为积极的居民之间建立了一种新的伙伴关系 • 居民与该局员工之间变得熟悉，方便该局为了检查和抽样污染而接近居民的住宅
合作阶段 • 该局教导居民收集危害环境行为的证据	• 该局创建了"居民收集证据信息包"来记录空气污染事件 • 信息包包括居民记录的可疑污染事件的气味—空气的证据 • 居民被指导如何记录空气污染的证据 • 居民被指导如何标记并查证他们的身份，并且向该局举报投诉	• 通过居民的报告，该局更加广泛地理解了各种污染问题的类型和来源 • 居民参与到了管理过程之中，并且更好地理解了其局限性和约束性

只有在**允许冲突**而不是抑制冲突时，过程才能被视为是可信的。正如本章引言所述，风险沟通是一个增加冲突的过程，至少在短期内是。尝试通过限制接近或镇压反对的方式来抑制冲突只会事与愿违，并导致听众对过程产生质疑。

如果允许公众使用其习惯的语言来交谈，过程也许看起来会更加公平。对大多数人来说，**情感语言比**科学更有用。风险沟通者不能拒绝或取消情感表达。"我们只是讨论这件事的科学事实"，这样的陈述将限制公众的参与能力，并强化"个人在过程中没有发言权"这样的观念。这样做的目标是将个人直接的情感反应转移到眼前问题的立场上。

三、机构可信度

最后，听众大致会根据他们所认为的机构可信度来选择是否接受风险信息。光环效应是指有幸为拥有良好信誉机构工作的风险沟通者，公众将会更加信任他们或者他们所传达的风险信息。相反也仍然成立。在表 12.6 描述了影响**机构可信度**的因素。

表 12.6　对机构可信度进行积极或消极评价的影响因素

积极	消极
合理的环境政策	不合理的环境政策
跨时信息的一致性	跨时信息的不一致性
信息与行动一致	信息与行动不一致
积极的公关或公众关系	消极的公关或公共关系

影响机构可信度的最重要因素是听众对机构政策的理解。根据皮特·桑德曼的观点，"在过去的几十年中，全社会达成了共识，认为污染是不道德的。污染不仅是有害的、危险的，不仅需要我们采取可行的措施来控制，而且是不道德的行为。"在受影响的公众的眼中，一贯对环境保护采取支持的态度和行为将为有利于机构可信度的建立。

组织内一致的信息也有助于建立可信度。更改或者搅乱信息将会降低听众对其的诚信或能力的感知。如表 12.5 所示，信息必须**与行为保持一致**，组织必须在环境保护和降低风险两个方面准备快速有效地采取行动。

总而言之，相对于较低的可信度，较高的可信度将更可能让公众接受风险信息。

第五节　构建风险信息

了解了听众所关心的问题和可信度的不同影响因素，现在就可以审视风险活动的目标，并探寻达到目标的沟通方法。风险沟通者必须弄清楚他们是在寻求私人行为还是公众行动。例如，要求投入一处新的垃圾填埋场还是一个焚烧炉，涉及**公开的讨论和公众行动**。另外一方面，当地健康部门尝试着要求人们检查自家的氡气，或者要求孩子接种疫苗等属于**私人行为**。剧烈的冲突和不一致的信息是公众风险沟通中遇到重大问题，而消除冷漠则是私人行为中的重大障碍。

不管是公众还是私人方面，风险沟通者都会在风险沟通活动中拥有一个或者多个**结果目标**。表 12.7 描述了连续的风险沟通选项。

表 12.7　风险沟通的目标和类型

风险沟通的结果目标	减少关注	中立信息	增加关注
风险沟通类型	愤怒管理	关爱沟通	预防宣传

在很多案例中，风险沟通的目标是致力于**减少公众或私人对风险的担忧**，沟通者解

释最低程度的风险，并平息公众恐惧。这种目标对应皮特·桑德曼命名的**愤怒管理**的沟通类型。在这种模式下，沟通者必须消除处于极度恐惧中的公众的担心。在中期，沟通者**中立地**呈现风险分析研究，而让个人和公众来下结论。中立信息对应**关爱沟通**，此时，公众已经了解风险，并且委任了相关专家进行风险过程管理。例如，警告人们飓风来临时撤退到哪里，或者关于接种 H1N1 病毒疫苗的需要，都是关爱沟通的例子。最后，在一些案例中，为了提高婴儿疫苗接种率，当地健康机构可以试图提高人们对小儿麻痹症、风疹、白喉等儿童疾病的恐惧。这个案例中，激起人们的恐惧会鼓励私人行为，这就是**预防宣传**。关爱沟通包含告知性的沟通，愤怒管理和预防宣传则涉及说服性的沟通。让我们来讨论各种实现告知性和说服性沟通的方法。

普渡大学的凯瑟琳·罗文创造性地提出了一种风险沟通目标、障碍、策略的分类法（见表 12.8）。其中，目标 1 和 2 是告知性的，目标 3 和 4 是有说服性的。

表 12.8　风险沟通中目标、障碍和策略的总结

目标 1：树立风险意识
障碍 1：有效信息难以察觉
策略 1：要使信息变得生动，可通过强调它对人体的影响，来使抽象的东西具体化，并给出其本质、危害的后果和有益之处的详细情况
策略 2：保持信息的简明清晰，突出关键要素
障碍 2：技术信息难以解码
策略 1：给技术现象命名时，也要对与其相关的产品进行描述
策略 2：使用简单、熟悉的语言，保持句子和词语的简要性
目标 2：深化对风险信息的理解
障碍 1：某些词语难以理解
策略 1：根据词的关键属性进行定义
策略 2：给出一系列例子或说明
策略 3：解释为什么例子或说明有相关的作用
障碍 2：结构或过程难以想象
策略 1：使用图表
策略 2：使用结构化推理方法
目标 3：获得赞同
障碍 1：对某些情况的存在有分歧
策略 1：找到某些情况存在的多种标志
策略 2：找出类似的情况，在这种情况下相似的标志会导致相同的结果
障碍 2：对情况存在的可能性或严重性存在分歧
策略 1：找到情况存在的可能性和严重性的多种标志
策略 2：对这些标志被观察到的方式以及对某些标志是否能够说明原因提出质疑
策略 3：通过强调有些风险是不知不觉的、了解甚少的，有可能造成无法弥补的伤害，来提高人们对其严重性的认识
策略 4：通过强调有些风险已被充分了解且仅能造成很小伤害来降低人们对其严重性的担忧
策略 5：如果风险和利益都是存在的，那么这两者都应被告知，以避免降低可信度
障碍 3：解决方案存在分歧
策略 1：将问题归为一个确定的类型，并说明这一类问题需要确定的解决方案
策略 2：说明解决方案允许风险和利益两者达到最佳平衡
策略 3：说明最佳的解决方案需达到某一标准，而给出的解决方案大多数能满足这一标准

（续）

目标 4：调动公众自愿参加的积极性或克服习惯
障碍 1：行动的步骤不明确
策略 1：要求有明确的行动，而不是一个宽泛的目标
障碍 2：行动很困难、成本高并且耗时
策略 1：使第一步简单、快捷，而且价格低廉
障碍 3：对一个人的努力是否有作用存在质疑
策略 1：描述在类似情况下，许多人的小的行为最终获得较大的成功

来源: Adapted from Rowan, K. E., "Goal, obstacles, and strategies in risk communication: A problem-solving approach to improving communication about risks," *Journal of Applied Communication Research 19*（1991）：300-329.

一、告知性风险沟通

告知性的风险沟通，或者说关爱沟通，为公众提供信息或者作为一种先导来增加或者降低对特定危险的关注度。根据罗文的观点，两种基本的告知性目标包含了**树立风险意识**和**深化对风险信息的理解**（见表 12.8）。树立风险意识让人们意识到潜在危害的存在，这包括让信息变得可察觉并且可解码。

可察觉的信息可以是**生动的或者具体的信息**，其中会有令人感到惊讶或惊恐的成分。例如，通过说明信息对公众生活的影响可以提高信息的生动性，报刊或者电视新闻报道都善于将事件报道得更生动。例如，爱达荷州农村儿童的预防接种率最低。一个电视新闻节目描绘了一对夫妇，他们的孩子高声干咳，并差一点死亡。最后，这个父亲恳求观众一定要让孩子接受疫苗，并与大家分享他们因未给孩子注射疫苗而让孩子濒临死亡的经历。这个故事生动地说明了未注射疫苗的儿童所面临的风险。其他传递生动信息的方法还包括突出风险的意外性，或说明这一风险令人惊恐的统计数据或故事。同时，提醒人们警惕风险也需要使用简明的信息。

树立风险意识也需要**可解码的信息**——意味着一个仅仅识字的人也可较容易地获取信息。罗文建议，当用专业术语介绍危险物品时，沟通者也需要向听众解释某些让人熟知的产品内也含有这种危险物品。例如，"液化磷是一种高危物质，与空气接触时会发生燃烧；然而，当加工成磷酸时，它可以成为有效的洗涤剂添加剂，同时也可被用于汽水中。"罗文建议，为了使信息容易理解，应使用**简单、熟悉的语言**。

然而，有风险意识是好的，但是公众若想参加到决策中来，深化对风险信息的理解则是十分必要的。表 12.8 中的目标 2 提出了两种理解复杂风险信息的障碍：难以理解的概念以及难以理解的结构和过程。在进行专业信息交流的时候可遵循表 12.8 中的指南。

二、说服性风险沟通

说服性的风险沟通，无论是愤怒管理还是预防宣传，实施起来都有难度。正如前面提到的，建立可信度是困难的，由于利益分歧和竞争性，风险沟通活动很容易受挫。尽管有难以克服的障碍，说服力在风险沟通中也扮演着非常重要的角色。在表 12.8 中，说服性沟通包括：目标 3，对危害的存在和危害的严重程度以及降低风险的解决方案**获取赞同**；目标 4，**调动大家的行动积极性**以降低风险。

在获取认同时，存在三种障碍。首先，听众对风险的存在性可能存在不同的看法。罗文建议风险沟通者应该**找出情况存在时会出现的多种标志**，以及**类似的情况**通过类比推理可能会产生预测的结果（见表 12.8）。当城镇的健康管理官员希望人们能够检测自己家里的氡气时，他们应该指出有很多的家庭都已经积极地检测了这种危险可怕的气体。第二个策略是，风险沟通者应表明以往有因氡气的泄漏而导致居民罹患癌症的情况。

如果把降低关注作为目标，那么沟通者应该确定出危险因素并不会产生严重风险的多种信号，并确定出类似的危险因素不会显著增加疾病或死亡的类比推理的情况。例如，电力公司可利用住在高压电线附近的孩子患白血病的概率并未提高来说明高压电线是安全的。

罗文所描述的第二个障碍是对情况的可能性或严重性存在争议。为了克服争议，应找出风险可能性或严重性的多种标志，不管我们的目标是预防宣传还是愤怒管理。一个社区若是想建造一个将废物转变为能量的焚烧炉，就应该给出多个已经将这种技术成功实施的社区的例子。策略 2 说明，可以通过描述在社区中风险已经导致了问题的产生，或通过否认问题的产生是由风险所引起的来提高人们的关注。当然，这需要出色的因果推理能力，正如本书第 10 章中所描述的。

策略 3 和策略 4 说明，通过**强调**表 12.2 中提到的**导致对风险不同程度关注的感知因素**，可提高或降低对风险危险性的感知。例如，风险沟通者可通过强调氡气的本质是不知不觉的、了解甚少的甚至有可能导致可怕的疾病，来提高人们对其潜在风险的关注。当然，风险沟通者们可通过教导，来让人们对这种危险更加熟悉以此减少人们的担心。在北卡罗来纳州的一个危险废弃物处理站，公司的副总裁联合当地社区做出了大量的努力，并对危险物的本质不断地做出解释。这让社区居民觉得这种危险物处于掌控之中，让风险变得为人所熟悉，消除了人们的恐惧。这比公司只做出单方面决定的情况更为公平。这些努力减少了社区对危险废弃物处理站的担心。最后，在策略 5 中所说明的，读者要同时**了解风险和利益**来建立可信度。

另一个风险沟通的说服性目标是在**最佳解决方案上获得赞同**。在表 12.8 中，你可以得到三个策略。第一个策略说明，沟通者应将问题归为一个确定的类型，并说明**这一类问题需要确定的解决方案**。第十章讨论过这种形式的演绎推理。绝对演绎是使用一个大前提来创建一个一般的范畴，小前提中将特殊风险归置到了该范畴中，在结论中说明了哪些信息属于大前提、哪些信息属于小前提。例如，如果 TCE 污染水平超过 EPA 标准，那么水井应被关闭。在三口井中，TCE 污染均超过了 EPA 的界限，最明显的结论是这三口井都被关闭。这种说服方式可向公众解释一般性范畴的大前提，然后使人们相信风险问题满足一般性的范畴。

在第二个策略中，风险沟通者应该**确定并对几种方案的风险和利益进行比较**，公众可依此选择最佳方案。这是一个有倾向性的风险沟通，因为它涉及成本和收益的多少以及由谁来承担等价值问题。最后，**为最佳决策设置标准**意味着利用第三章中讨论到的反思程序。在这个过程中，沟通者和公众对最佳解决方案设计出一系列的标准，并选择可以满足大部分甚至是所有人的标准。这是非常困难的，因为许多标准都会存在争议，这使得单一的解决方案并不能满足所有的标准，但仍然存在可行的具有说服力的风险沟通。

调动公众自愿参加的**积极性**或是克服习惯，经常被用作预防宣传，它是说服性风险沟通的第二种形式。罗文表示，这种说服**要求有明确的行动**，而不是一个宽泛的目标。例如在禁烟日，应鼓励参与者采取具体的措施（例如，在某一天停止吸烟），而不是宽泛的目标（例如集体戒烟）。此外，风险沟通者需要做出努力使得行动变得**简单、快捷，而且成本低**，并提出类似情况下许多个人单独的努力也会起到帮助效果的案例。

正如我们在这一部分所看到的，风险沟通的信息，无论是告知性的还是说服性的，都包含了复杂或有倾向性冲突的过程。一个人要是没有与群众进行过风险沟通，那么他能否成功地胜任政府、非营利组织或商业组织的沟通工作就是值得怀疑的。

第六节　风险沟通的最佳实践

最佳的实践方法是通过观察行业领导者且系统地测量对问题起作用的方式来提高商业、组织和职业活动的管理方法。有效的意见应保留，无效的实践应摒弃。通过观察大量风险沟通主题的来源，我们得到了下列最佳实践要点。这些要点同时也总结了本章所探讨的许多事情。

一、将风险沟通灌输到方针决策中

各组织在风险管理中需制定政策条款来通知受影响的公众，并与他们维持意见交换。在一些案例中，当一个风险管理实践并被人们了解后，风险沟通还包括说明之前的管理决策。无论用什么方法，关于风险的政策都应包括与公众的沟通和交换意见的具体规定。

二、解释风险评估中固有的不确定性

正如本章所说明的，风险评估是一门模糊的科学，充满了多种来源的矛盾与冲突。掩饰或是排除那些与我们的消息和报道持有的不同意见，会产生灾难性的后果。皮特·桑德曼（Peter Sandman）讨论了由于排除了对我们的沟通计划有不同意见的声音而导致的两种消极后果。“首先，我们的风险管理团队失去了持有不同意见的好处，强制性的同质化会导致错误的决策。第二，被排除的不同意见有一天会在媒体中曝光，他们的声音会在与来自公司的同质化信息进行对比时变得更加可信”。

三、谈话中涉及公众

正如本章所描述的，公众参与是我们管理风险最道德且最有效的方式。早期的决定—宣布—捍卫的方法会被广泛的公众参与所取代。这些参与方式以社区会议、工作小组、焦点小组、社区论坛和公民监管的形式存在。

四、解释利益相关者的感知

正如本章所陈述的，情绪、感知和个人价值组成了人们对特定危害的反应的基础。了解这些感性因素对最佳风险沟通是至关重要的。真正的沟通需要尊重、接纳、考虑由人们带到风险沟通过程中不同价值取向。“因此，对风险认知事实的理解和尊重是任何组织机构中高级管理者应该承担的责任。”

五、真诚且带有激情地呈现信息

真诚对于建立个人、管理过程或组织的可信度是至关重要的。真诚或带有激情的沟通意味着及时揭露风险信息，毫无保留地揭露信息，接受不确定性，以及带着适当的感情来传递这些信息。当存在疑问时，应倾向于分享更多的信息。在适当的时候明确最坏的预测，并明确风险评估的范围。不要扩大或缩小风险的水平，也不要过度确信。尊重不同公众群体的特殊沟通需要，对特殊或重要的公众所持有的不同意见要有所回应。如果有错误，要及时改正。

六、认真计划和评估成就

与任何沟通都一样，沟通的参与者应对沟通进行仔细的计划并明确表明沟通目的是非常重要的。这些目标包括提供信息、建立信誉、采取适当的激励行动、刺激对紧急情况的反应、公布发展计划、解决问题以及邀请利益相关者进行沟通。此外，还应当进行人员的培训和发言人的招募。如果我们的风险沟通有明确的目标，那么关于成就的评估就很简单。不明确的目标使得评估过程复杂而且模糊不清。评估可由特定的群体、公众或媒体通过调研或与利益相关人的讨论来进行。应尽可能多地去了解我们所做的努力产生的效果，只有了解到别人如何看待我们，才能提高我们的成就。

小结

风险沟通是一种交换信息的方式，让公众参与到关于他们所面临的危害的决策中。风险分析科学为各种身体健康或环境风险可能造成的危害提供大量的评估。尽管过去 20 年中风险分析在不断进步，但这种科学的结果仍然是不精确的。

在风险沟通中，可信度是至关重要的。可信度的来源主要是听众对发言者的能力、诚信和活力的感知。可信度在公众早期参与到沟通时便应该建立，此时允许冲突，并不是抑制冲突，公众是可以表达他们的情感的。提高机构可信度的办法有健全政策，保证信息和行动的一致性，以及维持正面的公共关系。

风险沟通者应该决定寻求私人行为还是公开辩论来解决问题。沟通者也必须决定他们是否要提高关注度、降低关注度，或只是提供中立的信息。两个基本的告知性的目标包括树立风险意识和深化对风险的理解。说服性的风险沟通试图提高对危险的关注（预防宣传）或降低对某种危险的关注（愤怒管理）。这样一来，两者均是为了获得一致性和行动的积极性。风险沟通可通过一些沟通实践建议来提高效率。

问题与练习

1. 你所在的社区中存在的主要风险是什么？什么组织或机构将针对这些风险与公众进行沟通？这些信息是旨在改变个人行为还是建立公众对话？这些信息基本是告知性的还是说服性的？说服性的信息是试图降低或提高人们对风险的关注吗？

2. 再次思考你的社区中的重要风险信息。哪些组织、机构或个人将针对这些风险与公众进行沟通？运用本章中介绍的可信度影响因素分析在公众沟通中相关的个人、过程和机构的可信度。你所在的社区中的风险信息是可信的吗？为什么？

3. 通过这一章，我们说明了风险决策涉及价值观问题。关于摩托车安全性的持续争论就是一个典型的例子。根据科学的风险估计，摩托车旅行是极具风险的，统计数据表明，平均每年的死亡率是 1/4000。我们应采取什么样的措施来解决这个问题就是一个有价值的问题。

- 多年来，虽然汽车上一直都有安全带，可是却几乎没有人系。
- 美国联邦政府以扣留联邦道路基金为威胁，强迫许多州颁布与安全带相关的法律。
- 美国法律强制使用安全带最终提高了大多数州的安全带的使用率。
- 安全气囊的应用提高了驾驶的安全性，同时也增加了新车的成本。
- 安全气囊挽救了几乎近 3000 人的性命，但也发现它对于儿童却是危险的，估计导致了 30 个孩子的死亡。

对于上面的几种陈述，你的立场意味着一系列的冲突价值标准。例如，第一个陈述意味着不系安全带的人将失去选择安全的自由。根据以上几种陈述或你自己对它们的信赖来讨论这些价值标准。这些价值标准是一致的或矛盾的吗？哪种价值标准需优先考虑？为什么？你的朋友赞同你的优先次序观点吗？

4. 在说服性风险信息部分中，我们提到公众的关注因素可用于提高或降低人们对风险的关注。假如你们的学校正准备一场鼓励使用避孕套的活动，这就需要提高人们对非保护性性行为的关注。简短地列出一些利用公众关注因素来提高人们对非保护性性行为的关注和避孕套的使用的争论。

5. 下面有几个风险沟通的例子，思考其代表愤怒管理还是关爱沟通或预防宣传，或者三者的结合。

旨在激励人们接种疫苗预防流感的消息。

为了减轻人们对当地供应水污染事件的恐惧而举办的组织会议。

提醒中老年人暴雪之后铲雪的危险性的消息。

提醒人们系安全带的电视广告。

种子经销商宣称转基因食物的安全性的消息。

阐释酒精和咖啡因对胎儿的不良影响的消息。

鼓励人们自制肉食以避免食源性疾病的健康运动。

参考文献

1. Ruckelshaus, W. D., "Risk, science, and democracy," *Science and Technology* 1 (1985): 31.
2. Adil, M., "Risk communication in healthcare: An overview," *Journal of Communication in Healthcare* 1 (2008): 363-372.
3. Williams, M. F., and James, D. D., "Embracing new policies, technologies, and community partnerships: A case study of the City of Houston's Bureau of Air Quality Control," *Technical Communication Quarterly* 18 (2009): 82-98.
4. Morgan, M. G., "Risk analysis and management," *Scientific American,* July 1993, 32.
5. Ropeik, D., "Best practices response," *Journal of Applied Communication Research* 34 (2006): 253-256.
6. Lundgren, R., and A. McMakin, *Risk communication: A handbook for communicating environmental, safety, and health risks* (Columbus, OH: Battelle Press, 2004).
7. Heath, R. L., J. Bradshaw, and J. Lee, "Community relationship building: Local leadership in the risk communication infrastructure," *Journal of Public Relations Research* 14 (2002): 317-353.
8. Sandman, P. M., "Explaining environmental risk," Environmental Protection Agency Document No. 0789 (Washington, DC: Environmental Protection Agency, n.d.), 20.
9. Morgan, "Risk analysis."
10. Hopkins, T. D., "Proof? Who needs proof? We're the EPA!" *Wall Street Journal*, May 21, 1997, A14.
11. Chilton, K. W., and S. Huebner, *Has the battle against urban smog become "Mission Impossible"* Policy Study No.136, November (St. Louis, MO: Washington University in St. Louis, Center for the Study of American Business, 1996).
12. Ropeik, D., and G. Gray, Risk: A practical guide for deciding what's really safe and what's really dangerous in the world around you (Boston: Houghton Mifflin, 2002).
13. National Research Council, *Improving risk communication* (Washington, DC: National Academy Press, 1989).
14. National Research Council, *Improving risk communication.*
15. Covello, V. T., "Risk comparisons and risk communication: Issues and problems in comparing health and environmental risks," in *Communicating risks to the public,* eds. R. E. Kasperson and P. J. M. Stallen (Boston: Kluwer Academic, 1991), 107.
16. "Facing our fears," *Consumer Reports,* December 1996, 50-53.
17. Sandman, P., Presentation to the Los Angeles Department of Water and Power, February 1989, quoted in M. G. Shovlin and S. S. Tanaka, "Risk communication in Los Angeles: A case study," *Journal of the American Water Works Associaticm,* November 1990,40-44.
18. "Facing our fears," 51.
19. National Research Council, *Improving risk communication,* 119.
20. Rerm, O, and D. Levine, "Credibility and trust in risk conmunication," in *communicating risks to the public,* eds. R. E. Kasperson and P. J. M. Stallen (Boston: Kluwer Academic, 1991), 175-218.
21. Saad, L., "America's confidence in military up, banks down," *Gallup Poll Briefing,* June 24, 2009, 1.
22. Sellnow, T. L., R. R. Ulmer, M. W. Seeger, and R. S. Littlefield, *Effective risk communication: A message-centered approach* (New York: Springer, 2009).
23. Renn and Levine, "Credibility and trust."
24. 同上., 126.
25. O'Keefe, D. J., *Persuasion: Theory and research* (Newbury Park, CA: Sage, 1990).
26. O'Kecie, *Persuasion.*
27. Heath, Bradshaw, and Lee, "Community relationship

building."

28. Lukensmeyer, C. J., and L. H. Torres, "Public deliberation: A manager's guide to citizen engagement," IBM Center for the Business of Government Collaboration Series, 2006, http://www.basinessofgovernment.org/pdfs/Lukensmeyer Report.pdf
29. Sandman, P. M., "Explaining environmental risk," 16.
30. Sandman，P. M.，"Crisis communication best practices: Some quibbles and additions, *Journal of Applied Communication Research* 34 (2006): 257-262.
31. Cole, T. W., and K. L. Fellows, "Risk communication failure: A case study of New Orleans and Hurricane Katrina," *Southern Communication Journal* 73 (2008): 211-228.
32. Sandman, "Crisis communication best practices."
33. Rowan, K. E., "Goals, obstacles, and strategies in risk communication: A problem-solving approach to improving communication about risks," *Journal of Applied Communication Research* 19 (1991): 300-329.
34. National Research Council, *Improving risk communication.*
35. Rowan, "Goals, obstacles, and strategies."
36. Sellnow, Ulmer, Seeger, and Littlefield, *Effective risk communication.*
37. Sandman，"Crisis communication best practices."
38. Ropeik，"Best practices response," 254.
39. Adil，"Risk communication in healthcare."
40. 同上.

第十三章

危 机 沟 通

无论是国际集团、中型制造企业、政府机构，还是家族企业，都会遭受危机。潜在危机是令人害怕的，这包括恐怖主义、食物中毒、恶劣天气、产品召回、恶意收购、员工伤亡、环境污染、产品责任诉讼等。管理专家劳伦斯·巴顿将**组织危机**定义为：一种具有潜在负面影响的重大的、灾难性的事件。事件及其后果可能会给组织及其员工、产品、服务、资金和声誉带来较大的影响。在当今复杂的社会背景下，危机的影响是巨大，其发生率同时也很高，本章主要通过探讨现代社会组织中危机沟通的重要性来描述危机沟通的组成，并简要介绍危机前规划的过程，并讲述针对组织的危机沟通策略，然后讨论危机情形下两种必要的沟通：紧急响应沟通和形象复原报告。

尽管本章的关注点是危机沟通，但是这些针对组织中危机的相关分析方法和沟通策略在形势不太严峻的情况下，例如在一些"问题"中，而不是危机中，也是很有用的。问题可能包括小的突发事件，例如员工伤害、化学品溢漏、产品信任度纠纷等。这些情况虽然不会威胁到组织的未来，但是也需要积极的应对。另外，形象复原方法和策略有助于管理者重建在组织遭受个人或者团队危机和问题之后的形象。总之，尽管我们可能从来没有计划着去管理组织将遭受的危机，但本章的内容的确在很多情况下都能适用。在介绍内容之前，我们有必要先分清危机沟通和风险沟通，以及讨论关于组织危机的基本假设。

风险沟通，在本书第十二章中介绍过，在几个重要方面和危机沟通有所不同，其中一部分列在表 13.1 中。风险沟通的最终目标是避免灾难性事件，当组织无法预测和控制风险时，风险就会转变成危机，危机沟通就显得异常重要了。

表 13.1　风险沟通和危机沟通的区别

风险沟通	危机沟通
未来方向:	*时事:*
避免未来某时将发生的一些伤害	已经发生并且正在产生危害的具体事件
传播特点:	*传播特点:*
聚焦于已知的可能产生的消极后果和减少消极后果的方法 可以提前准备，进行规划，并对可能产生的后果进行检验	聚焦于当前状态和条件——包括程度、持续时间、即时性、原因、责任方和后果 消息是实时的且随时在变化的
来源特点:	*来源特点:*
技术专家，科学家	权威组织的数据，紧急事件管理者，技术专家
传播媒介:	*传播媒介:*
商业广告，宣传册，网站，博客	新闻发布会，报纸，演讲，网站，博客，微博

来源: Adapted from Seeger, M.W., T.L.Sellow, and R.R.Ulmer, *Communication and organizational crisis* (Westport, CT: Praeger,2003)

危机沟通包括组织在灾难期间以及事后对其员工、媒体、社会、消费者、供应商、持股者和债权人的对话。危机沟通有两个首要目标。第一，**紧急响应沟通**包括为保护员工和周边组织而进行的信息沟通；通知急救人员；通知当地监督机构；通知并劝说进行清理、修复、恢复和重建工作。第二，**形象复原报告**包括解释相关事件，维持和提升组织形象。这两个目标互相依赖，如果一个组织不保护公众和环境等，其组织形象也很难重建并恢复。

在所有的沟通方式中，公众的看法是相当重要的。虽然从一个组织的角度来看，一次不太严重的药品泄漏不会导致危机的产生，但是如果一些重要的公众，比如社区，当地媒体，持股者或者消费者，预见了危机，那么这个危机就是存在的。英特尔公司在 1994 年奔腾处理器出现问题后意识到了这一点。当时，一位大学教授发现，当执行复杂的数学计算时一个芯片出错了，他将此发现告诉给该公司。当时，英特尔公司对自己的产品相当自信并迅速有礼貌地告知教授他们的产品没有问题。可是，当人们通过上网搜索其他人是否也遇到过相似问题的时，可以发现网上有将近 1 万条相关信息。媒体迅速介入此事件，事件引起了公众对英特尔公司的大肆抱怨。由于错误只发生在极少的复杂计算中，英特尔错误地认为危机只受其客观的影响范围所决定。

第一节　危机沟通在商业和职业中的重要性

由于组织危机对员工、产品、服务和组织的财政情况都有很大的影响，因此所有的管理者都应该花时间积极应对危机。不同组织中所面对的威胁有所不同，表 13.2 描述了一系列可能的威胁。根据克莱姆森大学研究者蒂莫西 • 库姆斯（W. Timothy Coombs）所说，表 13.2 中所有的威胁都可以归为九大危机类型中的一类，从而被合并到表 13.3 中。

表 13.2 可能的威胁

事故	游行	股东利益损失
过敏反应	爆炸	恶意损坏或破坏
武装入侵或者抢劫	勒索	谋杀
破产	火灾	污染
狂暴员工	政府调查	贿赂
炸弹毁伤	恶意收购	骚乱和罢工
联合抵制	感染病或者疾病	破坏活动
商业丑闻	信息丢失	性骚扰
化学药品泄漏	绑架或者要求赎金	泄露
集体诉讼	法律诉讼	自杀
建筑物倒塌	裁员	恐怖主义
消费者或者员工的死亡	市场损失	盗窃

表 13.3 危机的典型事件

自然灾害	自然界因素造成的破坏 案例：1997 年 1 月 17 日，加利福尼亚南部发生 6.8 级灾难性地震，几乎完全毁灭了加州州立大学北岭校园
恶意事件	一些外来的演员或者反对者使用极端的方式向组织表达愤怒以迫使组织为之改变 案例：1982 年和 1986 年氰化物胶囊中毒事件
技术瘫痪	组织所使用的技术失败了 案例：2009 年，大量的丰田模型车遇到无法解释且不可控制的加速方面的问题
人为错误	人为失误引起的破坏 案例：1989 年，人为失误引起瓦尔迪兹号油轮触礁，大量原油泄漏
挑战	持股人认为公司正在以不正确的方式运行，为此他们感到非常不满 案例：整个 20 世纪 90 年代，耐克公司都不断面临着来自持股人的挑战与抵制，他们批评耐克加工工厂里的工人作业方式
巨型伤害	一个事件导致了严重的环境破坏 案例：1988 年，美国国家公园服务机构因制定不合理的政策导致黄石国家公园大面积火灾的发生而遭到控告
工作场所暴力	职工或者以前的职工对他人或团体实施暴力 案例：2003 年，在密西西比，14 名职工被一名下岗工人枪击，其中 6 名死亡
谣言	关于组织或产品的错误信息被传播 案例：2005 年，因为在连锁店的辣椒里发现一个人的手指的谣言，温蒂的生意骤然下滑

从我们的观点出发，组织危机看似比 30 年前更为频繁和严重。我们相信这是有一定原因的。日益增长的全球化市场已经迫使制造、运输和财务管理都比过去复杂得多，从而使得小范围内发生的管理错误或者系统故障在整个组织和社会中发生。例如，一些把几乎所有制造环节都外包到国外的玩具公司，必须召回外包环节制造的成千上万的含铅涂料的玩具。仅仅美特公司的费雪品牌对玩具的召回就造成了 3000 万美元的税前营业收入损失。

危机的增加不仅仅是因为日趋复杂的制造环节和日益加快的全球化进程，还由于全球化网络沟通的发展使得危机都能得到广泛传播。在互联网时代，网络让成千上万名愤怒的消费者找到了方便的集会场所，并快速地把危机信息传播给感兴趣的大众。像YouTube这样的电视和数字媒体网站为这些危机添加了生动的图片和动画描述。

公众运动（政府规章和环境运动）使得组织已经不再能隐藏灾难性的事件。在20世纪70年代，公众开始对组织的管理产生了积极的兴趣。拉尔夫·纳德（Raphl Nader）作为公众的一员，组织了一场消费者运动，旨在要求提高美国商业交易中商品的质量和安全性能，并更加彻底地检测产品。这场运动使得公众开始影响美国经济的监管和汇报情况。法律增加了所有组织都应承担的报告义务，这也意味着发生的任何有问题的事件或危机必须及时报告给当地政府，以及州和联邦的监管机构。

同样兴起于20世纪60年代末70年代初的环境运动是20世纪最重要的公众运动之一。为了应对制造业所带来的污染问题，环境运动敦促这些组织必须考虑当地的居民的健康问题，以及当地环境问题和在制造业环境下地球的可持续发展问题。结果，即使较小的组织问题也能为公众所知甚至变成突发危机。组织者必须对危机的情形提前进行计划和准备，同时要清楚在这样的情况下应如何安抚公众。危机管理是对组织管理者的重大考验。下面列举了几次主要的危机，这些危机都产生于组织之中，一些得到了很好的处理，其他的则不然。我们将引用几个例子贯穿本章的剩余部分。

1982年9月29日，芝加哥地区几个人在服用了含有氰化物的泰诺胶囊后死亡。显而易见，一些人可以从商店的橱窗里拿走瓶子，把胶囊取出来然后用氰化物代替，并且可以在店员不知情的情况下把瓶子换走。在悲剧发生的两周内，99%的公众通过媒体了解到了此次中毒事件，导致泰诺的市场份额从37%降到了12%，专家也开始预测公司将会破产。4年以后，也就是1986年，第二起中毒事故在纽约发生，一名23岁的女性被害。但是没有进行任何的逮捕行动。

一发现胶囊问题，泰诺公司就暂停了所有广告并在全国召回了93000瓶药。他们通过800多家印刷和电子媒介制造了许多与消费者进行沟通的渠道。强生公司的管理人员也出现在了一系列的电视节目中。与此同时，公司宣布使用存放胶囊的三层密封包装，并且提供免费的优惠供应。强生子公司官员麦克尼尔认为，就算有心怀不满的员工，他们也不可能干预产品的生产，原因在于装有胶囊的瓶子是从波多黎各和宾夕法尼亚州两个不同的工厂生产的，不可能从两个不同的地方将毒胶囊放入瓶子中，最后又把这些瓶子集中在芝加哥市郊的几家商店。当地人认为，一些人在产品上架后用有毒胶囊调换了药品。因此，公司把这些意外归结于一个“疯子”的举动，导致了无辜人的死亡。美国食品及药品管理局同意这种观点。事件发生后不久，泰诺重新夺回了原来93%的市场份额。

泰诺的第二起中毒事件说明，杀人犯可以破坏泰诺药瓶的三重安全密封。因此，强生公司决定从生产胶囊转为生产囊片。囊片是白色，是无法分开的固体，并且当外表接触到其他物质时会改变颜色。

另外一起主要的事件发生在1991年9月17日，AT&T（美国的一家通信运营商）中断了它所提供的远距离服务，从而导致打进纽约或从纽约打出的500万个电话被阻拦。这带来的不仅仅是不便。由于航空交通的控制是依靠电话线进行的，因此进出纽约所有的空中服务都被切断了。这次断电的原因是 AT&T 决定用它自己的发电机来进行远距离供电，以便在用电高峰时减少对联合爱迪生公司的依赖。当发电机出现故障后，开关自动转到了电池供电状态，但是电池只能提供 6 小时的电力。而工人们并没有注意到电池所发出来的警报，最终系统由于电力不足而停止。这次停电最西影响到了墨西哥的航线，而东部航空枢纽波士顿、费城和华盛顿也出现了无数问题。这次停电降低了飞过该区域飞机的安全系数。竞争对手趁机通过广告的形式来说明 AT&T 是靠不住的公司。

起初，AT&T 责备其雇员，认为危机的产生是因为工人没有注意到电池的警报。然而，美国工人协会很快反驳了这种推脱责任的做法。他们指出，没有发出警报音是因为并没有正常的工作，并且铃声也被最近安装的设备掩盖了。美国工人协会还把问题归咎于裁员，工厂内只剩下很少的受过训练的员工。更具有讽刺意味的是，其他有经验的工人都被强制性派去参加培训课程，学习新的由计算机控制的报警系统。听到这样的回应后，AT&T 改变了策略，在《纽约时报》和《华尔街日报》的整页广告页中，AT&T 为错误道歉，并承诺会改正错误，而且声明会对设备和维修措施做一次全面的检查。这些努力（见表 13.4）产生了效果。

表 13.4　AT&T 形象重建广告

“道歉是不够的”

由于 AT&T 造成的通信中断，不但影响了我们的顾客，而且给成千上万旅客带来了不便，我们对此深感不安，我们也对大家所受到的直接或间接的影响而道歉。

当然，道歉是远远不够的。我们也确认了问题的原因，是设备和人为失误共同造成的。同时，我们也很后悔没有及时采取管理措施让公众免受影响。

我们已经对相关设备进行了检查和维护。为了对故障进行彻底排查，并预防类似事件的再次发生，我们对所有设备进行了全面检查。持续完美的服务是我们的宗旨。

通过上亿美元的投资和员工技能的培训，我们已经设计并建造了符合世界最高标准的系统。没有一个通信系统能够有比我们更多的备份和选择路径。而且，在以后的几年中，我们计划投资更多资金来让系统更加可靠。

我承诺我们的工作会跟政府机构保持密切联系，以便能够满足当公众利益受到影响时对备用通信设施的需要。虽然这并不容易做到，但我们的技术和能力绝不会落后于市场上的任何人。最终，我们会通过提供安全性网络来确保服务的持续供应。

我们感受到了强烈的责任感，不单单是对我们的顾客，还有对广大公众。这次事件让我们认清了一个基本事实：我们的服务对整个社会经济都有重要的影响。我们的服务影响着人们的工作和生活。

很久之前，我们凭借着对服务道德的坚持建立了我们的事业。今天的系统拥有着如此巨大的通信规模，人们对通信产生了深深的依赖，我们知道服务道德比以前任何时候都更重要。

我对 AT&T 员工有足够的信心。他们让公司在竞争中脱颖而出，他们是公司获取消费者信任的基石。希望大家能够相信我们对服务的承诺并以此来促进我们事业的进步。

AT&T 公司主席
罗伯特 • 艾伦

跨入新世纪以来，白领犯罪事件是讨论较多的话题，玛莎 • 斯图尔特便是其中之一，她在 2002 年冬天的交易中卖掉了生物科技公司 3928 股的股份并被认定为犯罪。当裁定她要为撒谎支付罚款并且要被监禁 5 个月之后，斯图尔特发表了几条声明，并在 2004 年 6 月到 8 月之间做了几次电视采访。她的一些言论见表 13.5。

表 13.5 玛莎·斯图尔特的邮报评论

宣判前，斯图尔特请求法官“记住我所做的好事，记住我所贡献的一切”，以此为自己求得最低限度的量刑。 宣判后，斯图尔特说：“今天是可耻的一天，对于我、我的家庭、我热爱的公司和公司所有的员工，以及合作伙伴都是不光彩的。在过去两年半的时间里，一件私人小事演变成为轰动全国的重大丑闻，就像石油污染了辽阔的景观一样，甚至在向世界各地蔓延。我几乎要窒息了。” 在网上的一封公开信里斯图尔特说：“请记住这是一起个人事件，因为新闻报道的强大力量和政府的坚持，可能会于牵连到未参与其中的公司，伤害到所有努力工作的人们。”

来源: Masters, B.A., “Martha Stewart sentenced to 5 months in prison,” Washington Post, July 16, 2004.

2007 年 2 月，低成本航空公司捷蓝航空因为美国东部遭受到暴风雪的影响而被迫中断服务。捷蓝公司相信暴风雪会停止，并且让乘客在约翰肯尼迪国际机场停机坪上的飞机客舱内停留了 11 个小时并最终取消了飞行计划。这次巨大的延误与捷蓝操作人员和预订系统的不健全紧密相关。捷蓝的创始人和 CEO 大卫·尼勒曼（David Neeleman）表示，他对这个问题感到惭愧和苦恼，并且承诺对普通乘客进行补偿。他最后发表了一份旅客权利议案，列举了很多延误的处理方案，并且承诺给予被延误旅客特定的服务。在这次事件中，捷蓝的声誉并没有受到较大的长期性的损害。

在 2009 年到 2010 年，世界最大的汽车生产商丰田公司处理了它的几款最受欢迎车型中出现的刹车和加速问题。在普锐斯混合动力车型中，重新设计的自动上锁刹车系统拥有软件故障，导致刹车失灵，造成了事故。在一些事故中，当汽车加速到 100km/h 左右时无法停车，无论是换挡还是制动都无法停车。这种情况下所导致的撞车事件夺去了好几个人的生命。这些问题使得丰田不得不召回了 230 万辆汽车。表 13.6 转载了丰田汽车公司总裁丰田章男（Akio Toyoda）的几段讲话，这是他在美国国会前发表的证词。

表 13.6 丰田汽车公司总裁丰田章男的公开声明摘录

我是丰田汽车公司的总裁丰田章男，首先我想讲的是我比任何人都要热爱汽车、热爱丰田。我非常荣幸能为顾客提供汽车和服务，我知道丰田公司的两千万名员工、全美零售商和供应商也是这样认为的。然而，近几个月，我们的顾客对丰田汽车的安全性有些许质疑，这一事件我要负全责。今天，我想向美国人民及全世界的丰田顾客声明，丰田对待汽车的安全质量是何等的严肃认真。 首先，我想阐述一下丰田汽车质量保障制度。我和丰田都是不完美的，我们总是在发现不足。问题发生时，我们就停下来去解决问题、做出改进。我以公司长久的传统和名誉担保，我们从不故意忽略问题、逃避问题。我们旨在通过不断地改进和提高来为社会提供更好的产品，这是自公司成立以来最核心的价值观。 在丰田，我们坚信生产出高质量产品的关键是发展高素质人才，公司中的每位雇员都会思考：应该怎样持续不断地改善以造出更好的汽车。 过去的几年里，丰田的发展速度非常快。坦率地说，我害怕我们成长得过快。但我要声明的是，从企业创建以来，丰田最优先考虑的是以下三点：第一，安全；第二，质量；第三，数量。当产生问题后，我们就要不断思考，做出尽可能的改进。我们最基本的立场是听从顾客的声音并生产更好的产品。我们追求成长而非速度，组织中的成员都应警觉随时会出现的问题。 到目前为止，日本丰田汽车公司顾客质量工程部决定召回有问题的汽车，无论是否存在技术问题都要召回。今天深思这个问题的缘由，正是因为我们缺乏以顾客视角看待问题的态度。 为了解决这一问题，我们决定召回汽车。当做出召回决定时，我们保证从“顾客安全第一”的视角全力承担起一切责任。 2010 年 2 月 24 日

第二节　危机沟通的组成

高效的危机沟通涉及几个部分的内容。首先，组织中必须成立危机管理团队以保证危机发生前为组织制订危机管理计划。在下一部分中，我们会阐述如何组成高效的危机管理团队并讨论危机前的计划过程。

本章的绝大部分内容是“组织危机的沟通响应”，这其中涉及了紧急响应沟通和形象复原报告。最后，我们为高效危机沟通提供了一系列指导建议，并为大家设计了一款危机简报样本。

第三节　成立危机管理团队并制订危机前的计划

成立危机管理团队和制订危机前计划包含几个重要的步骤。因为本章的重点是危机沟通，所以危机前计划的讨论将非常简洁，即集中于 3 个步骤：成立危机团队，提前检查预演危机响应，正式形成书面计划。

危机团队不仅要制订危机前计划，而且要应对实际危机沟通。在大中型企业，危机团队应该包括几位高级管理人员，例如首席执行官、首席财政执行官和各部门负责人以及高级管理人员，这样权威性就会体现在计划当中。另外，业务经理也应该参与其中，因为他们了解组织生产和技术方面的管理。危机团队还应包括能够回应媒体、社会公众和政府机构的公共关系专员。除此之外，危机团队还应该包含负责环境、健康和工程安全的相关人员。负责销售和投资关系的员工也能为危机管理计划和管理提供有价值的贡献。最后，危机团队要有法律顾问。参与危机管理团队的筹建并制订危机管理计划的人员也应该成为危机发生时的中心管理人员。

危机管理团队一旦形成，团队必须制订出危机管理计划。危机管理计划是一份书面文件，包括：①预见使组织苦恼的最可能发生的危机；②策划紧急响应和形象复原报告。危机管理计划的形成应该包含两个主要步骤：首先，团队组织集体讨论，列出所有可能影响组织的潜在危机。其次，由于组织无法对头脑风暴清单上所有的预测风险进行准备，因此团队要聚焦于那些最可能发生的危机，排除次要危机。

缩小列表范围后，危机管理团队应制订列表上关于紧急响应和每次灾难后形象复原报告的书面计划。书面计划可以通过很多方式来进行语言组织，但是巴顿（Barton）建议应包含以下信息：危机处理团队中所有成员的名字、手机号码、传真号码和电子邮箱，这部分还应包括不同危机所对应的负责人员，并明确其职责。在另外一部分内容中包含紧急情况下需要联系的相关社区领导、媒体以及政府机构，还包括可供危机发生时相关员工直接使用的更新过的电话号码、传真号码和互联网信息等。

巴顿提议下一步针对列表中的各类危机进行评估。对每种危机都要详细制订一系列危机管理和紧急响应行动计划。例如，企业突发事故中会涉及员工伤亡，那么危机计划中就应该详细说明何时通知伤员家属、怎样通知伤员家属。最后，危机管理计划的这部分也要包含如何向社会公众进行信息沟通的相关建议。

接下来，媒体联系表应包括相关媒体机构的最新联系信息。这部分要明确每次危机中负责应对媒体的相关人员和优先联系的媒体。新闻稿、新闻发布资料和记者招待会是三种典型的与媒体接触的形式。新闻稿是对外的声明，通过传真或邮件的形式将此次危机的性质和如何应对的详细信息传递给媒体机构。新闻发布资料是与公司相关的一些特别重要的背景信息资料包，它会与新闻稿或召开记者招待会准备的稿件一起寄出。资料包会涵盖组织管理中关键信息的情况说明书、公司历史资料、新闻联系人的名字和电话号码等。“考虑到准备新闻发布材料需要一些时间，所以许多知名企业都有准备新闻发布材料的‘样本文件’，以防紧急事件的发生，样本文件中包含公司必要的资料信息。”记者招待会要确保媒体代表可以及时从指定的公司发言人那里得到相关信息。在本章的危机示范简报中，我们将模拟一场记者招待会，由学生扮演组织中进行危机管理的代表。

最后，危机沟通专家蒂莫西·库姆斯（Timothy Coombs）建议危机管理计划中要明确财务和法律相关内容。所以，危机团队中的专家不仅要掌握如何通知顾客、如何暂停公司的股票交易、如何让股东迅速撤离的信息，还要预料到每次危机中各种情况发生的可能性。

第四节　对组织危机的沟通响应

如先前所述，危机沟通的两个目标是保护受影响的公众和修复组织形象。因此，危机沟通响应就划分为两类：紧急响应沟通和形象复原报告。接下来，我们将依次讨论要达成各个目标所需的各类信息。

一、紧急响应沟通

危机突然爆发时，紧急响应沟通将关注直接受害者、潜在受害者、相关家属、紧急回应人员和受危机事件直接影响的其他机构团体的状况。接下来，组织机构必须对正在进行的危机进行清楚的解释，并纠正误解和谣言。最后，要总结此次计划实施中的不足，为下次的危机处理提供可参考的意见。芭芭拉·雷诺兹（Barbara Reynolds）和马修·西格（Matthew Seeger）提出了紧急响应沟通的三步法，如表 13.7 所示。可以看到，从危机开始、发生过程到危机结束，我们对紧急响应沟通的目标和责任进行了不间断的追踪。

表 13.7 紧急响应沟通指南

Ⅰ. 危机事件发生的初期
基本沟通目标：行动指导、减少不确定性、恢复信心
• 协调危机管理或以及医疗队对危机的响应
• 对受影响的个人进行行动指导，以缓解危机的影响
• 提供对危机情况、影响和预期结果的广泛了解
• 消除或减少情绪混乱
• 提供指导以发现更多信息
Ⅱ. 危机事件持续阶段
基本沟通目标：不间断的行动指导、减少不确定性、恢复信心
• 与危机响应者建立广泛的合作，并进行形象复原工作
• 基于对危机与其相关利益的认识的提高，应给予个人响应者不间断的行动指导，以减少危机的影响
• 根据受影响公众的反馈做出反应，消除误解和谣言
• 对于造成危机的因素进行更深层次的解释
• 提供指导以发现更多信息
Ⅲ. 解决方案和评估
基本沟通目标：更新相关解决方案、总结危机产生的原因并总结相关经验
• 不断进行清除、补救、恢复、重建工作
• 就危机的解决方法、责任方、应承担的责任和响应的充分性进行公开讨论
• 提升组织内外最先响应者的能力
• 评估响应和交流所获得的经验

来源：Adapted from Reynolds, B., and M. W. Seeger, “Crisis and emergency risk communication as an integrative model,” *Journal of Health Communication* 10(2005): 43-55.

基于网络的各种信息沟通工具的快速发展，使紧急响应沟通比之前更为容易。网站、博客、社交网络（如 Facebook、微博等）的应用将为紧急响应沟通的建立和维持带来革命性的发展。这些工具的介绍见专栏 13.1。

专栏 13.1

科技概述：网络危机沟通

近年来，特别是伴随着社交网络的快速发展，组织已开始利用网络作为沟通工具，例如 Facebook、各类博客，以及微博，都建立了他们的品牌账号并指出顾客服务中的问题。尽管还不确定组织和政府机构利用社交媒体进行危机沟通的具体程度，但网络在沟通中的作用不可小视。

例如，美国红十字会和疾病控制中心通过 Twitter 来更新危机事件中的最新信息。2008 年，洛杉矶消防局在 Twitter 上更新极力救援围栏撞裂事件中伤亡人员的后续报道。美国北达科他州法戈爆发洪灾后，医院利用 Twitter 通知媒体和公众确定伤者的身份。

来源：《社交媒体正在改变危机沟通——利与弊》，2009.11 2-5

二、形象复原报告

这一部分我们会讨论在危机中维持良好形象的重要性，然后列举威廉贝・班内特（William Benoit）提出的形象复原报告类型。

我们知道，无论是对个人还是对组织来说，信誉在沟通中所占的地位都是非常重要的。第十章我们讨论了良好的信誉对沟通者说服力的重要性，而信誉对于组织的影响也是显而易见的。在公众的眼中（例如当地政府、投资者、顾客和股东），组织必须保持较好的信誉形象。形象的受损将损害组织对周围环境的影响力。因此，组织将在面向公众的公共关系活动中耗费巨资以恢复自己受损的形象。在本章引言中，我们提到了组织容易出现危机的原因，而这些危机会让组织遭到攻击。组织的形象对于组织的生存和发展而言非常重要，因此组织被迫应对这些攻击。

形象复原报告是帮助组织重建受损形象的最佳策略。危机沟通策略的类型可以归纳成表 13.8 所描述的 5 类：否认、回避责任、减少攻击、改正行为和忍辱。

表 13.8 中的形象复原策略要达成两个目标。对于管理者来说，最重要的目标是尽可能地以细致、精确的紧急响应沟通来减少人员伤亡和环境伤害。如果组织只关注利益而忽视受影响的公众，就会遭到公众的攻击。如果组织成功地达成了第一个目标，那么第二步就是重建自己在公众心中的信誉。本章专栏 13.2 涉及了组织在危机中应该承担的道德责任的相关内容。

表 13.8　危机沟通策略的类型

否认：否认做出加速危机的行动或否认危机的发生
简单否认：否认危机发生或否认组织负有责任
推卸责任：将责任推给其他团队，使公众转移注意力
回避责任：回避或最小化组织对于危机的责任
挑拨：*组织并未采取错误的行动，仅仅是做出了加速危机的行动*
防卫：组织对于可能加速危机的信息缺乏认知或控制
意外：*通过说明一些因素的不可控性来减少组织对于危机的责任*
良好意图：*声称采取加速危机的行动是出于好意*
降低攻击性：减少危机给公众造成的影响程度
支持：组织内相关的积极因素可以缓和危机的消极影响
最小化：提醒受众，危机伤害力的影响并不像他们想象的那么严重
区分：区分一些类似但不是十分令人满意的方案
攻击指控者：降低控告来源的可信度
赔偿：赔偿危机的各方面受害状况，平衡危机的负面影响
改正行为：承诺将情况恢复到危机发生前的状况或阻止危机的再发生
忍辱：承担危机责任并请求原谅

来源: From William L. Benoit, *Accounts, excuses, and apologies: A theory of image restoration strategies* (Albany: State University of New York Press, 1995)

专栏 13.2

组织在危机中应该承担的道德责任

危机沟通是一种特殊的说服性沟通。正如先前所述，危机沟通的两个基本目标涉及保护受影响的公众健康和福利，以及恢复组织形象。当涉及任何形式的说服性沟通时，考虑伦理道德和效用是很重要的，危机沟通尤其如此。

有道德的危机沟通由什么构成？危机沟通要想成为有道德的危机沟通需要符合以下目标。首先，有道德的危机沟通保护受影响公众的健康和福利。如果这一点没有做到，那么就没有承担起作为雇主和组织成员的责任。另外，有道德的危机沟通利用证据和逻辑进行说服，而不是诉诸无知和感性。最后，有道德的沟通忠于每个组织成员都了解的事实。危机明明是由自己的错误所造成，却责备别人，或者不当地最小化一个极其严重的危害，这都是不道德的。因此，有道德的危机沟通应帮助受危机影响的人，并诚实地向公众说明危机。

什么是有效的危机沟通？简单地说，有效的沟通在危机中或危机后能够提升组织形象。有效的程度有高有低，取决于危机的程度。在大多数情况下，有道德的危机沟通和有效的危机沟通策略有重要关联。因为对于提升组织形象而言，大多数道德策略都是有效的策略。不道德的策略会损害公众的利益，从而给组织带来双倍的危机。当这种事情发生时，组织承受的不仅仅是既存危机，还要承受说谎和篡改信息的危机。有道德策略和有效策略间有着密切的关系，原因在于在大多数危机中，媒体、政府监管机构和公众都在密切关注组织。所以，如果组织不能保护受影响的公众或者如果组织的沟通策略建立在半真实和篡改的基础上，公众就可能会意识到这些轻率的行为。一旦发生这样的事情，组织试图恢复形象的努力将会受到沉重打击。因此，组织在危机中所受到的监督意味着道德沟通策略也是最有效的沟通策略。

不幸的是，本章许多例子都说明，很多管理者回避了危机中道德沟通和有效沟通之间的简单关系。由于涉及个人脸面和组织法定责任，管理者不愿意承认危机责任并且最后做出事与愿违的各种不道德的事情。可能是人类的天性使得我们在危机面前减少、掩饰和扭曲事实，从而让责任最小化，也涉及法定责任最小化的问题。公开承认错误并表达自己的悔恨可能引起巨大的官司。管理者希望尽可能少地使用道德策略来避免短期的痛苦，可是如果道德策略取得成效，也能带来长期的利益。这些理性的思考在危机中是普遍的。

因为对于管理者来说，在危机中既考虑短期效果又考虑长期利益是有很大压力的，所以对管理者有以下建议：①在管理一个组织危机行动时，必须放弃不道德行为会产生利益的想法，提醒自己在危机中道德沟通和有效沟通之间存在内在关系。②因为团队中其他成员可能回避道德沟通和有效沟通之间的关系，所以我们一定要不断提醒团队成员在危机中进行有道德的沟通是应对危机沟通最好、最安全、最有效的策略。③如果需要通过承认错误和道歉来修复组织形象，但是考虑到涉及的法定责任太大，可以选择做出一个不明确的道歉。④无论决定道歉与否，都要避免歪曲事实和掩盖责任的意图。虽然道德策略可能短期有伤害，但是对组织的长期发展来说，它可能是最有效的策略。

（一）否认

否认策略是指组织不承认一个错误行动，或者否认一个错误行动发生了。例如，1991年西尔斯汽车修理店被起诉做了不必要的修理。在消费者收到不断地抱怨以后，加利福尼亚消费者协会做了一个调查，让秘密机构将有特殊问题而不是机械问题的旧车送到西尔斯。协会发现西尔斯不断地更换没有坏的零件。部门按照销售业绩发工资，主张销售竞争，西尔斯鼓励管理者卖零部件，无论有没有必要。西尔斯早期的形象修复努力聚焦于否认他的错误行动。在各种情形下，西尔斯总说已经询问了涉及争议性修理的所有员工，公司很满意，他们没有做错什么。

否认策略可能有两种形式之一：简单地否认或者推卸责任。在**简单否认**中，组织发表声明表示没有危机发生，或者组织没有危机责任。“隆胸危机”早期，道康宁公司公布的文件证明隆胸不会增加患乳腺癌的风险。

否认的第二个形式是**推卸责任**。在这个策略中，组织申明自己没有责任，并把责任推卸给别的对象。为了使这个行为符合道德标准，该对象必须对危机负有法定责任。和简单否认一样，申明可能也由各种形式的理由和证据构成。如果群众接受组织所提供的证据，该组织的形象就会提高，因为有人对危机负责。2000 年一整年，福特汽车公司和费尔斯通轮胎公司都在为福特探险者车型侧翻事故互相推卸责任。

如果的确没有真实的危机存在或者组织真的没有责任，那么否认就不代表是不道德的。但是，如果没有事实和强有力的原因和证据支持，否认策略将会显得无效且不道德（见第十章）。例如，1982 年泰诺中毒事件，强生公司声明公司与员工不可能会把氰化物放入胶囊。强生公司强调玻璃瓶分别由不同两家工厂所生产，并且辩说两家工厂所生产的有毒玻璃瓶不可能都最终汇集到芝加哥市郊。这个公司在美国食品和药品管理局上诉时提供这个逻辑性的证词，表明有毒玻璃瓶来自强生内部是不可能的。强生公司把责任归为一个“疯子”，这个人从架子上拿下玻璃瓶投毒谋害毫无戒心的消费者。这是有说服力的，因为它是有证据支撑的。另一方面，西尔斯公司修复自身形象的效果远不及强生公司。原因在于西尔斯只提供了很少的证据和理由，所以它的形象复原策略是无效的。在这些案例学习的基础上，我们相信否认策略只有在组织能提供有说服力的证据时才是有效的。

另外，危机管理者在将责任推卸给员工时，应该进行认真的思考。班内特（Benoit）说，只有当组织已与该名员工撇清了关系，且该员工确实对事件负有责任时，将责任推卸给员工的做法才会奏效。

（二）回避责任

在危机中修复形象的第二种策略是**回避责任**。在这个类别里，组织试图避免或减少对危机的责任。回避责任策略有四种特别的形式：挑拨、防卫、意外、良好意图。

1. 挑拨

这是指回应声称行为的产生是对另一错误的行为所做出的反应。自卫是经典的挑拨防御。“我必须要杀了那个人，因为是他挑起战争并且威胁我的生命。”挑拨不可能在危机中修复企业形象。假如公司对理由的解释是：“我们尽可能最小化安全设备花销，因为我们的员工上个月一直在罢工。”没有实例能够证明在危机中进行挑拨对组织有用。

2. 防卫

应对危机更有效的是**防卫**。防卫表明组织缺乏关于重要因素的信息，因而不应对危机负全部责任。当 AT&T 将责任归咎于员工的错误时，工会有一些防卫性的争论。他们说自动警报没有工作，可视警报被新装的设备遮盖了。显然，这些争论是有效的，AT&T

收回了自己的意见。当福特因为没有及早召回运载车轮胎而被追究责任时，福特声称他们直到 2000 年夏天才意识到这些问题。像否认一样，只有在信息确实难以获得或者环境因素超出了组织控制范围，并且有强有力的证据和理由时，防卫才有效。

3. 意外

归结于意外的回应法通过说明不可控因素来减少组织的责任。例如，丰田汽车公司的丰田章男说，丰田大多数受欢迎的汽车所存在的缺陷，是公司在快速发展时期不曾意料到的问题。

4. 良好意图

有时，组织可以说明他们的**良好意图**来减少对事件的责任。如果采取的行动是出于良好的意图，那么公众可能愿意减少对组织的追责。1992 年年底，美国广播公司（NBC）被指控在 *Dateline NBC* 栏目中对通用制造的 C/K 货车进行不负责任的报道。该报道声称，由于货车的油箱在车外而非车内，因此高速行驶的货车在侧面进行碰撞后非常容易着火。*Dateline* 在栏目中说明，类似事故已导致 300 多人丧生，还播放了一个 57 秒的视频，该视频显示一辆通用货车在侧面碰撞后燃烧了起来。通用雇用的侦探指控 *Dateline* 在油箱上放置了一个微型火箭发动机，从而导致了爆炸。除了道歉，NBC 回应说他们是为了想戏剧化地将 C/K 货车所存在的问题呈现给观众而犯下了错误。有时候，群众会原谅出于良好的意图而犯下的错误。下面将介绍的危机沟通类型是降低攻击性。

（三）降低攻击性

如果组织能够减少受影响的公众的伤害程度，就可能会成功地**降低危机的攻击性**。这样的话，组织的形象就可能被复原。这个策略有五种具体形式：支持、最小化、区分、攻击指控者和补偿。

1. 支持

支持涉及组织相对积极的属性或者行为可能减少危机的负面后果。虽然危机的责任仍在，但是增加对组织积极的认同感会减轻危机负面效应。2007 年，一个 NBA 裁判被控诉赌球，专员大卫·斯特恩表明，球队在过去开展了球员教育项目，让球员对规则有了清晰的认识，并声称会调查关于该名裁判的指控。

为了使其更有效，支持应该与组织所受到的指控直接联系起来。例如，西尔斯公司被指控对消费者收取不必要的修理费，该公司尝试用西尔斯的机械师所接受了技术培训全过程来支持自己的行为。然而，就算这是真的，这个措施也不会有效，因为技术培训与机械师有道德地进行工作并不相关。

2. 最小化

最小化是试图减少危机相关的负面影响或者说服公众其实危机并没有表现得那么严重。玛莎·斯图尔特被判刑后告诉公众，对她的指控是基于“个人问题”而进行的小题大做。

最小化的效果取决于危机的大小。组织应避免试图将媒体传播得沸沸扬扬的巨大危机最小化。例如，阿拉斯加埃克森·瓦尔迪兹大规模石油泄露，埃克森试图将泄漏的影响最小化，声称公司没有预计到巨大的环境危害，并谈论到他们在阿拉斯加捕捉三文鱼的记录，但并没有提到并不是在泄油区域进行的捕捞。由于晚间电视新闻播放了受原油污染的沙滩，污染的栖息地以及死去的鸟类和海洋生物的照片，因此这个策略相当无效。

3. 区分

区分是将一种行为与其他类似的、不令人满意的行为区别开。相比较而言，该做法可以让促成危机的行为减少攻击性。例如，回应收取不必要的修理费，西尔斯将“销售指标”描述为“销售目标”。西尔斯认为“目标”或“准则”相比“销售指标”感觉要少一点攻击性。

4. 攻击指控者

在一些危机中，如果罪名来源的可信度减小，那么这个罪名对一个组织形象的毁坏效果也会减小。这样一来，**攻击原告**可能将注意力从不合理的行为上转移走。当道康宁公司被指控出售致癌的硅胶乳房植入物后，公司为了减少外界对自己安全问题的攻击性，试图攻击负责调查的食品和安全部门。如果能证明指控者是在为了私利而试图制造危机，那么攻击指控者就是可行的策略。

5. 补偿

提供**补偿**，就是一个组织为了抵消危机的负面影响从而补偿受害者。补偿的形式包括具有价值的物品和服务或者金钱。实际上，补偿就是为了减轻危机影响。组织补偿的程度是这个策略成功的重要因素。2007 年 2 月，捷蓝公司给所有停留在它班机上的人提供补偿。

总之，这些策略中没有一个能够掩饰组织所犯的错误或者减少组织对危机的责任。它们只是通过增加大众对公司的尊重或者是减少大众的负面感来试图减少对公司不利的因素。

（四）改正行为

改正行为承诺改正危机所带来的问题。具体有两种方式：组织可以承诺将状况修复到危机前的状态，或者组织改变做法防止危机再次发生。班内特阐明了这个策略与补偿的区别。补偿包括提供礼物来抵消危机，而不是改正危机的源头，但纠正行为处理了危机的源头。

例如，福特公司承诺在全球范围内更换所有的 ATX 和 ATXII 轮胎。捷蓝制定了客户权利法案来改正他们对乘客的待遇。在丰田的刹车和加速器出现危机时，公司的 CEO 为公司生产的汽车表示道歉，并且承诺成立一个委员会检查整个组织的安全问题。改正行为是否修复组织的形象取决于承诺的程度以及兑现承诺的程度。

（五）忍辱

忍辱的意思是组织承认危机的责任并请求原谅。如果大众认为道歉很真诚，就可能会原谅组织在危机中的角色。忍辱是形象修复策略的一个重要可行策略。但是，很多公司不采取这个策略，尤其是在危机早期。他们不采取这个策略可能有两个考虑：缺乏信息和法律责任。

首先，大部分组织危机的特点是缺乏信息，管理者可能不知道导致特定事件的真正原因。因此，他们认为在道歉之前等待更多有用信息以及明确的责任归属是明智之举的，也是可行的。尽管暂时保留忍辱可能是一种谨慎的方法，但不幸的是，许多组织做出了错误的决定，那就是在公共场合极力否认那些众所周知的事实。伴随而来的是迟来的道歉。三菱汽车公司最初否认指控其公司的女性职工在装配生产线上遭受性骚扰，但是随后撤回并了结了政府的诉讼。尽管有时候很有用，但推迟的忍辱行为对一个组织的形象是弊大于利的。当实施第一项策略时，不管是否认、转移指责还是攻击原告等，看起来好像是组织努力试图掩盖事实。忍辱看起来是被强迫地而不是真诚地要求原谅。如果是由于缺乏信息或法律问题，必须推迟屈辱，就请不要基于不准确的信息否认或指责他人，使问题更加复杂化。

法律责任是组织避免忍辱的第二个原因。如果未涉及人员死亡且伤亡较轻，仅涉及环境问题但相对容易清理，那么忍辱就不是一个严重的问题。然而，在有些相对严重的危机中，管理者会难以抉择。尽管公众坚持要求真诚的道歉，但管理者有义务考虑到这种责任诉讼会对雇佣者、股东及债权人产生不利。承认错误意味着承认罪名，会招致诉讼。毕竟，如果这个组织中没有犯罪，那主管们为什么会发表道歉声明。严重的时候，公司的管理者会陷入困境，尽管他们可能更倾向于运用道歉的方式来满足大众的需求，但道歉意味着违反了股东让他们作为受托人的责任。辛克莱社区学院的教授丽萨·泰勒（Lisa Tyler）认为，含糊的道歉方式（模棱两可的道歉）是应对这种问题的一种解决方式。

回顾第一章，如果发件人的意图和收件人的解释之间沟通较少，就会产生分歧。含糊的道歉会忽略重要的细节，并且让大众觉得道歉并没有真正地承认错误。含糊道歉的方法有几种。第一种例如，埃克森石油公司对瓦尔迪兹的反应是承认泄露是公司的责任，但是仍然说这起事件是一场“意外”，这样就说明它是“不可避免的天灾而非人祸”。这个道歉是含糊的，因为它的声明是矛盾的：埃克森对泄露是有责任的，又是没有责任的。另外一个含糊道歉的方法是表达对危机的遗憾但不承认自己的错误。避免承认罪名可以得到法律保护，而道歉则保全了公司的形象。根据库姆斯（Coombs）所说，组织必须对受害者表现出恻隐之心。一个组织的同情心表明它是值得信任的——这个组织关心其利益相关者，并且值得信任是一个组织可信度的核心。最后，第三个方法是关注于防御措施，但不承认对事件的责任。因此，忍辱是更有道德的并且站在组织形象的立场上。然而，当法律责任重大的时候，含糊可能是在不同矛盾中进行斡旋的唯一方法。

第五节　有效利用危机沟通的策略

在这一部分，我们将描述有效使用组织形象复原策略的一般路线。当然，没有固定的规则能够保证成功地复原组织形象。但是，与公众进行沟通时，这些指导原则在沟通策略选择上提供了借鉴。

一、采用多种策略相互呼应

很少有组织在复原形象时只使用一个策略。相反，最好是运用多种策略并使之相互呼应。美国电话电报公司曾运用忍辱、改正行为，以及支持等策略来重建其信誉。然而，这些策略不与其他的策略相矛盾，或者不与真实准确的媒体解释相矛盾是非常重要的。但不幸的是，这两个准则很难做到。

举例来说，西尔斯的形象复原策略经历了矛盾的阶段。公司开始时攻击指控者——加州消费者事务中心，但后来放弃这些攻击，并承诺采取改正行为。另外，西尔斯公开否认并回避，声称有的事件并不需要修正。相互矛盾的策略所产生的信心与诚信问题使得情况更加糟糕，起不到改善公司形象的效果。尽管运用多元策略很明智，但是这些策略应该相互协调。

另外，多元策略不能与媒体对危机进行的真实准确的描述相矛盾。媒体的描述相对于组织的公共关系的影响而言，更能得到公众的信任，且矛盾会使得组织看起来不真诚。

二、用强大的推理和证据支持所有策略

所有的形象恢复策略必须有强大的推理和证据支持。危机的存在意味着发生了消极的事情，至少一些听众认为组织是有责任的。组织要努力从信用赤字开始进行管理。危机沟通被定义为是一个“转败为胜”的游戏。组织需要整理所有的证据以及推理来支持自己的立场，并运用媒体不断地将这个信息传播给大众。

一个组织该如何做这些？形象复原策略是否具有说服力取决于是否有证据支持。正如我们在第十章所提及的，组织所做的正确声明需要证据来证明。然而，单纯靠组织所做的声明很难让公众所信服。这些声明需要归纳和演绎推理，引起公众的信任并唤起公众的情感支持。因此，当我们发表声明时，仅仅说“这是一起不可避免的意外事件”“我们处于良好的本意”“这个危机并没有看起来的那么可怕”或者“我们将会采取改正行为”，还远远不够。这些声明必须需要合乎逻辑、具有可信度，并且能唤起大众的情感支持。

三、最高管理者亲自进行领导

有效的形象复原需要最高管理者亲自出面处理危机。这就意味着雇主或经理人要在发生危机后以最快的速度处理危机。他们需要定期地以个人身份在媒体上发言，并且要做到随时出现。若仅仅委派级别较低的领导到场，将会给公众带来管理者并不关心这场危机的印象。例如，丰田因在汽车的刹车和加速问题上推卸责任而被批评，在处理这些问题时，它没有能够展示出公司正在以一个透明的、强制性的方式控制局面。另外，最高管理层应该和媒体进行交流，也应在整个危机过程中保持沟通。

根据一位危机管理和计划顾问罗斯·坎贝尔（Ross Campbell）所说，高层管理人员

在任何媒体采访和记者会时都应强调五个关键性问题。第一，公司发言人要表达出关心人们生活和环境保护。这将使听众安心，生命是安全的，环境没有受到威胁，公司正在做的每件事都是在积极保护人们的生活和环境。正如前面所提到的那样，在紧急响应沟通中保护公众是最首要的目标，并要在第一时间向任何媒体表达出对公共的关心。第二，在媒体采访中解释当前的状况。公司发言人应该回答所有的问题并让媒体知悉最新情况。第三，发言人应通过表达对当前事件的关心来建立起个人和组织的可信度。第四步是组织对事件的解释，并用证据进行支持。如果发言人对当前事件的因素并不确定，应如实回答。最后，访问的最后应强调组织正在为解决这个问题而努力。坎贝尔强调，发言人通常无法控制较长时间的访谈，应尽可能保持访谈或媒体的发言简短、精炼，并对关键信息进行限制。在获知更多信息后，再进行下一次访谈。

四、鉴别目标受众并选择相应策略

正如本章开始所提及的那样，听众对危机的看法很重要。你可以回头看第 1 章，有效的沟通策略需要理解听众。我们所选择的策略应依赖于特定听众对于两个重要因素的理解。这两个因素是组织的责任以及危机的严重程度。将这两个因素放在一起，创建一个 2×2 的矩阵来描述组织危机沟通的四种不同类型的听众，这个矩阵的每个分类代表一种不同类型的听众。为有效地修复形象，每种听众需要不同的策略（见图 13.1）。

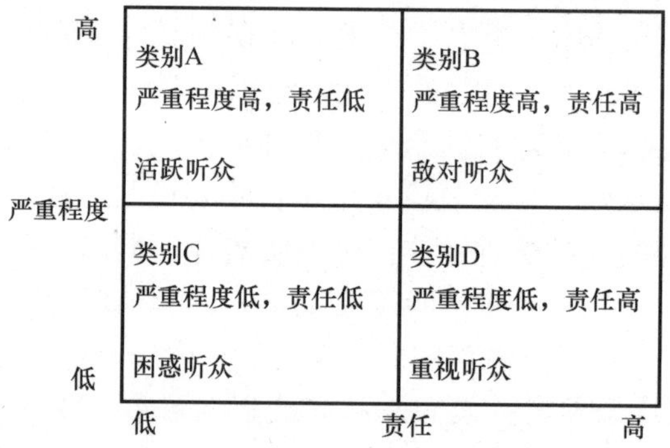

图 13.1　危机沟通的不同听众

类别 A 代表我们所指的**活跃型听众**，他们相信此危机是严重的，但认为组织的责任很小。这些听众关注新闻报道并对受害者表达情感关怀和同情。然而，无论何种原因，他们都不相信组织对于这个悲剧负首要责任。他们关心受害者，如果他们自己也受到影响，也同样会关心自己的利益。

对于活跃听众而言，转移和否认责任是没有必要的，因为他们认为组织对这个事件是没有责任的。偶尔提醒听众组织没有责任，这对于活跃型听众是非常重要的。另一方面，降低攻击性的策略对活跃型听众是有积极作用的。在他们看来，组织正在努力解决并不是由自己在制造的事件，组织是充满人性化的。

在泰诺危机的早期，强生公司有效地使用否认策略，强调投毒行为不可能在它的工厂中出现。公司将责任转给了一个把货架上的商品调包的疯子。一旦说法被接受，那么听众就变成了活跃型听众。对于这个危机，试图否认和减少责任是没有必要的。随后，强生公司关注于改正行为，它首创的安全密封系统被应用于现在很多的消费产品中。在第二次中毒事件中，强生公司最终用囊片代替了胶囊，因为囊片不能被分离或者被打开。尽管事实上很少有人责备他们，但是强生公司仍采取了积极的行动。

对于活跃型听众，应该避免道歉。对这个危机不需负责的组织无须道歉。然而，应该向听众表明每个人都对发生这种事情而感到遗憾，并对受害者表达关怀。

类别 C 代表**困惑型听众**，他们认为危机的严重程度和组织的责任都是最低的。困惑听众认为这种状况更像是一个问题，而不是一个危机。尽管事件有着非自然的因果关系，如果媒体或竞争者试图报道这个问题，那么困惑的观众会变得更加关心或更加反感。比如说，1991 年，佛蒙特州米德伯理小镇上的“地球上最好的婴儿食品公司”因为坚果营养公司新的有机儿童食品生产线而起诉该公司。“地球上最好的婴儿食品公司”采用的是来自于三年没有使用综合化肥和杀虫剂的食料，坚果营养公司参照的是 1990 年加利福尼亚的有机食物法案，它仅需要牧场在一年内不使用化肥。坚果营养公司坚持自己并没有做任何欺骗或者违法的事情。尽管致力于环保的人士也许会关注于坚果营养公司所解释的“有机”食品，但我们怀疑一般的公众并不会将这个事情当作一个危机。如果坚果营养公司想要对这种情况做出回应，那么否认、转移责任、攻击原告、最小化责任将是有效的策略。另外，坚果营养公司花时间回应这个问题可以得到获得广泛支持的机会，这相当于在公共关系中“捍卫”自己。

参考图 13.1，可以看到，持有低严重程度、高责任的看法的是**重视型听众**，即类别 D。尽管公众相信这对人和环境的伤害都是很小的，但是他们仍旧很重视，是因为组织中所暴露出的较小危机可能会在将来造成更为严重的危机。1987 年，坚果营养公司因为出售只含有甜水、化学品和防腐剂的“苹果汁”而向美国联邦政府支付了 200 万美元的罚款。尽管这个事件对于公共安全并不构成威胁，但是这个公司负有全部责任。在这个事件中，尽管没有涉及人身伤害，但在公众心中，该公司的能力和可信度完全消失了。如果公司打算重整旗鼓，就必须解决这些问题。

重视型听众很难信服组织所采取的否认策略。这些听众已经相信组织是有责任的，试图改变这个观念必须要依据事实证明。同样，组织采用减少责任策略时，也需要用证据来支持，否则听众也不会信服。对于重视型听众，最小化、支持以及一些形式的改正行为的策略组合是有效的。最小化是提醒听众这个事件的严重程度很低。加强组织的可信度，以及用改正行为的策略减少听众的忧虑，以保证这个问题不可能再发生。对于重视型听众，道歉也是有效的，因为这个危机的严重性很小。

最后，类别 B，**敌对型听众**认为组织应对这个非常严重的危机负主要负责。在这种危机中，除非有大量的证据支持，否认策略是不可能有效的；而且要避免下意识的否认，因为之后一定会被撤回。如果行动能够得到很好的支持并且能够通过媒体广告不断地重复，那减少责任策略是非常有效的。防卫、良好意图等策略或许可以减少公众认为的组织对危机的责任。但由于公众认为危机的影响非常严重，因此减少责任策略应该结合减少敌对策略。为了让策略有效，所有的策略都需要有大量证据和推理的支持。

最后，对于敌对型听众，两个最重要的形象复原策略是改正行为和忍辱。改正行为有助于安抚公众，保证情况会被修复或者至少这个组织可以阻止它再次发生。忍辱也是这种情况下最重要的。正如我们前面所讨论的，可能会有很多的理由阻止组织选择忍辱。然而，拒绝道歉，甚至在组织被坚决认定对这个危机负责任时仍拒绝道歉，会使得组织看起来有罪却毫无悔意。模棱两可的道歉可以将法律责任最小化。

我们的建议会对危机发生时如何选择形象复原策略提供一些合理的指导。然而，每位听众都是不同的，他们有许多不能被单一的描述性标签所分类的观点，这些不同可能需要修改或违反一些甚至全部指导。我们应根据不同听众的具体问题具体分析。危机沟通是一门艺术而不是一门科学，对于特殊的情景要采取不同的处理方式。

五、认清说服性沟通的局限

威廉姆·班内特强调说服性沟通是有局限性的。如果组织因为犯下极大的错误，忽略标准程序或做了不合适的决定而应承担责任，仅仅靠沟通本身，能起作用几乎微乎其微。尽管危机可以被缓和一些，但解决这个问题最好的途径是首先避免这个危机。这就是做好风险管理应遵守政府条例，关注公众健康，听取安全专家意见的原因。预防危机总是形象复原的最好方式。

第六节　构建组织形象简报

尽管有可能结合紧急响应沟通进行形象复原报告，但更典型的做法是组织首先关注于管理危机，之后再进行重建形象沟通。紧急沟通的结构绝大部分取决于危机本身。然而，主题结构和时间顺序的结构可能在多数危机中都是最好的。

为形象复原简报找到一个合理的结构非常困难。大多数沟通研究致力于内容而不是结构。大多数可见的形象复原广告以及在这一章节里所看到的都依照主题结构。主题结构模式是随着组织形象复原声明而展开的，并用大量证据来支撑。尽管这种结构模式可以接受，但是它似乎并没有太强的说服性。

尽管事实上几乎任何模式都可以用于危机沟通，但我们相信 N-A-R 结构具有特殊的实用性。叙事部分允许发言人用对组织有益的方式重温危机详情。辨证部分允许组织进行形象复原的声明。最后反驳那些要求组织改正影响听众、监管机构甚至包括媒体在内的不正确的信息。举个例子，本章的示范简报作品来源于美国国家广播公司新闻网董事长迈克尔·加特纳（Michael Gartner）的观点，他需要对 Dateline NBC 栏目所报道的通用货车事故问题进行解释。而这个简报从来没有在国家广播公司新闻网上发表过，然而，这是作为美国国家广播公司新闻网进行形象复原的证明。我们用 N-A-R 结构组织这个简报：

引言

叙述（避免讲故事，转移责任并道歉）

反驳（否认及最小化通用公司声明中的指责）
论证（解释国家广播公司新闻网的良好意图，道歉，攻击原告）
结论

正如我们所看到的，我们通过调整反驳和论证部分来对结构稍作修改。我们认为在解释良好意图、道歉、攻击原告之前否认不正确的声明是必要的。

专栏 13.3

示范形象简报

背景

笔者扮演国家广播公司新闻网的董事长，迈克尔·加特纳。加特纳在压力下来解释和证明处理我部门的 *Dateline NBC* 栏目所报道的通用公司载货汽车事故问题。这个节目在 1992 年 10 月 17 日播出，通用公司在 1973 年和 1987 年共生产了六百万辆这种汽车，已经证明了该汽车在高速公路碰撞后会侧面起火的事实，因为汽车油箱的安装位置存在隐患——油箱被安装在外面而不是在里面。因撞车事件已经有 300～600 人丧命，导致了近 100 起产品法律诉讼案件。

在最近的新闻发布会（1993 年 2 月中旬）上，通用公司起诉美国国家广播公司新闻网不负责任的报道，然后发表证据反驳 *Dateline NBC* 节目的几乎每个观点——尤其是一个 57 秒的通用公司的货车遭到一侧撞击后起火的片段展示。通用公司说他们雇佣侦探探明，撞击结果是造假的。通用公司起诉 *Dateline NBC* 节目报道货车油箱安装位置的不正确，而实际上并不是这样；此节目用微型火箭爆炸以保证货车会起火，而对这两个事实 NBC 的观察员并没有进行报道。

加特纳在 1993 年二月中旬向传播相关信息的媒体代表举办了新闻发布会。

危机简报

具体目标：解释国家广播公司新闻网的错误报道，努力修复新闻组的形象。

策略总结：最小化事件，道歉，攻击原告。

引言

一、作为一个记者，没有什么比信任更重要的。如果观众不相信报道的真实性，那我们就没有存在下去的理由。

二、人们依靠媒体来了解政府的活动和不安全的商业活动。因为 11 月的 *Dateline NBC* 节目的问题，我们的诚信被破坏，这是为什么我们会进行声明的原因。

（过渡：让我们来提供这个事件的一些背景信息。）

叙述

很多人都知道这个故事。1992 年 11 月，为警告人们高速公路的危险性，*Dateline NBC* 节目的员工犯了一个错误。11 月 17 号 *Dateline NBC* 节目由于失误，展示了 14 分钟的讨论，其中有 57 秒是通用公司的货车遭受侧面撞击时，其油箱碰撞后着火的录像。

虽然我之前为了减少伤害，声明这个碰撞的片段是由 Indiana-based 研究所负责的，但现在看起来这是一个错误。最后，我被两个基本问题所困惑：第一，我们的故事报道说汽车油箱爆炸了，而实际上并没有；第二，我们没有对 *Dateline NBC* 节目的听众全面揭示撞击的本质。

（过渡：我将通过通用反对我们的相关观点来解释这两个错误。）

反驳

一、首先，根据通用公司的说法，我们部门声称汽车油箱爆炸但并没有发生，火是由安装的微型火箭所引起的。以下声明是部分正确的。

（一）我们错误的报道汽车油箱的爆炸，对于此我们深感遗憾与歉疚。

（二）另外，通用公司修正其声明说汽车油箱盖并不是原装的。

1. 然而，它是售后替代款，与我们现在在马路上所看到的车辆相似。

2. 火并不是像通用公司声称的那样是由微型火箭引起的。

（1）碰撞的力量把盖子吹离了填充管，从碾碎的油箱中释放出气体。

（2）喷射出的汽油着火进而引起爆炸。

（过渡：除了批评我们关于油箱破裂引起爆炸的报道外，通用公司还做了针对美国广播公司的另一项声明。）

二、通用公司还声称，*Dateline NBC* 蓄意用引火设备点燃 1977 年在碰撞测试中用的 Chevy 小卡车，这种声称并不完全真实。

（一）尽管引火设备连在卡车上，但是这些引火装置只有在燃料从油箱中溅出的时候才能点燃。

（二）另外，我们的调查表明，在碰撞测试中着火的原因是车前灯处产生的火花，而不是引火设备。

1. 尽管如此，解释录像背后相关细节也是报告员的责任。

2. 尽管我们应该将装有引火设备这件事公布于众，但我们并没有这么做。

（过渡：在已经解释清楚通用公司的声明中涉及的事件背景后，我现在想做另外三点补充）

论证

一、首先，尽管我们知道在撰写这则新闻的时候存在严重错误，但是我们是出于良好意图进行的调查。

（一）国家希望媒体能够监督政府行为，并且，这种检查者的作用已经扩展到了大商业领域。

（二）通用公司卡车的安全问题正是像 *Dateline NBC* 这样的大众新闻节目应当关注的问题。

（三）当任何一个公司设计的产品伤害或令很多人丢掉性命时都值得调查。

1. 据估计，600 人已经死于通用公司卡车的侧面碰撞，而且已经有很多诉讼直指通用公司。

2. 因此，这些卡车值得像我们这样的新闻媒体仔细检查，而且这样的检查对保护公众安全是必要的。

3. 我坚定地相信，在这次事件中，我们的意图是光荣的并且保持了新闻工作者的传统。

（过渡：撇开我们的意图不谈，正如我前面说的那样，我们承认所犯的严重错误，并为此表示歉意。）

二、正像我前面说过的那样，我们犯了两个主要错误，我希望就这两个错误道歉：

（一）第一，我们错误地报告了油箱破裂，但油箱并没有破裂，我们没有报道在汽车售后中有油箱：

1. 不应该用任何借口使一家新闻组织忽略这些。

2. 我们希望对读者表示诚挚的歉意。

（二）第二，由于我们的粗心大意而没有报道碰撞测试的全部细节，包括油箱上存在引火设备。

1. NBC 新闻每年播报 225000 分钟的新闻：

（1）我们不希望因在 57 秒的碰撞测试中犯的错误而被否定。

（2）我们为这些错误请求公众的原谅。

2. 为了避免未来这种错误再次发生，我们制定了如下规定：

（1）以后，没有科学依据的示例将不会用在新闻报道中。

（2）以后，没有经过真正模拟的事件不会报道。

（3）以后，我们将报道所有关于重大的示例是怎样产生和编辑的相关细节。

（4）我们相信，严格执行这些准则将会避免我们在通用公司的报道中所犯的错误，而且希望这将帮助公众重新恢复对NBC新闻的信任。

（过渡：我们为错误道歉，我们也后悔因为这些错误而让公众将注意力从公共安全这一重要话题转移开。）

三、不幸的是，我们的错误已经使通用公司转移了注意力，那就是该型号卡车的安全性可能有缺陷。

（一）针对汽车的调查清楚地阐明了最安全的放置燃料存储箱的位置。

1. 理查德•亚历山大说，多年来汽车行业对于把油箱放在车架斜梁中间、后轴前方，而不是斜梁之外是最安全的位置，已经达成共识。

2. 1937年，通用公司在小卡车设计阶段认为燃料箱不应该放在压碎带（例如车架斜梁）之外，这一点在当时得到了广泛认可。

3. 交通部秘书费德里科•佩纳说，记录清晰地表明通用公司C/K系列小卡车出现危险的概率已经增加，而且报告让我总结出一点：这种危险是不合理的。这个例子不仅牵扯到严重的人员伤害，还牵扯到大量在碰撞中有可能造成非致命伤害的设施。

（二）有人称，C/K系列卡车的设计瑕疵已经造成了不被大众接受的伤亡。

1. 克拉伦斯•迪特罗是汽车安全中心的主管，他估计超过600人已经在通用公司小卡车引起的火灾中丧生，还有数千人被烧伤。

2. 上星期在亚特兰大州，陪审团为伤者家属从通用公司获得了105 200 000美元的赔偿，原因是有人从侧面撞上了该公司生产的卡车，这辆卡车燃料箱破裂 进而引起汽车爆炸。

3. 乔•麦克雷是一名在旧金山专门出庭辩护的律师，他已经受理了19起使用通用公司小卡车受到伤害或致死的案例。据估计，大约有300例起诉通用公司的案件立案。

（三）最后，证据显示，早在20世纪70年代，通用公司就已经知道C/K系列小型卡车存在危险。

1. 据秘书佩纳说，“通用公司可能早在20世纪70年代中叶就已经意识到了这一设计使卡车变得更加脆弱，而且由于从侧面碰撞将引起致命伤害的火灾，这一证据至关重要……然而，通用选择15年没有更换这一设计。”

2. 通用公司有可能已经违反了国家交通和汽车安全法案的相关规定。

（1）法案规定，如果某家公司已经了解到它生产的车辆存在危险，就应告知政府和消费者，并修复不足。

（2）如果通用公司自1978年就意识到车辆侧面油箱存在问题，那么它已经触犯了相关法律。

（3）我们在11月17号的报道中存在错误吗？毋庸置疑。

（4）但是通用公司也同样在C/K系列小卡车的设计中犯了错误。

（过渡：在我已经对这件事讨论并道歉之后，让我做一个简短的总结。）

结论

一、今天我已经解释了我们犯这些错误背后的原因，而且我们希望能承认这些错误并为之道歉。

1. 对于新闻组织，可信度是至关重要的。

2. 我们希望通过承认这些错误并采取一项措施来防止未来同类事故的发生，我们可以继续进步，并且在听众心中重新建立可信度。

二、但是，我们并不希望我们犯的错误掩盖其他的问题。

1. 生命无价。

2. NBC新闻将继续进行产品安全报道，我们坚信这是新闻组织能够提供的最重要的服务之一。

专栏 13.3 参考文献

Alexander, R.,“Gas tank fires,” Consumer Law Page, June 19, 1998, http://consumerlawpage. com/aricle/gm-exploding-tank.shtml.

Byron, C.,“Crash and burn,” New York 26 (February 22, 1993):19-20. Diamond, E.,“Auto-destruct,” New York 26 (March 15, 1993):18-19.

Henry, W. A.,“Where NBC went wrong.” Time 141(February 22, 1993):59. Multinational Monitor ,“10 worst corporations of 1994,” www.ratical.com/corporations/mm10worst94.html.

小结

组织危机的定义是：一个主要的不可预期的事件存在潜在的负面影响。当危机产生时，管理者的责任是进行紧急沟通并发布能够复原组织形象的信息。

为了应对危机，各组织都应当成立专门的危机团队，并制订危机应对计划。团队应当通过头脑风暴的形式来列举出潜在危机，然后缩减列表以突出最有可能发生的危机。应对危机的团队应当选出一名或一些员工在各种危机中负责与媒体沟通。

紧急响应沟通应当为行动提供引导，减少不确定性，且提供获得额外信息的渠道。在危机中，组织可以选用大量用于恢复形象的策略。在否认策略中（简单否认或推卸指责），组织否认产生过造成危机的行为。回避责任的策略是降低或避免承担危机的责任。这种策略包括挑拨、防卫、意外和良好意图。第三种恢复形象的策略是降低攻击。这种策略包括支持、最小化、区分、攻击指控者和补偿。改正行为是一种策略，这种策略承诺会恢复危机发生以前的情景或者做出改变以防止危机的再次发生。忍辱是一种承认造成危机的责任并请求原谅的策略。含糊的使用忍辱道歉策略在法律责任严重时是必要的。

当多种应对危机的方法彼此之间不冲突时，可以同时使用。组织应当从最高执行者开始践行危机管理，并且清楚地了解目标听众，采取合适的形象恢复策略。这些听众可能是活泼的、困惑的、关心的或敌对的。最后，管理者应该知道预防是最好的维护形象的方式。

问题与练习

1. 仔细看表 13.4 中 AT&T 的广告，标出这则广告用到的策略。在广告中都用到了哪些联合策略？讨论哪些策略是有效的、哪些是无效的，为什么？你认为这则广告在道德层面上暗示着什么？这些策略在道德层面激励到你了吗？为什么？

2. 仔细阅读本章最后对 NBC 新闻的危机简报的分析。标出整个演讲中所有的形象恢复策略。哪些策略看起来最有效？为什么？哪些策略看起来最没有效果？为什么？你认为这则简报会产生怎样的分歧？简报会产生什么道德问题？简报帮你恢复对NBC新闻的印象了吗？为什么？

3. 仔细看文章中玛莎·斯图尔特和丰

田章男的评论。标出每一个形象恢复策略。哪一个策略是最有效的？为什么？哪一个看起来最没效果？为什么？这则评价恢复了你对两个公司领导的印象了吗？

4. 我们认为道德形象策略既是最有效的策略又是有争议的。你能不能举出一些个人或组织用非道德形象恢复策略也取得成功的例子？什么使这些例子中的组织或个人取得成功？在危机中，媒体扮演着什么样的角色？你可以想到更多可以达到相同目标的道德策略吗？

参考文献

1. Barton. L., *Crisis in organizations: Managing and communicating in the heat of chaos* (Cincinnati, OH: South-Western, 1993), 2.
2. Augustine, N. R., "Managing the crisis you tried to prevent," Harvard Business Review, November- December 1995, 152.
3. Campbell, R., Crisis control: Presenting & managing corporate crises (Maryborough: Prentice Hall Australia, 1999).
4. Coombs. W. T., Ongoing crisis communication: Planning, managing, and responding (Thousand Oaks, CA; Sage, 2007).
5. "Matte recalls 9 million toys because of magnets, lead," *USA Today*, August 13, 2007, A1.
6. Clare. D. R., "The Tylenol story: From crisis to comeback" *Cross Currents* 12 (1983): 38-43.
7. Benoit. W. L., and J. J. Lindsey, "Argument strategies: Antidote to Tylenol's poisoned imaged," *Journal of the American Forensic Association* 23 (1987): 136-146.
8. "Company turnarounds: Johnson and Johnson reincarnates a brand," *Sales & Marketing Management*. January 16, 1984, 63.
9. Benoit, W. L., and S. L. Brins on, "AT&T: 'Apologies are not enough, "' *Communication Quarterly* 42 (1994); 75-88.
10. Benoit and Brinson, "AT&T."
11. Bailey, J., "JetBlue's CE.O. is 'mortified' after flyers are stranded," New York Times, February 19, 2007, http://www.nydmes.com/2007/02/19/business/19jetblue.html?ex=1329541200&en=a9dbe269ede6bf58&ei=5088&partner=rssnyt&emc=rss
12. "JetBlue flyers stranded on plane for 8 hours," *CNNMoney.com,* February 15, 2007, http://money.cnn.com/2007/02/15/news/companies/jetblue/ index.htm
13. Healey, J. R., and J. O'Donnell, "Toyota chief says he was ignorant about problem," *USA Today*, February 25, 2010, http://www.usatoday.com/money/autos/2010-02-24-toyota-hearings_N.htm
14. Barton, *Crisis in organizations.*
15. 同上.
16. 同上., 129
17. Coombs, *Ongoing crisis commumcation.*
18. Gellene, D., "New state probe of Sears could lead to suit," *Los Angeles Times,* June 12, 1992, D4.
19. "Breast-implant maker releasing data to back safety claim," *New York Times,* July 18, 1991, A16.
20. Benoit and Lindsey, "Argument strategies."
21. Benoit, "Sears, repair of its auto service image: Image restoration discourse in the corporate sector, *Communication Studies* 46 (1995): 89-105.
22. Benoit, W. L., *Accounts, excuses, and apologies: A theory of image restoration* (Albany: State University of New York Press, 1995).
23. Kiley, D., and Healey, J. R., "Ford CEO handles tire recall," *USA Today*, August 17, 2000, http:// www.usatodayxom/money/consumer/

autos/mauto765.htm.
24. Benoit, "Sears' repair."
25. Benoit, *AccountSy excusesy and apologies.*
26. Benoit, "Sears' repair."
27. King, M. L., Jr., *Why we can't wait* (New York: Harper & Row, 1963), 77-100.
28. Brinson, S. L., and W. L. Benoit, "Dow Coming's image repair strategies in the breast implant crisis," *Communication Quarterly* 44 (1996): 29-41.
29. Benoit, *Accounts, excuses, and apologies.*
30. Tyler, L., "Liability means never being able to say you're sorry: Corporate guilt, legal constraints, and defensiveness in corporate communication," *Management Communication Quarterly* 11 (1997): 51-73.
31. Tyler, "Liability," 61.
32. Coombs, *Ongoing crisis communication.*
33. Benoit and Brinson, "AT&T."
34. Benoit, "Sears' repair."
35. Campbell, *Crisis control.*
36. Miller, C., "Competitor rips Beech-Nut organic line," Marketing News, June 10, 1991, 1-12.
37. Henriques, D. B., "10% of fruit juice sold in U.S. is not all juice, regulators say," *New York Times*, October 31, 1993, A1, A24.
38. Benoit, *Accounts, excuses, and apologies.*